PARIS NID D'ESPIONS

LES SERVICES DE L'OMBRE DANS LA VILLE LUMIERE

ROGER FALIGOT

PARIGRAMME

À la mémoire du colonel et de Mme Paul Paillole.

Sommaire

Introduction

Aucune métropole ne mérite plus que Paris le qualificatif, romanesque et mystérieux, de « nid d'espions ». Depuis une partie du XIXe siècle puis tout au long du XXe, la Ville lumière a été la capitale mondiale de l'espionnage. Et ce n'est probablement pas fini avec le XXIe siècle… Paris, « reine du monde », a encore de beaux restes. Même si, la mondialisation aidant, d'autres mégapoles lorgnent la première marche du podium dans la guerre des ombres.

En tant que plaques tournantes, souvent cosmopolites, d'autres cités ont parfois mérité, temporairement, ce vocable de « nid d'espions » : Tanger, Casablanca, Le Caire, Lisbonne, Macao, Hong Kong, Shanghai, New York, Berlin, Genève, Vienne, Prague… Mais elles étaient des nids d'hirondelles ou de pigeons voyageurs, tandis que Paris, dans sa superbe, demeurait un nid d'aigles ! Et pas seulement sous Napoléon Ier.

Agents de la CIA, espions nippons et transfuges du KGB ne caressent qu'un rêve : voir les danseuses du Moulin-Rouge. Pendant la guerre froide, cela réchauffe. © Keystone-France

Une littérature et une filmographie abondantes en témoignent : même si leurs héros ne sont pas toujours, et loin de là, des Français, le décor est bien souvent parisien. La tour Eiffel, le Moulin-Rouge, le Quai d'Orsay, Notre-Dame de Paris, les Champs-Élysées, le Quai des Orfèvres, les Invalides ont abrité autant d'aventures rocambolesques, de ténébreuses affaires que de romances amoureuses, le tout se mêlant souvent.

Dans les romans d'espionnage comme dans les films, Paris est incontestablement la capitale des services de l'ombre. Et cela ne tient pas seulement à l'imagination fertile des romanciers français du XXe siècle tels que Charles-Robert Dumas, Pierre Nord, Pierre Benoit, Jean Bruce, Pierre Genève, Gérard de Villiers ou Gilles Perrault. Des auteurs étrangers comme Frederick Forsyth avec *Chacal*, Dan Brown avec le *Da Vinci Code* (tous deux portés à l'écran), ou des cinéastes comme Alfred Hitchcock avec *L'Étau*, Chris Nahon (*L'Empire des loups*), Frédéric Schoendoerffer (*Agents secrets*), Éric Rochant (*Les Patriotes*) font évoluer leurs espions à l'ombre de la tour Eiffel ou de la pyramide du Louvre.

Tout cela n'est que le reflet d'une vérité incontournable : la Ville lumière est la capitale de l'ombre. Il faut à mon sens, pour lui attribuer ce titre, brasser toutes les caractéristiques que nous rencontrons en nous promenant, ce guide à la main, dans cette sélection parmi les dix mille rues parisiennes.

Ce sont d'abord des dizaines de milliers d'espions qui y pullulent, qu'ils y gravitent ou qu'ils soient résidents de Paris et sa banlieue, celle-ci pourtant impitoyablement exclue de ce guide, qui ne concerne que la capitale intra-muros. Certains – des hommes et un nombre croissant de femmes – passent quelques années, souvent par rotation de trois ans, dans une ambassade qui a pignon sur rue, même si ce sont de faux diplomates. Il est facile de les identifier lorsqu'ils viennent de pays démocratiques : bien que jouissant du statut diplomatique, ils n'ont pas passé les concours nécessaires à la fonction. S'ils viennent de dictatures, c'est, au fond, plus simple : une fois sur deux, ce sont des barbouzes et quand ils n'en sont pas, ils dépendent tout de même des gens des Services qui peuvent parvenir à faire nommer l'un d'entre eux ambassadeur.

Quand ces espions appartiennent aux services secrets d'un pays allié de la France, ils procèdent à une liaison officielle, évidemment discrète, avec les services français de contre-espionnage que sont la nouvelle Direction centrale du renseignement intérieur (DCRI) ou la Direction générale de la sécurité extérieure (DGSE), laquelle effectue la même mission via ses propres officiers en poste à l'étranger sous couverture diplomatique.

D'autres agents étrangers – alliés comme ennemis – restent plus longtemps à Paris en tant qu'agents dormants ou « illégaux » sous identité fausse (IF), jusqu'à ce qu'on les rapatrie, les désactive ou qu'ils se fassent identifier par nos contre-espions. Avec, à la clé, expulsion ou condamnation à la prison. Parfois, tout cela se conclut plus mal encore, sur, comme disent les Anglais de l'Intelligence Service, une « terminaison avec extrême préjudice »...

Dans la lutte qui se mène contre des groupes comme Al-Qaïda et leurs alliés talibans, on a vu, depuis 2001, que certains pouvaient être capturés ou enlevés et transférés dans des prisons secrètes ou des bastions carcéraux comme la prison de Guantánamo. On se croit bien loin du « Deuxième Bureau » de papa, dans les années 1920 ! Et pourtant, dès ces années-là, on enlevait et on assassinait beaucoup à Paris. Mais, comme les espions nazis ou staliniens en étaient alors responsables, on trouvait que c'était abominable.

Passons...

La guerre d'Algérie est terminée depuis deux ans, les vraies barbouzes rangent leurs flingues. Ici, celles de Michel Audiard et Georges Lautner. © Rue des Archives / Collection CSFF

D'autres agents secrets passent toute leur vie à Paris, quand ils sont vraiment français, comme fonctionnaires du contre-espionnage, agents du renseignement extérieur, techniciens des écoutes téléphoniques, chiffreurs des ministères, cadres des forces spéciales, traducteurs dans les langues rares, linguistes et analystes, médecins et psychologues, archivistes et documentalistes, informaticiens et meneurs de la guerre sur le cyberespace ou veilleurs de l'intelligence économique. Avec les nouvelles technologies, on croirait presque voir naître chaque jour une nouvelle forme d'espionnage. Sans parler des agences privées de détectives et autres cabinets de consultants en sécurité, qui constituent aux yeux des professionnels la plaie du métier... quand ils ne les utilisent pas en sous-traitants, bien sûr !

Du côté de l'État, cette communauté du renseignement est bien hiérarchisée et structurée, à moins qu'une « drôle de guerre », comme ce fut le cas en 1940, ou une « sale guerre », comme celle d'Algérie, menace ou pulvérise l'appareil d'État et fragmente les services spéciaux. Ce qui, en retour, provoque l'émiettement de ceux-ci et la naissance de nouveaux services, parfois issus de réseaux amateurs de résistants, parfois de services parallèles qui agissent indépendamment des agences officielles. C'est ainsi qu'ont été formés les agents secrets du contre-espionnage du commandant Paillole ou ceux de la France libre du colonel Passy, à partir de l'été 1940. Or, ce sont ces derniers, les mêmes gaullistes, ou leurs petits frères, qui ont, pendant la guerre d'Algérie, créé les réseaux de *barbouzes* pour combattre l'Organisation de l'armée secrète (OAS) qui menaçait, une fois encore, la République – cette fois, la Ve – et voulait abattre le chef de l'État, le général de Gaulle, l'homme du 18 juin 1940... Nombre d'agents ont dû, plus que jamais, se livrer à une guerre secrète pour permettre à la France de recouvrer soit son indépendance, soit son intégrité.

Une estimation de la communauté du renseignement français peut, grosso modo, s'évaluer ainsi :

DGSE (Direction générale de la sécurité extérieure) : **4 500**

DCRI (Direction centrale du renseignement intérieur) : **1 800**

DRM (Direction du renseignement militaire) : **1 800**

DPSD (Direction de la protection et de la sécurité de Défense) : **1 700**

DNED (Direction nationale des enquêtes douanières) : **700**

GIC (Groupement interministériel de contrôle) : **3 000**

Divers (Affaires étrangères, Secrétariat général de la Défense nationale, intelligence économique, etc.) : **500**

TOTAL : 14 000

Avec les espions étrangers, on dénombre donc quelque vingt mille agents secrets français actifs, si l'on compte les espions dormants, les honorables correspondants et même les espions retraités, prêts à reprendre du service pour une mission, qui se retrouvent dans les amicales.

Beaucoup des personnages évoqués dans ce guide sont des espions morts et enterrés dans les grands cimetières qu'ils utilisaient jadis pour établir des contacts grâce à des « boîtes à lettres mortes ». Mais, comme disent les Britanniques, qui ont peut-être été les plus nombreux, et depuis le plus longtemps, à espionner dans Paris : *Old spies never die*. « Les vieux espions ne meurent jamais... »

Homme ou femme ? Au service des rois Louis XV et Louis XVI, le chevalier d'Éon (1728-1810) use de tous les artifices. Ici en mission à Londres, où il/elle croise le fer.
© Mary Evans / Rue des Archives

Les services spéciaux de Sa Majesté, parlons-en ! Dès les temps les plus reculés, les rois de France ont organisé un embryon de service secret dans Paris, autant pour surveiller la population que pour prévenir les menées des espions étrangers. Et Paris est devenu un vaste de champ de rivalités secrètes des puissances voisines, au moins depuis sa première modernisation sous Henri IV. Un XVIe siècle où les *English Spies* de Sa Gracieuse Majesté Élisabeth Ire surveillaient *los espiás* de l'Espagnol Philippe II, au Louvre et ailleurs. Au siècle suivant, c'étaient des doubles jeux de la Bretonne Louise de Kéroual – plus troublante et pire ennemie de d'Artagnan que Milady –, espionnant tour à tour pour le roi d'Angleterre et pour le roi de France. Puis ce furent les mille et une aventures de Beaumarchais, de l'hermaphrodite chevalier d'Éon et du « Secret du roi » – dévoilé par l'écrivain Gilles Perrault – alors que les Britanniques voulaient empêcher que soit alimenté en armes le mouvement d'indépendance des Américains. Au début du XIXe siècle, les services de William Pitt et de l'amiral Nelson ont ferraillé dans Paris avec les policiers de Joseph Fouché et les sergents du renseignement militaire de Karl Schulmeister. Cependant, au fil du siècle, d'ennemis héréditaires, les espions de l'Intelligence Service (le MI6 extérieur et le MI5 intérieur) sont devenus des alliés des Français en Europe, même s'ils sont restés adversaires dans le monde colonial. La montée en puissance des espions germaniques a, évidemment, inversé la tendance. Napoléon III a grandement perdu la bataille de Sedan, en 1870, parce que le chancelier Bismarck possédait un service d'espionnage supérieur, le IIIb. Et l'affaire Dreyfus, vingt ans plus tard, n'a fait que renforcer cette tendance au bras de fer entre espions français et allemands avec l'implosion du tout jeune service de renseignement français, la déplorable « Section de statistique ».

Depuis 1870, trois guerres ont eu lieu, au cours desquelles la France a été occupée, en tout ou en partie. D'où de multiples histoires d'espionnage, même quand l'envahisseur prussien, puis allemand, n'a pas réussi à envahir Paris. On découvrira dans ce guide combien la ville a été marquée par des épisodes d'espionnage lors de la Première Guerre mondiale : c'est d'abord la paranoïa engendrée par la guerre des espions en jupon, l'intrigante Fräulein Doktor, la mythomane Marthe Richard ou la capiteuse Mata Hari. Puis la naissance des systèmes d'interception à la tour Eiffel et au mont Valérien et de la bataille des codes. Et encore – et toujours ! – les espions de l'*Union Jack* qui installent des bases secrètes dans Paris à l'insu des Français, comme le capitaine Bruce, rue Saint-Roch.

Des années 1920 à l'Occupation puis à la Libération, Paris deviendra le champ clos de la guerre des services nazis contre les démocraties chancelantes puis les réseaux de résistants, alors que les services soviétiques et anglo-saxons essaieront d'arbitrer au cœur de la guerre des ombres. On peut dire sans se tromper que la Résistance a commencé dès 1936, quand le formidable commandant Paillole, grâce aux moyens octroyés par Léon Blum, animait la section antiallemande du 2 bis, avenue de Tourville ou quand des esprits épris de liberté acheminaient secrètement des armes pour la République espagnole, tels Gaston Cusin ou l'insubmersible dissident communiste Jean Cremet dans le sillage d'André Malraux !

Libre, Paris est forcément ouvert sur le monde. Des Américains affluent à Paris, de l'OSS à la CIA : après 1945, la présence bénie puis honnie des agents de l'Oncle Sam en témoigne. Elle est contrebalancée par celle, massive, des services secrets soviétiques et de leurs alliés du pacte de Varsovie, les Tchécoslovaques, Hongrois, Bulgares, Allemands de l'Est, Polonais. Sans oublier d'autres services communistes d'Europe orientale qui se sont rapprochés des Chinois de Mao : les Albanais, Roumains, Yougoslaves.

C'est ici une autre caractéristique du Paris de la guerre froide, qui dure de 1947 à 1989 – un parti communiste fort est l'objet de toutes les sollicitations de la DST (Direction de la surveillance du territoire) et des RG (Renseignements généraux), regroupés de nos jours dans la DCRI, comme le prouvera l'étonnante opération « Aquarium », l'espionnage contre le quartier général du PCF, place du Colonel-Fabien, au temps de Georges Marchais, son secrétaire général.

La première grosse opération de contre-espionnage de la DST à Paris se déroulera contre la BCEN, la banque soviétique, dans les années 1950. Car c'est une autre explication de l'importance de Paris que d'être une place financière et bancaire, même si cette importance a été sans doute moindre que Zurich, Berne ou Hong Kong dans ce domaine. Mais, tout de même, on verra souvent des sociétés-écrans se présenter autant comme gisement de moyens pour les services spéciaux que comme couverture à des missions secrètes, entre autres en Afrique, par ricochet. Cela est aussi vrai dans le privé que dans des grandes entreprises d'État, souvent constituées sous le gaullisme. Dans les années 1970 à 1990, d'importants scandales impliquent des sociétés comme Thomson ou la compagnie pétrolière Elf – des avions renifleurs aux diverses affaires de corruption liées aux réseaux africains de Jacques Foccart et au service Afrique du SDECE (Service de documentation extérieure et de contre-espionnage – prononcer *sdek*), jusqu'à celle des frégates de Taiwan et des sous-marins de Karachi.

Le monde de la diplomatie internationale s'est souvent retrouvé sous les lambris des ministères et salles de conférences parisiens accueillant des conclaves pour la paix. Il suffit de songer aux premières réunions, discrètes, pour la paix au Viêt-Nam ou à celles, en fanfare, sur le Kosovo. Ce genre d'événement attire naturellement des nuées d'espions autant que de diplomates.

De même, des structures comme l'OCDE, l'Unesco, l'Unicef, entre autres, constituent autant de ruches favorisant l'implantation d'officiers de renseignement étrangers. Pour ne prendre qu'un seul exemple, le ratio de la délégation soviétique à l'Unesco à la fin de la guerre froide, en 1989, est à cet égard significatif. Selon la DST, sur 36 fonctionnaires soviétiques, 7 sont des agents du KGB, auxquels il faut ajouter ceux qui opèrent au sein du secrétariat de l'Unesco, soit 12 officiers du KGB sur 63 représentants soviétiques. On aurait évidemment tort de penser que cette tendance s'est réduite avec la fin de l'URSS. Au contraire : avec la naissance de nouvelles Républiques – baltes ou d'Asie centrale –, de nouveaux services secrets

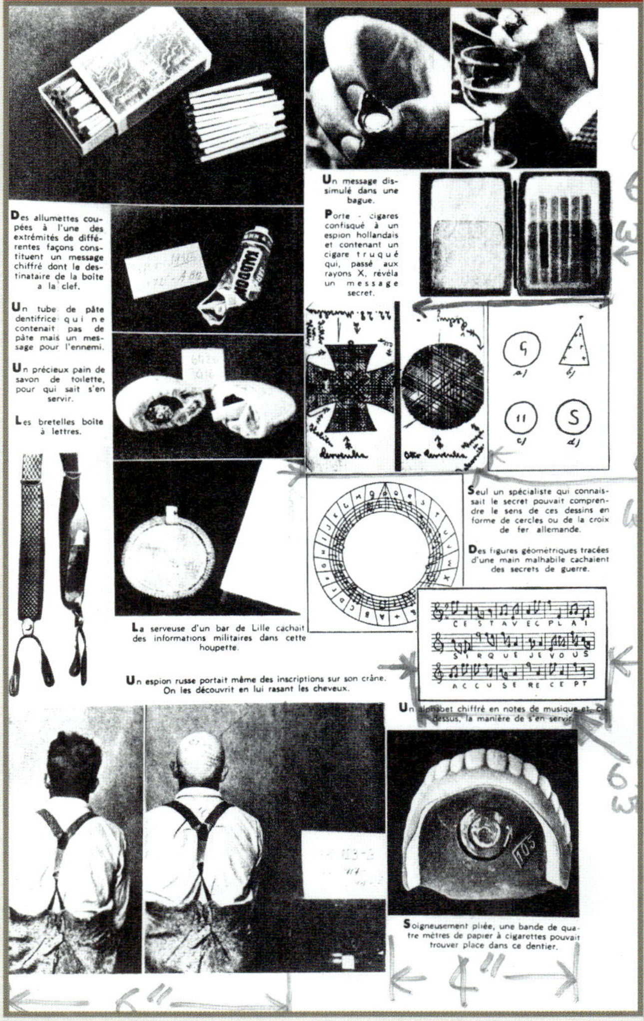

Le Meccano de l'espionnage vu dans les années 1930 par la presse populaire : trucs et astuces des agents spéciaux et codes secrets font rêver petits et grands.
© TopFoto / Roger-Viollet

nationaux ont vu le jour, multipliant le nombre d'espions.

Aux structures diplomatiques se joignent celles liées à la coopération avec le tiers-monde – les actuels « pays émergents » –, en direction des anciennes colonies d'Afrique noire et du Maghreb. Longtemps, Paris, capitale de l'ancienne puissance colonisatrice, a aussi vu les futures élites africaines y faire leurs études. Souvent, Américains et Soviétiques, en tête de liste, ont tenté de convertir à leurs idéaux politiques et économiques respectifs de jeunes étudiants africains francophones, directement sur les campus et dans les cités universitaires. Et aussi de les recruter, sinon comme agents de renseignement, du moins comme décideurs sous influence. On suivra ainsi dans ce guide la bataille entre services français et CIA sur ce plan.

La décolonisation a entraîné une série noire d'enlèvements et d'assassinats en plein Paris. Perpétrés la plupart du temps par des services secrets des nouveaux dictateurs africains, ils ont, hélas, souvent bénéficié de la compréhension des services de police et de contre-espionnage français et des célèbres réseaux Foccart. L'affaire Ben Barka est la plus célèbre, non seulement à cause des répercussions qu'elle a eues sur la crise du gaullisme, mais pour avoir provoqué la refonte des services de police et de renseignement à partir de 1966. Trente ans plus tôt, au cours d'une interview de Madame Claude, la célèbre animatrice de réseaux de call-girls qui n'arrivait pas à convaincre qu'elle n'avait aucun lien avec les services spéciaux, j'ai entendu celle-ci répondre à une question concernant Ben Barka : « Il n'a jamais fréquenté mes filles, mais on ne peut pas en dire autant de quelqu'un de son entourage proche[1]. »

Car il s'agit là d'une autre facette de cette histoire décidément riche en ressorts étonnants. Celle que constituent les soupirs et murmures qui se nouent dans les alcôves et derrière les paravents. Faut-il rappeler que, pour le monde entier, Paris est la capitale de l'amour et du sexe ? Et que les Françaises passent pour les plus expertes au monde ? Vu d'ailleurs, l'exotisme s'inverse. C'est l'une des raisons pour lesquelles, si vous êtes un homme, agent de la CIA comme du KGB, dans la seconde moitié du XXe siècle, la capitale française est un poste de rêve. Mais, en même temps, une sacrée chausse-trappe, puisque les services français profitent de l'attrait qu'exercent sur les étrangers les « p'tites femmes de Paris »...

Esquissons un sourire. Je me rappelle avoir entendu le général Grossin (surnommé « Petit Néné ») me dire que, quand il était chef du SDECE, un transfuge soviétique ou une délégation des services secrets japonais avaient une requête commune, toujours la même : qu'un officier de la « Piscine » – surnom du SDECE, parce qu'il se trouve en face de la piscine des Tourelles – l'emmène voir les danseuses du Moulin-Rouge ou les *girls* du Lido. Pour les Japonais, le Moulin-Rouge avait valeur d'icône à cause des dessins de Toulouse-Lautrec représentant la Goulue et autres filles à la culotte fendue, à leur yeux aussi suaves que leurs estampes signées Utamaro... Et ils ne manquaient pas d'envoyer à leurs sages épouses des cartes postales avec, comme dirait James Bond, leurs *Bons baisers de Paris* !

À courte distance de l'endroit où il a été kidnappé, Mehdi Ben Barka reçoit l'hommage de la République. Mais quand celle-ci ouvrira-t-elle les archives de la Piscine expliquant ce crime ?
© Archives Faligot

1. Roger Faligot, Rémi Kauffer, Interview de Madame Claude in *Penthouse*, mai 1990.

Dans l'entre-deux-guerres, diplomates et hommes politiques ont fréquenté les maisons closes renommées – telles les légendaires One Two Two ou Sphinx – et les réseaux de call-girls. Or, cet amour tarifé est étroitement lié aux services de contre-espionnage, qui ont su en tirer parti. C'est l'époque où Mistinguett est indicatrice des Renseignements généraux, puis, pendant le second conflit mondial, celle où l'acteur Michel Simon, assidu de ces maisons, espionne pour le compte de l'Orchestre rouge.

Et combien d'histoires ont pour cadre les palaces de renommée mondiale, le Lutetia, le Meurice, le Claridge, le George V, le Ritz, le Crillon, où le réseau des grooms et garçons d'étage fonctionne souvent de mèche avec les agents secrets ?

Cela se passe dans l'ouest et au cœur de Paris, tandis que, dans les quartiers populaires et faubourgs de l'Est parisien, s'activent les militants d'un des plus dynamiques partis communistes d'Europe. Ils ont aidé, dans les années 1920 et 1930, des services secrets de l'Armée rouge. Puis, pendant la guerre civile espagnole, les agents secrets de Staline ont également joué un rôle important en France, du fait de sa proximité géographique, tout comme ils ont bénéficié de l'aide des communistes français pour traquer les Russes blancs dans Paris. C'est ainsi qu'on a vu, pour prendre ce seul exemple, l'Anglais Kim Philby faire escale dans la Ville lumière avant de rejoindre l'état-major du général Franco. On n'a su que bien plus tard qu'il travaillait en réalité pour le NKVD, sous la couverture de journaliste du *Times* puis d'officier du MI6, le Renseignement britannique.

Pendant l'occupation allemande, ces services vont jouer un rôle considérable, comme on le verra avec le Service B, l'Orchestre rouge, les réseaux du GRU, agence d'espionnage de l'Armée soviétique, intimement liés au développement des Francs-tireurs et partisans. La guerre des « ombres », à laquelle se mêlent les agents de la France libre, les Britanniques du MI6 et du SOE, les Américains de l'OSS (la future CIA), fait rage dans Paris. Je traite ici uniquement de quelques affaires de Résistance organiquement liées aux services secrets, puisque Anne Thoraval a déjà publié, chez Parigramme, le très complet *Paris, les lieux de la Résistance*. Après l'Holocauste, on verra que les espions israéliens du Mossad s'implantent durablement, en s'appuyant sur la plus grande communauté juive d'Europe de l'Ouest, relativement plus préservée qu'ailleurs de la barbarie hitlérienne. N'oublions pas que le Mossad a d'abord été un service de sauvetage et d'exfiltration de Juifs européens vers la Palestine avant de devenir, en 1949, l'un des plus célèbres services secrets jusqu'à nos jours, celui de l'État d'Israël naissant. La fin des anciennes colonies maghrébines ouvrira une voie royale à la politique proarabe du général de Gaulle. Résultat : au moment où l'homme du 18 juin démissionne, en 1969, Paris devient le champ clos des batailles entre ce même Mossad et les factions du nationalisme palestinien qui revendiquent la libération des territoires occupés par Israël. Si l'on excepte, peut-être, le Liban, la capitale française est sans doute le lieu où se sont entretués le plus d'agents secrets et terroristes du Moyen-Orient et où, comme Michel Audiard le fait dire à Bernard Blier dans *Les Tontons flingueurs* (1963), on va les trouver « aux quat'coins de Paris, éparpillés par petits bouts, façon puzzle »...

À la tradition, aujourd'hui écornée, d'asile politique, il y a un revers : les tentatives d'assassinat de réfugiés politiques en exil sont légion à Paris. Surtout dans les années 1970 et 1980, où les barbouzes moustachues de dictatures latino-américaines, les agents secrets aux yeux bridés ou les espions bulgares et yougoslaves tirent dans tous les sens. Quand ils ne vous expédient pas *ad patres* d'un coup de parapluie empoisonné !

À vrai dire, le monde du renseignement est entré, ces années-là, dans une ère d'une violence inouïe, qui a vu les attentats se multiplier, notamment à la suite des conflits du Moyen-Orient et des états de siège du monde

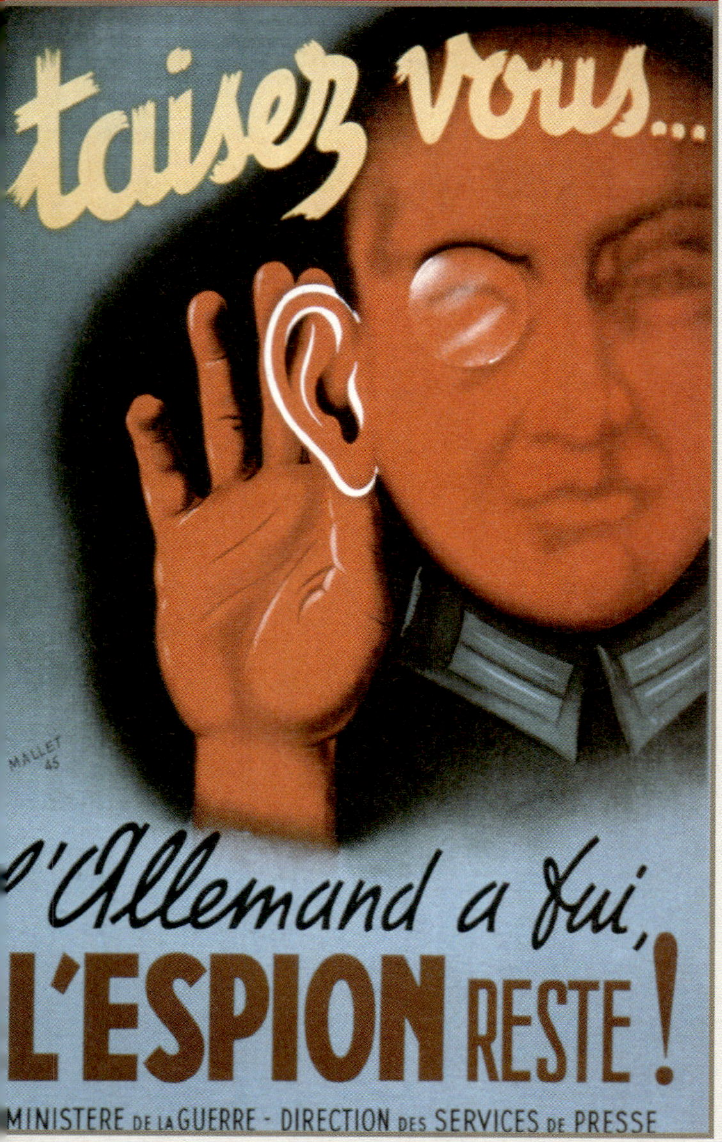

Mai 1945. La guerre mondiale est terminée, mais la guerre secrète de l'espionnage se poursuit. Si l'on se méfie encore des agents nazis, bientôt les taupes rouges de la guerre froide seront la cible.
© J.M. Steinlein / Keystone-France

hispanique (Pays basque et dictatures d'Amérique latine). C'est l'époque où de pseudo-diplomates iraniens ou latinos tombent comme des mouches, à commencer, le 11 mai 1976, par l'ambassadeur de Bolivie, Joaquín Zenteno Anaya, qui avait mené la traque contre Che Guevara.

Une culture de la violence – entre djihad et corrida – a pris par surprise et largement désorganisé les grands services spéciaux qui, jusqu'alors, se livraient dans Paris une guerre sourde, presque à fleurets mouchetés.

La tentative d'officines anticommunistes de la CIA de démontrer que le KGB était le chef d'orchestre de ces mouvements de libération nationale a fait long feu. On sait, depuis l'ouverture des archives de Moscou et la déclassification de documents à Washington, qu'il n'en était rien. Marcel Chalet, jadis patron de la DST, avait une expression pour expliquer le rôle de Youri Andropov, « grand chef » à Moscou ces années-là, vis-à-vis des mouvements terroristes : « Il n'était pas le chef d'orchestre, mais ça n'empêchait pas son KGB de distribuer des clarinettes... »

Cela explique que des terroristes de la Fraction Armée rouge allemande ou les soldats perdus de la cause palestinienne, tels Carlos ou Abou Nidal, trouvaient une base de repli derrière le rideau de fer. De même que certains groupes radicaux d'extrême droite bénéficiaient de la complaisance de la CIA. C'est en Italie, et non en France, que s'est situé le « triangle des Bermudes » qui vit l'affrontement, extrêmement violent, des Brigades rouges et des réseaux « Gladio » de la CIA.

Le grand nombre d'assassinats d'opposants ou de savants arabes commis dans Paris par les Israéliens a participé à cette spirale de la violence. Tout cela a obligé les services secrets français, à commencer par la DST, les RG – aujourd'hui fondus au sein de la DCRI – et la DGSE, à organiser des pôles antiterroristes et à cultiver un savoir-faire sans égal concernant le monde arabe et iranien. D'une certaine façon, si Paris a été épargné au lendemain des attentats fomentés par Oussama Ben Laden et ses alliés dans d'autres pays, c'est que les spécialistes du contre-espionnage français possèdent une longue expérience de la lutte contre le terrorisme arabe ou musulman. Et ce, depuis la guerre d'Algérie, en passant par les batailles interpalestiniennes et les attentats montés par les services secrets irakiens, syriens ou iraniens.

Ce guide ne prétend pas être exhaustif. Il aurait fallu plusieurs volumes pour être complet. L'auteur propose simplement un coup d'œil panoramique qui donne une idée de l'intensité, au fil des décennies, de la présence des services spéciaux dans la capitale. Ainsi que des affaires retentissantes qui marquent l'histoire parisienne, autant, souvent, qu'internationale. Les unes sont indissociables de l'autre. Paris est univers. Le monde se reflète dans son histoire récente. Dans ses quartiers, ses rues, ses immeubles – et certaines anecdotes seraient restées à jamais dans l'ombre si je n'avais décidé de les narrer. Et, si d'autres récits nous font cheminer dans la grande Histoire, ce sera, souvent, avec un regard nouveau.

Le lecteur notera que l'une des originalités de ce livre consiste à dessiner une singulière cartographie de la Ville lumière, avec ses arrondissements ou quartiers marqués par la présence de telle ou telle communauté du renseignement. Les services de renseignement militaire sont centrés autour du ministère de la Défense et des Invalides, tandis que le SDECE (plus tard DGSE) a viré d'ouest en est, dans le 19e. On voit, au Quartier latin, des assassinats en série de militants palestiniens, tiers-mondistes et du monde arabe survenant dans le 6e arrondissement. Dans le 10e, aux abords de la gare du Nord, se croisent, à soixante ans de distance, le Mahatma Gandhi en 1931 et Pottu Amman, chef des services secrets des Tigres tamouls, l'assassin de Rajiv Gandhi. Dans le 11e se déroule la guerre des Balkans. Dans le 13e, la guerre secrète des Chinois, des Vietnamiens, des Japonais et de leurs mafias. Il est évident que les 8e et 16e arrondissements se taillent la part du lion, du fait de l'importante concentration des ambassades et institutions qui leur sont liées, tandis qu'y grouillent les barbouzes de pays totalitaires qui s'entendent bien entre elles. À travers le temps, les Soviétiques ne voient aucun inconvénient à reprendre des bâtiments ayant appartenu jadis à la Gestapo, et à trinquer, dans les années 1980, avec les représentants de la junte argentine. On verra les immuables, les Anglo-Saxons, papillonner du côté des rues de Rivoli et du Faubourg-Saint-Honoré, de l'avenue Gabriel et de celle de l'Opéra.

Tous ne pensent qu'à une chose : comment utiliser le jardin du Luxembourg, la station Châtelet, l'Hôtel Crillon, la Crêperie de Plougastel, le deuxième étage de la tour Eiffel, la salle des pas perdus de la gare du Nord, la tombe de Blanqui au Père-Lachaise, la bibliothèque de Beaubourg et des milliers d'adresses apparemment insignifiantes comme « boîtes à lettres mortes » ou « appartements conspiratifs », lieux prévus pour des « rendez-vous secondaires » ?

Et peut-être se disent-ils qu'ils ont bien de la chance d'être « officiers traitants », « agents dormants », « illégaux » ou « chargés de liaison » ; bref, espions à Paris !

James Bond poursuit ses aventures au XXIe siècle. En 2006, une affiche de *Casino Royale* dans Paris, avec Daniel Craig dans le rôle du célèbre agent 007.
© Pascal Faligot

1er

ARRONDISSEMENT

Cambon, rue

N° 39 – Dans cet immeuble se trouve le bureau de l'avocat près la cour d'appel Albert-Frédéric-Armand Grégoire, que surveillent sans relâche, en 1935, les agents du service secret britannique. Raison de cette sollicitude ? La Sûreté parisienne, dans un rapport du 9 avril 1934 transmis aux collègues anglais, le décrit comme « l'un des plus dangereux espions nazis ». En effet, non seulement Me Grégoire est le fondé de pouvoir à Paris de Joachim von Ribbentrop (le ministre nazi des Affaires étrangères) et d'Otto Abetz (le futur ambassadeur du IIIe Reich pendant l'Occupation), mais c'est aussi un ardent militant du Parti franciste, le mouvement des « chemises bleues », financé, en France, par Mussolini : dans le journal du parti *Le Franciste*, sous la signature de « Greg le Franc », il loue la grandeur d'Adolf Hitler. Enfin, Grégoire est l'ami d'Oswald Mosley, le chef des « chemises noires », c'est-à-dire l'Union des fascistes britanniques, alors à son apogée.

Très présent dans le 1er arrondissement, l'Intelligence Service surveille l'avocat balafré pour une autre raison : le futur roi Édouard VIII, qui abdiquera pour les beaux yeux de Wallis Simpson, bientôt duchesse de Windsor, a choisi Grégoire comme avocat lors de leur séjour à Paris. Le MI6 s'aperçoit que les deux amants se mêlent de politique. À l'Hôtel Meurice (→ **228, rue de Rivoli, 1er**), ils dînent avec Pierre Laval, sa femme et leur fille. Un Laval qui sera, dix ans plus tard, le chantre de la collaboration avec l'occupant allemand. Et la Sûreté française se demande si les liens du duc de Windsor avec tout ce que Paris compte de sympathisants du nazisme ne sont pas le fruit de l'habituel double jeu des Britanniques.

Rivoli, rue de

N° 228 – L'Hôtel Meurice est, comme tous les grands palaces, l'un des lieux privilégiés des affaires d'espionnage. On a vu l'Intelligence

L'Hôtel Meurice, où les nazis s'installent sous l'Occupation, sera, comme tant de palaces parisiens, l'un des hauts lieux de l'espionnage. © Musée Carnavalet / Roger-Viollet

Service y surveiller le duc de Windsor et sa maîtresse, Wallis Simpson, en 1935. On verra, à la fin de la Seconde Guerre mondiale, que le général von Choltitz y est établi avant d'être arrêté, en plein soulèvement de Paris en août 1944, par des Espagnols de la 2e division blindée du général Leclerc et de remettre la reddition des troupes allemandes, qu'il dirige, au colonel Rol-Tanguy, chef communiste des Forces françaises de l'intérieur en région parisienne et ancien agent des services spéciaux de Staline.

Un grand hôtel, donc, chargé d'histoire, où se déroulent encore de nos jours bien des épisodes de la guerre secrète. Ainsi, le 24 novembre 2008, l'ancien procureur général de Kiev et avocat ukrainien Yuri Gaysinski est kidnappé, avec son ami l'homme d'affaires ukrainien, Vladimir Vorontsov, devant l'hôtel. Tous deux seront relâchés au bout d'une semaine. Qui sont les hommes en noir à l'origine de cet enlèvement ? La mafia ukrainienne ? Des espions russes du SVR ou ceux, ukrainiens, du SZRU, qui se taillent des croupières dans toute l'Europe autour de l'approvisionnement en gaz ? Ou encore des trafiquants d'armes, tel Viktor Bout, l'ami de Gaysinski et Vorontsov, arrêté à Bangkok au mois de mars précédent, alors qu'il tentait de vendre des missiles sol-air aux Forces armées révolutionnaires colombiennes, les FARC ? Ce même Bout que le cinéma rendra célèbre dans le monde entier sous les traits de Nicolas Cage dans *Lord of War* ? Les gens du contre-espionnage français, la nouvelle DCRI, en viennent à se dire que tout était bien plus simple au bon vieux temps de la guerre froide et du « Petit Père des peuples », le Géorgien Joseph Staline...

Saint-Roch, rue

No 41 – À cette adresse, le capitaine écossais George Bruce, de l'Intelligence Service, établit, en février 1917, un petit bureau qui ne paye pas de mine. Il se fixe pour objectif de recruter et d'entraîner, à l'insu des Français, des agents de renseignement, des « espions balais » qui s'immisceront derrière les lignes allemandes. Sa première recrue est une Luxembourgeoise qui n'a pas froid aux yeux : Lise Richard, qui concentre sa recherche sur les mouvements de trains allemands du front de l'Est. Puis le capitaine Bruce enrôle des agents d'une audace incroyable, tel ce soldat belge, Albert-Ernst Baschwitz Meau, qui, lors de la cruciale offensive allemande de 1918, s'envole de nuit en ballon à hydrogène afin d'espionner les « Boches ».

Au 41 de la rue Saint-Roch, George Bruce emploie plusieurs secrétaires et interprètes, dont la sémillante Dorothy Done, amie de l'actrice Réjane et de l'écrivain Marcel Proust. On peut être agent secret de Sa Majesté et esthète à ses heures ! Sans compter que la clandestinité rapproche les cœurs et les corps, c'est bien connu... La preuve : après la guerre, Dorothy et George convoleront en justes noces, et l'amie des artistes deviendra ainsi Lady Balfour of Burleigh, de la même famille écossaise que Lord Balfour, le ministre des Affaires étrangères célèbre pour son plan sur la Palestine et la création du Foyer juif, également en 1917.

Près de quatre-vingt-dix ans plus tard, l'actuelle Lady Balfour, mieux connue sous son nom de plume, Janet Morgan, raconte dans *The Secrets of Rue St Roch* (Penguin, 2004) cette palpitante histoire d'espionnage qui n'attend plus que d'être publiée en français.

Vendôme, place

No 8 – Le Japonais Mikimoto Kokichi, qui a créé sa compagnie en 1893, cinq ans après avoir ouvert son premier parc à huîtres perlières, vend bientôt ses perles de culture à travers le monde. Toutefois, sa boutique parisienne – qui existe toujours – ne se contente pas, à l'époque, de vendre des perles et de somptueux bijoux. Elle sert de couverture – dans les années 1930 et pendant la Seconde Guerre mondiale – au renseignement militaire nippon.

À l'Hôtel Ritz s'organise le service de sécurité d'État nazi (SD) sous l'égide de Reinhard Heydrich, venu sur place dès juillet 1940 pour superviser les opérations.
© Albert Harlingue / Roger-Viollet

En 1942, dans le cadre du programme d'interceptions « Magic », les analystes américains décodent des messages envoyés à Vichy qui indiquent que, sous couvert de Mikimoto, 20 000 perles vont être envoyées en France. M. Ando, représentant des Perles Mikimoto, qui possèdent aussi une boutique à Lisbonne, sera chargé de les acheminer discrètement.
Sous le contrôle de Suma Yakichirô, attaché à l'ambassade impériale à Madrid et coordinateur du renseignement japonais en Europe de l'Ouest, ces perles sont distribuées aux agents secrets afin de leur permettre de financer leurs missions d'espionnage, par exemple au sein de l'aéronautique française, puis, après la défaite, dans les cercles politiques du maréchal Pétain à Vichy.

Nº 15 – Le Ritz, célèbre palace parisien, en a vu passer, lui aussi, des barbouzes… Il sera, par exemple, le haut lieu de l'espionnage allemand pendant l'Occupation. Et si le Lutetia est le quartier général de l'Abwehr (Renseignement militaire), le Ritz accueille les chefs du Sicherheitsdienst (SD), la Sûreté de l'État nazi, souvent désignée par le terme générique de Gestapo. Son chef suprême, Reinhard Heydrich, viendra en personne au Ritz organiser le SD dès la chute de Paris en juillet 1940, avant que sa principale antenne ne soit implantée au 57, boulevard Lannes, dans le 16e.
De nombreuses affaires d'espionnage s'y déroulent toujours dans l'après-guerre. C'est ainsi qu'en octobre 1979, l'ancien directeur de la KCIA (Korean Central Intelligence Agency) se fait enlever en sortant du Ritz, avant d'être assassiné par des barbouzes de son ancienne agence, puis haché menu dans une broyeuse à viande en région parisienne. Le tout organisé à partir de l'ambassade de Corée du Sud, comme le prouvera une commission d'enquête à Séoul trente ans plus tard…

→ 125, rue de Grenelle, 7e

2e

ARRONDISSEMENT

Bachaumont, rue

No 16 – Telle est, dans les années 1970, l'adresse de la SFMOS, une société-écran pour les « affreux », comme on appelle les mercenaires qui écument l'Afrique noire, à commencer par le Katanga, dans l'ancien Congo belge. Grâce à cette structure, Bob Denard, le célèbre mercenaire, recrute des hommes d'action et des soldats perdus afin de monter des coups d'État en liaison avec les services secrets français.
Ainsi est déclenchée, le 16 janvier 1977, l'opération « Crevette ». Le Bénin (ex-Dahomey) du marxiste-léniniste Mathieu Kérékou figure sur la liste noire des régimes honnis par les services français. René Journiac, le « Monsieur Afrique » du président Giscard d'Estaing, fait alors appel à Denard. Ce dernier, alias colonel Bourgeaud, est alors conseiller technique de la Présidence au Gabon et déjà sous-traitant du SDECE. Pour l'expédition béninoise, le voilà épaulé financièrement et logistiquement par le Maroc d'Hassan II et le Gabon d'Omar Bongo, ce qui lui permet de recruter une centaine de mercenaires sous l'appellation de « Groupe étranger d'intervention ». Ce GEI s'entraîne sur la base de Benguérir, non loin de Marrakech, qu'utilisent aussi les unités de choc françaises. Le but de la manœuvre consiste à débarquer au Bénin, renverser Kérékou et porter au pouvoir le Front de libération et de réhabilitation du Dahomey (FLRD) de Gratien Pognon. En moins de temps qu'il n'en faut pour le dire, le débarquement se solde par un fiasco total. Les mercenaires prennent la fuite en laissant derrière eux armes et bagages. Et, surtout, des kilos d'archives relatant les détails de l'opération. Ceux-ci sont bientôt publiés par le journal *Afrique-Asie* (n° 138, 27 juin 1977). On apprend par ailleurs que la compagnie d'aviation privée qui a transporté les mercenaires appartient à l'une des plus grandes stars du cinéma français, à l'initiative d'un de ses amis, le mercenaire Jacques Lafaille. En dépit de cette débandade, Denard recrute, en mai 1978, via la SFMOS, des mercenaires pour organiser un coup d'État dans les Seychelles du président Albert-René, présenté comme un suppôt de la Corée du Nord de Kim Il-sung. Denard, après avoir fomenté, à la même époque, un autre coup d'État aux Comores, s'y installe pour une dizaine d'années. Il sera finalement arrêté par des hommes des services français, avant d'être, bien plus tard, jugé en France pour avoir participé au meurtre du président du pays devenu indépendant, Ahmed Abdallah. De nombreux responsables des services français viendront à son procès pour le dédouaner. Il n'en sera pas moins condamné, le 20 juin 2006, à cinq ans de prison avec sursis pour avoir commis, onze ans plus tôt, alors qu'il s'était converti à l'islam sous le nom de Saïd Mustapha M'Hadjou, un nouveau coup d'État contre Saïd Mohammed Djohar, le président des Comores. Mais il a eu, cette fois, le tort d'agir sans l'aval de ses amis barbouzes…

L'« affreux » Bob Denard, ou trente ans de guerres mercenaires en Afrique, du Congo (ici en 1966) aux coups d'État successifs qu'il organise aux Comores.

Mandar, rue

No 8 – Dans les années 1970, le journaliste et agent secret Michel Lambinet – alias Éric Staub ou le colonel Vincent – publie sa très informée *Lettre d'Afrique*. Sa vie durant, il s'est complu dans la recherche et la propagation de l'information dite secrète. À 20 ans, dans les années 1950, ce Nancéien s'établit à Dakar, où il dirige une agence de presse. Pourtant, en mai 1958, Lambinet rejoint Paris où de Gaulle impulse une nouvelle politique africaine, convaincu qu'il peut jouer un rôle d'éminence grise. En 1960, à Cotonou, lors de la conférence des ministres de l'Information africains, il se présente comme chargé de mission (auto-proclamé) du Premier ministre Michel Debré et propose la création d'un Service de renseignement interafricain, dont il pourrait prendre la direction. Ce projet lui vaut d'être considéré comme un « espion » et expulsé du Congo, du Cameroun, de la Mauritanie... À l'inverse, à Paris, la DST le fiche, en 1964, comme « escroc au renseignement et maniaque de l'espionnage ». En dépit de ces petits travers, le colonel Maurice Robert, chef du Service Afrique du SDECE, le recrute en tant qu'« honorable correspondant ». Mais l'irascible Lambinet a tendance à se brouiller avec beaucoup de monde : Léopold Sédar Senghor, Sékou Touré, Houphouët-Boigny et même, ce qui est plus grave, Jacques Foccart, le « Monsieur Afrique » de De Gaulle. Dernière planche de salut : il se lie avec le président du Zaïre, Mobutu. Au côté de Jean Da Costa, agent du SDECE, Lambinet appuie le Front de libération de l'enclave du Cabinda (FLEC), une région d'Angola qui regorge de pétrole. Le FLEC n'est qu'une « berlue » (c'est-à-dire une couverture), soutenue à la fois par les Zaïrois et par la compagnie pétrolière française Elf. À partir de la rue Mandar, Lambinet recrute des mercenaires pour encadrer des Zaïrois et des exilés cabindais afin de « libérer » le Cabinda, se plaçant lui-même à leur tête. Mais, en novembre 1975, c'est la débandade. Ses troupes en déroute lui en veulent de les avoir menées dans un quasi-traquenard. On ne s'improvise pas chef de guerre ! Le rédacteur en chef de la *Lettre d'Afrique* regagne la France avec, à ses trousses, les mercenaires qu'il a oublié de rétribuer... En 1981, il se revendique de gauche et se brouille, cette fois, avec les socialistes français après avoir fait circuler un « bouteillon » sur l'arrivée des Libyens de Kadhafi à N'Djamena, au Tchad. Ce qui fera dire au SDECE, chargé d'enquêter sous l'égide de son nouveau patron, Pierre Marion : « Complexé, mythomane, Lambinet cultive un goût maladif de l'action secrète qui lui permet de se valoriser en partageant les confidences des "grands". Il aime à se faire passer pour un homme du renseignement et c'est une constante de son action que d'avoir toujours cherché à constituer et à diriger un service spécial. Enfin, les éternels besoins d'admiration et d'argent de Lambinet en font une proie désignée et l'homme de main conscient ou inconscient de quiconque entend mener des manœuvres d'intoxication, de subversion ou de déstabilisation dans les pays de l'Afrique francophone. »
Ceci explique cela. En janvier 1996, Michel Lambinet se suicide dans son bureau, au lendemain de la chute de son ami et sponsor le président zaïrois Mobutu... Un décès passé d'autant plus inaperçu qu'il survient le jour de la mort de François Mitterrand.

Montmartre, rue

No 142 – Le 2e arrondissement est décidément le quartier des lettres confidentielles. Le groupe de presse Indigo y triomphe avec l'un des rares grands succès de ce genre de publications qui ont su passer de l'ère du papier à celle du cyberespace. Quand le jeune journaliste Maurice Botbol a fondé le premier fleuron de son groupe, *La Lettre de l'océan Indien*, dans les années 1970, on était encore à l'époque de la ronéo. *Le Monde du renseignement*, créé à partir de 1980 et devenu de nos jours *Intelligence Online* (versions française et anglaise), constitue un cas unique de lettre d'information sur tous les services de renseignement de la planète, avec une préférence marquée pour le monde français des services secrets et le secteur économique qui gravite autour. Ses multiples scoops concernant ce monde réputé insondable, autant que des analyses illustrées d'organigrammes très précis, constituent son originalité remarquable. Tous les quinze jours, les abonnés reçoivent cette lettre de 8 pages bourrées d'informations (soit sur papier, soit au format PDF), réalisée par un grand réseau de correspondants anonymes, souvent des journalistes qui travaillent déjà ouvertement pour un autre journal, mais également des fonctionnaires en activité ou des spécialistes du privé. Le site Internet www.intelligenceonline.com, enrichi de documents qui ne figurent pas dans la version papier, permet d'accéder aux archives de cette lettre depuis 1992 ainsi qu'à celles de ses sœurs *La Lettre du Continent, Maghreb confidentiel, La Lettre A*, etc. Cependant, si certains articles sont « gratuits », une grande partie n'est accessible que sur paiement à la pièce, à moins d'être abonné. Et, naturellement, les premiers de ces abonnés sont les services secrets du monde entier, qui savent bien que *Intelligence Online* possède une réelle influence du fait de son sérieux et de la qualité de ses informations… En 2008, sous l'œil vigilant de Maurice Botbol, *IOL* a pour rédacteurs en chef Philippe Vasset, spécialiste de l'intelligence économique et auteur de romans bien informés tels que *Journal intime d'un marchand de canons* (Fayard), et Jacques Massey, spécialiste, notamment, des Balkans et des opérations spéciales dans l'ex-Yougoslavie, comme en témoigne son *Nos chers criminels de guerre* (Flammarion).

Pour Vasset, « *Intelligence Online*, c'est la gazette de l'espion » ! Si l'on veut. Bien souvent, pour les gens de la CIA, du Mossad, de la DGSE ou du Guoanbu chinois, *IOL* est comme un miroir qui réfléchit une partie de leurs propres activités et leur permet, sans doute, de resserrer les boulons sur le plan de la sécurité, afin que leurs secrets ne filtrent plus pour se retrouver allégrement publiés par les journalistes trop curieux du 142, rue Montmartre !

Opéra, avenue de l'

No 38 – La compagnie aérienne russe Aeroflot a constitué une cible privilégiée pour le contre-espionnage français au temps de l'URSS, et cela n'a pas cessé depuis. Son agence de l'avenue de l'Opéra comme ses antennes dans les aéroports servaient de couverture au renseignement militaire, le GRU (toujours en activité), dont le directeur des bureaux parisiens de la compagnie, Sergueï Pavlov, fait justement partie quand, fin 1964, le Service 7 (opérations spéciales) du SDECE monte une opération contre son jeune adjoint, Poliakov. Une opération « Hirondelle », comme auraient dit les « Russkofs », qui s'y connaissent en montages sexuels des plus pervers.

Une hôtesse de l'air française, parlant couramment russe et dûment chapitrée par Marcel Le Roy-Finville, du Service 7, invite l'homme d'Aeroflot pour son anniversaire. Succombant à son charme, l'espion des Soviets accepte de

L'espion soviétique Sergueï Pavlov, directeur d'Aeroflot à Paris et piégé par une « hôtesse de l'air » du SDECE.
DR

l'accompagner à Deauville pour un week-end coquin. Les jours suivants, la jeune femme réussit à subtiliser des documents d'Aeroflot au Russe installé à l'aérodrome du Bourget. Finville les fait photographier dans une pièce aménagée pour le SDECE, où il a l'habitude de fouiller, avant leur introduction dans la soute de l'appareil, les bagages de personnalités ciblées. Grâce à cette manip', les Français obtiennent la preuve que l'équipe de Pavlov a réussi à se procurer des documents concernant la fabrication du Concorde et parviennent à identifier tout un réseau d'espionnage technologique. C'est pourquoi le Tupolev-144, qui ressemblait comme un frère jumeau à l'avion franco-britannique, a été surnommé, par dérision, le « Concordsky ». Le 15 février 1965, au Bourget, Sergueï Pavlov sera accompagné par une équipe de la DST à la passerelle d'un avion polonais, avec interdiction de remettre les pieds en France.

Si elle s'est brûlé les ailes, la délégation d'Aeroflot à Paris n'en continue pas moins d'espionner tous azimuts. En juin 1982, c'est au tour du directeur adjoint du bureau de Paris, Youri Solomonov, d'être pris la main dans le sac par la DST et expulsé *manu militari.* La vérité nous impose de préciser que presque toutes les compagnies aériennes servent, peu ou prou, de couvertures à certaines opérations des services secrets. Suivez mon regard...

Richelieu, rue de

N° 97 – Pendant la guerre d'Algérie a été montée, à l'enseigne des Éditions Nord-Sud, l'une des plus belles manips du SDECE. Officiellement dirigée par Jacques Latour, cette petite maison d'édition va publier un curieux livre : *La Main rouge.* Un certain Pierre Genève – journaliste-écrivain suisse dont le vrai nom est Marc Schweizer – a accepté de rédiger cet ouvrage présenté sous forme d'interviews de ces mystérieux commandos de la Main rouge qui n'ont, en fait, jamais existé. Il s'agit de revendiquer des attentats organisés, en réalité, par le SDECE contre des dirigeants du Front de libération nationale (FLN) algérien ou des trafiquants d'armes étrangers alimentant leurs maquis pour mener la guérilla contre les Français.

« Le patron des Éditions Nord-Sud était mon ami Jacques Latour, il faisait essentiellement des livres porno », expliquera Genève à l'auteur de ce guide. « Mais il avait de bons copains au SDECE, au service des ouvertures de valises, rue La Boétie. Jacques adorait se frotter à ce monde-là, faire croire qu'il en était. De mon côté, j'avais écrit des romans érotiques, mais aussi des histoires d'espionnage. Et, surtout, j'étais devenu l'ami d'un des protagonistes de l'affaire de la Main rouge, Christian Du Rieux, qui enseignait au collège religieux Albert-de-Mun, à Nogent-sur-Marne, où j'avais été pion. J'ai donc écrit *La Main rouge,* et nous avons procédé à son lancement avec le SDECE en bout de ligne. »

C'est ce que me confirmera le général Paul Grossin, alors patron de la « Piscine » : « Nous avons téléguidé cette affaire de bout en bout. Nous avions chargé le service Action de jouer ce rôle. Un commandant du service, " le Manchot ", avait ouvert un bureau à Versailles, au grand jour. Et, chaque fois qu'un journal demandait un entretien à la Main rouge, c'était préalablement rédigé boulevard Mortier, à la Piscine. »

Superbe lancement, en effet, au cours d'un cocktail mondain organisé par Jacques de Ricaumont (auteur de l'*Éloge du snobisme*) au début de l'été 1960, avec buffet du traiteur Potel & Chabot, en présence des vedettes du show-business comme le ténor Luis Mariano, mais aussi du très discret chef de la manipulation Main rouge au SDECE, le colonel Marcel Mercier...

Mais, loin du tintement des coupes de champagne, la Main rouge est, avant tout, une machine à tuer : bien que le SDECE ne soit pas censé opérer sur le sol français, les commanditaires de la Main rouge n'ont pas hésité à décider l'exécution de membres du collectif des avocats du FLN à Paris. Ainsi, le 21 mai 1959, Me Amokrane Ould Aoudia, du barreau de Paris, est retrouvé rue Saint-Marc abattu de deux

L'écrivain Marc Schweizer (à droite) lors d'un cocktail parisien. Spécialiste des supercheries, il publie sous le nom de Pierre Genève le faux livre du SDECE, *La Main rouge*, en 1960.
© Archives Faligot

balles de 9 mm, tandis que deux de ses confrères échappent à un attentat. Toutefois, à la demande expresse du général Grossin, son chef, le SDECE renonce à assassiner un jeune avocat appelé à une grande célébrité : Me Jacques Vergès.

Volney, rue

No 18 – L'Hôtel Chatam est, à partir de 1940, le siège du Groupe 11 de la GFP (Geheime Feldpolizei), sorte de gendarmerie allemande qui collabore avec les autres services à la protection de l'armée et au contre-espionnage nazis. Le patron de la GFP est, toutefois, logé à la même enseigne que les chefs du renseignement militaire, l'Abwehr, c'est-à-dire à l'Hôtel Lutetia, boulevard Raspail. Le Groupe 11 concerne l'ensemble du district militaire de Paris. Le Groupe 603, qui couvre les 5e, 7e, 13e et 16e arrondissements et une partie de la banlieue, est établi à l'Hôtel Matignon (6, avenue de Matignon, 8e) sous le commandement du major von Ostrowski. Le Groupe 610, chargé des 1er, 4e, 8e, 12e, 17e et 20e arrondissements, opère à partir de l'Hôtel Édouard-VII (39, avenue de l'Opéra, 2e). Le groupe 625 est rattaché à la 3e flotte aérienne de la Luftwaffe et concerne la protection des aérodromes et autres bâtiments de l'armée de l'air nazie. Il prend son envol à partir de l'Hôtel Récamier (3 bis, place Saint-Sulpice, 6e). Collaborant avec le 603, le Groupe 640 (Hôtel Victoria-Palace, 6, place Blaise-Desgoffe, 6e) intervient dans l'ancien département de Seine-et-Oise (qui sera éclaté en 1968). Le Groupe 550 de la GFP, enfin, basé à l'Hôtel Terrass (74, avenue de la Grande-Armée, 17e), dépend directement du haut commandement pour Paris et s'occupe plus particulièrement de la Seine-et-Marne. Avec ce dispositif de la *Feldgendarmerie* s'établit donc un maillage important d'unités à l'avant-garde de la lutte contre la Résistance, chaque jour croissante, de concert avec la Gestapo et l'Abwehr.

3e ARRONDISSEMENT & 4e ARRONDISSEMENT

Beaubourg, rue

N° 26 – À l'enseigne de la société Le Pigeon voyageur, cette boutique, comme son nom l'indique, s'est longtemps occupée de moyens de transmission ; depuis la guerre de 1914, heure de gloire du volatile, jusqu'aux années 1980, période au cours de laquelle la chute de l'Union soviétique a décidé la DST et son ministère de tutelle à ne plus ficher ni surveiller les propriétaires de pigeons. Jean Delogé, patron de ce commerce réputé, était un honorable correspondant des services secrets qui, comme s'en était ouvert auprès de l'auteur son ami le colonel Germain du SDECE, a « rendu de fiers services, notamment dans le domaine des micros et autres gadgets utiles à nos missions au Service de renseignement avant la guerre, puis au SDECE... »

Le pigeon voyageur, symbole des transmissions des services secrets. Ici, celui du fort de Vaux, envoyé avec son ultime message le 4 juin 1916, au cours de la bataille de Verdun.
© Jacques Boyer / Roger-Viollet

Guéménée, impasse

N° 10 – Le local de la Ligue communiste après Mai 68. Olivier Besancenot n'est pas le premier dirigeant de la Ligue communiste révolutionnaire (devenue, en 2009, le Nouveau parti anticapitaliste) à être espionné par des policiers ou des détectives privés, comme ce fut le cas dans « l'affaire Taser ». C'est, si l'on peut dire, une tradition depuis que les services de la Sûreté nationale fermaient les yeux quand les sbires de Staline assassinaient les militants trotskystes dans Paris, à commencer par Léon Sédov, le propre fils du « Vieux » Trotsky ou son ex-secrétaire Rudolf Klement (→ **224, rue Raymond-Losserand, 14e**). Dès leur installation impasse Guéménée, au lendemain de Mai 68, les dirigeants de la Ligue communiste, autour d'Alain Krivine, Henri Weber et Daniel Bensaïd, sont constamment surveillés par un secteur des RG dirigé par le commissaire Jacques Harstrich, ou par la DST et autres services spécialisés dans la lutte antigauchiste : BDL, SUBAC et compagnie.

En mars 1972, les RG publient un bulletin mensuel confidentiel et évolutif sur les adresses et les mouvements des dirigeants de la Ligue communiste, avec les « points de chute » où, selon les policiers, ceux-ci se cacheraient en cas de répression de leur organisation. Par exemple, la DST et la RGPP (Renseignements généraux de la préfecture de police de Paris) estiment qu'Henri Weber (alias Tisserand), aujourd'hui eurodéputé et conseiller du dirigeant socialiste Laurent Fabius, se replierait à des adresses du boulevard Saint-Marcel (13e), de la rue Popincourt (11e) ou de la rue de Maubeuge (9e). Ils n'ont pas entièrement tort : lorsque, en 1973, la Ligue communiste est dissoute à la suite d'une manifestation contre l'organisation Ordre Nouveau (ancêtre du Front national), ses dirigeants sont cachés, parfois très loin à l'étranger. L'auteur se rappelle avoir rencontré, en 1973, Gérard Verbizier, alias Vergeat, à Londres, sous l'aile protectrice de ses camarades de la section sœur de la IVe Internationale, l'International Marxist Group. Là, ce n'était plus la DST parisienne, mais le MI5 londonien qui avait dû le prendre en chasse...

5e ARRONDISSEMENT

Bûcherie, rue de la

No 3 – Encore un scandale d'espionnage de l'ère Mitterrand ! L'affaire se déroule en juillet 1985, dans l'un des locaux les plus surveillés de France. Ses numéros de téléphone – 325 91 37 et 326 53 05 – sont sur écoute permanente, et par plusieurs services à la fois… Il s'agit du quartier général de l'organisation écologique Greenpeace en France. Il a été infiltré par un lieutenant de la DGSE, Christine Cabon, qui, après avoir réalisé des fouilles archéologiques dans les Yvelines, a rejoint l'organisme écolo sous IF (identité fausse) de « Frédérique Bonlieu ». Elle sert de poisson pilote et participe au périple du *Rainbow Warrior*, le navire amiral de Greenpeace qui patrouille dans le Pacifique pour gêner les essais nucléaires français à Moruroa. La taupe a quitté le navire en mai, deux mois avant l'attentat réalisé par les nageurs de combat de la DGSE le 10 juillet 1985, à Auckland, tuant à son bord un photographe portugais, Fernando Pereira.
Après l'arrestation, en Nouvelle-Zélande, des faux époux Turenge, Alain Mafart et Dominique Prieur, une affaire d'État va éclater, catastrophique pour l'image de la DGSE, et pour la diplomatie française. Le ministre de la Défense Charles Hernu, qui a fait réaliser l'attentat à la demande de François Mitterrand, servira de fusible et devra démissionner. Tout comme l'amiral Lacoste, patron de la DGSE, qui refusera de livrer à la commission d'enquête imposée par le Premier ministre Laurent Fabius l'identité de l'équipe ayant provoqué l'attentat. Parmi les nageurs de combat qui ont participé à cet exploit de Pieds nickelés figure le propre frère de la future dirigeante socialiste Ségolène Royal, lequel a déjà participé à des missions bien plus dévastatrices au Moyen-Orient.

Le 10 juillet 1985, la DGSE fait sauter le *Rainbow Warrior*, navire de l'organisation écologiste Greenpeace mouillant à Auckland, et tue un photographe portugais à son bord.
© Tristan Siegmann / Gamma

Cluny, rue de

Nº 3 – Restaurant chinois le Chou-Chen, sous surveillance de la DST. L'inspecteur Henri Thomas, du « Service actif » de la Section Chine (nom de code CATI) à la DST, décortique de 1962 à 1966 l'infiltration d'agents illégaux de Chine populaire réalisée à travers la pénétration des milieux du Kuomintang, le parti nationaliste de Chiang Kai-shek qui s'est replié avec ses troupes à Taiwan. Un service spécial du Parti communiste, le « Département chargé du travail de front uni » (*Tongyi Zhanxian Gongzuobu*) dont le 2e Bureau, alors dirigé par Ling Chen, est chargé d'infiltrer la communauté chinoise d'outre-mer, dont les restaurants sont des cibles de choix.
C'est le cas d'établissements du Quartier latin où, avec le secteur de la gare de Lyon et le 13e arrondissement, les Chinois se sont installés depuis la guerre de 14-18. Les sources de l'inspecteur Thomas sont, d'une part, le patron de ce vieux restaurant chinois, le Chou-Chen, d'autre part, un autre restaurateur qui se revendique du Kuomintang, mais dont Thomas subodore qu'il joue double jeu au profit des Rouges... Avec l'aide de la Sécurité militaire, la Documentation chinoise de la DST, animée par l'inspecteur Michel Lepeytre, compile à partir de cette époque une liste des « restaurants chinois de Paris ouvertement ralliés ou présumés acquis au régime de Pékin ». Opération qui deviendra de plus en plus difficile du fait de la prolifération des restaurants chinois à partir du milieu des années 1970, avec l'afflux de réfugiés chinois d'Indochine. En 1984, on aura ainsi déjà répertorié 4 000 restaurants chinois.

Fossés-Saint-Bernard, rue des

Nº 32 – Le 28 juin 1973, un nouvel attentat est organisé par le Mossad israélien contre Mohamed Boudia, intellectuel algérien et administrateur du Théâtre de l'Ouest parisien, qui meurt dans l'explosion de sa R16. Réfugié en France depuis 1965, cet opposant au Front de libération nationale algérien a, selon les enquêteurs, appartenu à un réseau du Front populaire de libération de la Palestine (FPLP), ce qui expliquerait qu'il était ciblé. Sous la plume de Philippe Bernert, journaliste talentueux et ami du directeur adjoint de la DST, *L'Aurore* publie, comme toujours, les articles les plus en pointe, souvent alimentés aux meilleures sources du contre-espionnage, justifiant l'exécution quand il ne désigne pas des cibles aux tueurs. C'est le cas dans l'affaire

L'Algérien Mohamed Boudia, membre présumé du FPLP (Front populaire de libération de la Palestine), meurt dans l'explosion de sa voiture piégée par le Mossad, le 28 juin 1973. © AFP

Boudia comme dans d'autres au cours de ces années 1970...

Huchette, rue de la

No 27 – Dès les années 1930, le cabaret algérien El Djezaïr ouvre ses portes. On y déguste le couscous, sur des plats de cuivre, dans une atmosphère enfumée, en dévorant des yeux les danseuses du ventre accompagnées par six musiciens. Lorsque celles-ci passent de table en table, on colle sur leur peau en sueur une pièce de monnaie, ou l'on glisse un billet plié dans la ceinture de leur robe diaphane. Dès l'entrée des Allemands dans Paris, le patron d'El Djezaïr, Mohamed Louaib, alias le Gros Mohamed , se met au service de Richard Christmann, le chef des manipulations musulmanes de l'Abwehr, le renseignement militaire nazi. Il l'informe de ce qui se dit parmi les Maghrébins et l'aide à publier, en juin 1943, un journal prônant le nationalisme et l'indépendance vis-à-vis de la France de l'Algérie, de la Tunisie et du Maroc, le pronazi *Er-Rachid*.
Après la guerre, et jusqu'aux années 1980, ce cabaret est devenu l'antre d'officiers des services de Sécurité militaire français et algériens. Son patron est alors le Kabyle Abdelazziz Chadli ; il négocie des ventes d'armes qui doivent être validées par le BLIRTA (Bureau de liaison pour la répression des trafics d'armes), lequel dépend de la SM (Sécurité militaire) française. C'est ce qui explique que, dans les années 1970, le patron de cette dernière, le général Pierre Thozet, hante les lieux avec ses amis. Pendant la guerre d'Algérie, cet ancien déporté à Mauthausen a dirigé la lutte anti-OAS à la SM, et il est donc bien vu des Algériens.

Rollin, rue

No 4 – Le 4 mai 1978, Henri Curiel, Juif égyptien et apatride, est abattu de quatre balles de revolver devant l'ascenseur de son immeuble par des tueurs professionnels. Le meurtre est revendiqué par un mystérieux « Commando Delta », qui fait référence à la guerre d'Algérie, au cours de laquelle Curiel s'est engagé aux côtés du FLN. Dans les années 1970, ce militant tiers-mondiste, fort de ce soutien à la guerre d'indépendance algérienne qui lui a valu la prison, est à la tête du mouvement semi-clandestin « Solidarité ». Il apporte une aide très active à des mouvements de libération, comme l'*African National Congress* (ANC) du Sud-Africain Nelson Mandela, ou à des opposants aux dictatures d'Amérique latine, tels les

Victime d'une campagne de presse, Henri Curiel est mis en résidence surveillée, ici à Digne, le 26 novembre 1977, quelques mois avant son assassinat. © Simonet / Gamma / Eyedea

militants chiliens pourchassés, jusqu'à Paris, par les sbires du général Pinochet. En quoi consiste cette aide ? Comme au temps de la guerre d'Algérie, fabrication de faux papiers, organisation de filières d'évasion, apprentissage de la clandestinité, de l'art de déjouer des écoutes et de « couper des filatures ». Henri Curiel est l'objet de la vindicte de nombreux services secrets qui animent une campagne de presse contre lui. De plus, « Solidarité » est infiltré au plus haut niveau par la DST, qui organise une surveillance de tous les instants, y compris en prenant contact avec des voisins de l'immeuble de la rue Rollin. Malgré la remarquable enquête de Gilles Perrault, *Un homme à part* (éd. Bernard Barrault), l'identité des assassins de Curiel demeure une énigme trente ans plus tard. Voici l'hypothèse qui circule dans les milieux du renseignement français : le « Commando Delta », pseudo-groupe d'extrême droite qui a revendiqué le meurtre, n'a jamais existé, bien qu'une même revendication ait déjà suivi, le 2 décembre 1977, le meurtre du gardien de l'Amicale des Algériens, à Paris, Laïd Sebaï, sans doute confondu avec le président de l'association. Les tueurs auraient agi pour le compte des services sud-africains aidés par deux inspecteurs de la DST, sorte d'électrons libres convaincus, contrairement à leur hiérarchie, que Curiel, proche des partis communistes égyptien et français dans les années 1950, était un agent du KGB. Et surtout pour venger la mort de deux autres inspecteurs de la DST, tués trois ans plus tôt rue Toullier, dans le même quartier, par le militant propalestinien Carlos.

Saint-Victor, rue

Nº 2 – Le 3 janvier 1977, Mahmoud Sâleh, directeur d'une librairie arabe, mais surtout membre du Fatah et ancien représentant de l'Organisation de libération de la Palestine en France, tombe sous les balles d'un revolver 11,43. Le Quartier latin est décidément un champ de tir dans ces années 1970.

La librairie arabe est visée : dans la nuit du 12 au 13 janvier, elle fait l'objet d'un attentat qui la détruit partiellement. Sâleh se savait d'autant plus menacé qu'on avait, quelques jours plus tôt, apposé sur son échoppe, à la peinture noire, « Israël vaincra ! », ainsi qu'une étoile de

(À droite) Jean-Louis Lin, militant occitan et ami de Mahmoud Sâleh, noyé dans la Seine dans d'étranges circonstances. © Archives Faligot

David, le tout signé FEJ (Fédération des étudiants juifs).
Le lendemain, la presse évoque bizarrement un « règlement de comptes » entre Palestiniens, insistant sur le fait que le libraire était membre du Fatah. On ne dit pas, cependant, qu'il était extrêmement suivi par la DST. Le 29 décembre 1976, il était en fait rentré d'Irak et, à Orly, la DST lui avait saisi son passeport (mauritanien) ainsi qu'un carnet d'adresses. Lorsque, cinq jours plus tard, Mahmoud Sâleh est abattu, les milieux propalestiniens imputent sa mort au Mossad, non sans questionner le rôle exact de la DST.
Certains lieront plus tard sa mort à celle d'un jeune militant occitan et tiers-mondiste nommé Jean-Louis Lin, retrouvé noyé dans la Seine le 11 juillet 1978. Éditeur du petit journal autonomiste occitan *Poble d'Oc*, Lin a souvent manifesté une solidarité active avec des mouvements dits de « libération nationale », que ce soit les Irlandais de l'IRA, les Basques de l'ETA, les Khmers rouges ou les Palestiniens. C'est dans ce cadre qu'il avait sympathisé avec Mahmoud Sâleh, invité par ses soins dans un meeting à Montpellier. Lorsque ce dernier a été assassiné, Jean-Louis Lin l'« antisioniste » participe à ses funérailles. Cette veillée funèbre ne sera, en revanche, pas permise à Abou Daoud, le chef du Fatah venu du Proche-Orient pour la levée du corps, mais arrêté par la DST à la demande des services spéciaux allemands, qui le considèrent comme le cerveau du massacre des athlètes israéliens aux Jeux olympiques de Munich en 1972. Puis Jean-Louis Lin disparaîtra à son tour. On le retrouvera noyé dans la Seine dans des circonstances inexpliquées à ce jour, en même temps que le nouveau patron de l'OLP à Paris, Ezzedine Kalak, et que cet autre militant tiers-mondiste qu'était Henri Curiel. Ses amis lanceront une campagne pour faire éclater la vérité : pour eux, il a été, lui aussi, assassiné par le Mossad à cause de ses liens avec les Palestiniens et, surtout, pour l'aide qu'il avait apportée à Mahmoud Sâleh. Toutefois, sa mort demeurera une énigme.

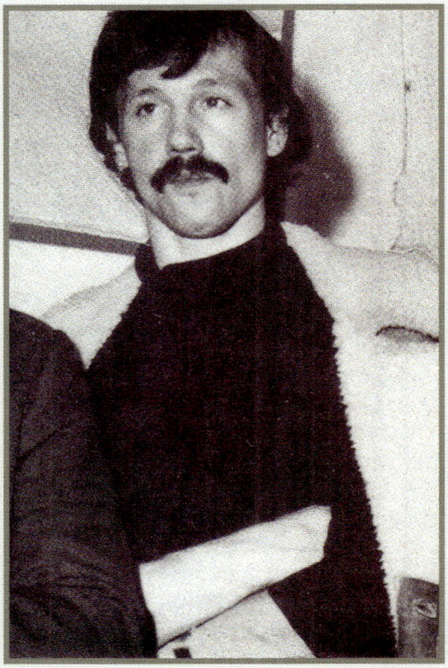

Toullier, rue

No 9 – Dans la seconde moitié des années 1970, le Quartier latin est un vrai triangle des Bermudes de la guerre sourde que se livrent militants palestiniens, DST, Mossad et compagnie. Rue Toullier, un réel retour de manivelle va frapper de plein fouet la nouvelle Section B2 du contre-espionnage français, chargée du terrorisme.
Voici, résumé, le film des événements qui mènent à ce drame : « En 1975, je me trouvais attaché à l'ambassade de France à Beyrouth, racontera à l'auteur Jean-Paul Mauriat un quart de siècle plus tard. Je n'étais plus officiellement à la DST, mais, dans le cadre de la coopération internationale entre polices, on m'avait chargé de former les gens du contre-espionnage libanais. C'est alors que, pour me faire plaisir, ceux-ci "m'offrent" Moukharbal sur un plateau. Mais cela devait s'avérer un piège... »

Ilich Ramírez Sánchez, alias Carlos, devenu la figure de proue du « terrorisme international » à la solde des Palestiniens dans les années 1970.
© AFP

Voici à quoi Mauriat fait allusion : le samedi 7 juin 1975, Moukharbal, le chef du militant vénézuélien Ilich Ramírez Sánchez, surnommé « Carlos », rend visite au quartier général du Front populaire de libération de la Palestine (FPLP) à Beyrouth, vraisemblablement pour y quérir de nouvelles consignes. Tandis qu'il s'apprête à reprendre l'avion pour Paris, la Sûreté libanaise l'arrête. Il a sur lui un plan pour réaliser de nouveaux attentats en France...

Le policier français en poste à l'ambassade de France, le commissaire Mauriat, est donc alerté. Il apprend que Moukharbal possède une fiche détaillée concernant les allées et venues de Michel Poniatowski, le ministre de l'Intérieur français. Suite à un interrogatoire, il découvre aussi qu'un attentat est prévu contre l'ambassadeur d'Israël à Paris. Il transmet l'information à sa centrale : le tueur du réseau s'appelle « Nourredine », et Moukharbal doit le rencontrer à Paris.
Persuadé qu'il s'agit d'un acte de « solidarité arabe », le prisonnier apprend avec plaisir qu'il est libre, et il peut prendre l'avion pour la France le 13 juin. La DST le prend naturellement en chasse dès son arrivée à l'aéroport.
Quelque temps après, il est photographié avec un homme, le fameux « Nourredine », qu'il est allé chercher au 9, rue Toullier, en plein Quartier latin. Cet homme est plus connu sous le nom de Carlos. La fameuse photo qui le représente, cigarette aux lèvres, sera bientôt dans la poche de tous les policiers de France et de Navarre... Mais la DST ne semble pas accorder une importance primordiale à cette trouvaille. Sans doute pense-t-on, rue des Saussaies, qu'ayant été arrêté à Beyrouth Moukharbal ne commettra pas d'impair et ne rencontrera que des gens insignifiants... Le 20 juin, le voici en Angleterre, où il est arrêté par la Special Branch de Scotland Yard et renvoyé en France... Il est à nouveau filé et, cette fois, la DST l'arrête.
Le 23 juin 1975, Moukharbal se retrouve rue des Saussaies face à Jean Herranz, le patron de la Section B2 antiterroriste. Cet ancien de la France Libre ne se départ jamais de sa courtoisie naturelle. Cependant, au bout de trois jours, le Libanais craque et admet que l'homme qu'il a rencontré rue Toullier est un maillon central du réseau.
Le vendredi 27 juin, le commissaire Herranz renonce à rejoindre sa famille à Toulouse pour le week-end : il décide d'aller avec Moukharbal au 9, rue Toullier. Deux inspecteurs l'accompagnent : Raymond Dous, qui s'est illustré au cours de la guerre d'Algérie, et un plus jeune,

depuis deux ans au service, Jean Donatini. La suite est tragique : voulant confondre Carlos en présentant Moukharbal alias Michel qui le désigne aux gens de la DST, le commissaire Herranz provoque, sans le vouloir, un carnage dans le petit appartement que le terroriste partage avec une Vénézuélienne. Carlos a lui-même raconté la scène dans le journal arabe *Al Watan al-Arabi* quatre ans plus tard :

« Lorsque Michel m'a montré du doigt en faisant allusion à la valise, j'ai senti une soudaine rupture. J'ai tiré mon revolver, un 7,62 russe Tokarev, et non pas un 7,65 normal. Un revolver puissant et très précis. L'arme habituelle des officiers de police. J'ai tiré un premier coup de feu sur Donatini parce qu'il a essayé de m'enlever le revolver. Je l'ai atteint à la tempe gauche. Il était rapide, mais j'ai été plus rapide que lui. J'ai ensuite tiré sur Dous, entre les deux yeux. Je me mouvais rapidement et j'ai tiré sur Herranz. Soudainement, la fille s'est placée entre nous. J'ai pris peur. Je l'ai écartée. Elle s'est mise à mon côté. J'ai tiré sur Herranz. Ma balle l'a touché à l'oreille. Tous mes tirs étaient faits pour tuer. Il ne restait plus que Michel [Moukharbal]. Il s'est approché de moi, les mains sur son visage. Le moment fatal était arrivé. C'était la règle du jeu : un traître est condamné à mourir. Lorsqu'il s'est trouvé devant moi, je lui ai tiré une balle entre les deux yeux. »

Laissant trois morts sur le tapis, dont deux de la DST, et blessant grièvement le commissaire Herranz, Carlos disparaît. Il a été aidé dans sa fuite. Mais, contrairement à ce que la CIA indiquera aux Français, les services cubains ne sont pour rien dans l'affaire, comme le reconnaîtra lors du procès Carlos Jean-François Clair, qui avait eu la chance d'être en congé ce week-end fatal. Pourtant, trois diplomates cubains seront expulsés... Jamais la DST n'a oublié ce coup de Trafalgar. Pendant vingt ans, les services spéciaux, SDECE et DST, mènent une traque impitoyable et si secrète que le tueur de la rue Toullier a dû penser qu'on l'avait oublié... Mais la DST saura prendre sa revanche. Le 15 août 1994, Carlos se retrouve à Paris, emprisonné à la Santé après avoir été kidnappé, la veille, à Khartoum, où il s'était réfugié sous une fausse identité, par une équipe de la DST dirigée par le général Philippe Rondot, qui n'a cessé, d'Amérique latine au Moyen-Orient, de traquer Carlos. Il sera plus tard condamné à la prison à perpétuité pour les meurtres de la rue Toullier, tandis qu'au moment où est écrit ce guide il attend, à la centrale de Poissy, d'être jugé pour d'autres attentats.

➔ **149, boulevard Saint-Germain, 6e**

Au 9, rue Toullier, le 28 juin 1975, Carlos abat deux policiers de la DST et leur informateur. Vingt ans plus tard, la DST tient sa revanche en le kidnappant au Soudan.
© AFP

6e ARRONDISSEMENT

Beaux-Arts, rue des

No 13 – L'Hôtel d'Alsace est, dans les années 1920-1930, une couverture du Komintern, l'Internationale communiste, et de son service d'espionnage. Un pied-à-terre pratique pour les militants internationaux chargés de missions clandestines à travers le monde. Jan Valtin, de son vrai nom Richard Krebs, ancien agent secret de ce service, l'*Apparat*, expliquera dans ses mémoires *Sans patrie ni frontières* comment il fonctionnait en liaison avec un bureau d'architecte, situé rue de Seine, installé par l'un des grands contrôleurs de l'action clandestine, Roger Ginsburger. Un Ginsburger connu dix ans après, dans la Résistance, sous le nom de Pierre Villon, et plus tard l'une des grandes figures du Parti communiste français. Valtin raconte :

« J'établis mes quartiers à l'Hôtel d'Alsace, dans une rue tranquille, adjacente à la rue de Seine. C'était un hôtel du Komintern, dont les employés étaient tous communistes, dirigé par une blonde plantureuse qui fouillait à son gré les chambres de ses clients et ne tolérait dans son fief la présence d'aucun signe révolutionnaire. Elle parlait à la façon américaine et ses "O.K." résonnaient à travers les plafonds et les murs. Lorsqu'on téléphonait, elle insistait pour écouter ce qui se disait, mais elle ne s'opposait pas à ce que ses clients amenassent des filles dans leur chambre, pourvu que leur motif fût simplement l'amour. »

Vers 1931, un autre futur maître espion britannique passe par cette filière. Au cours d'un voyage à Paris, Kim Philby a rendez-vous dans l'atelier d'architecte de la rue de Seine. Ginsburger lui fait rencontrer le nouveau chef du système d'espionnage au sein du Parti communiste, Jacques Duclos. Peu après, Duclos, impliqué dans une nouvelle affaire d'espionnage baptisée « Fantômas », fuira à Berlin. Philby ne sera identifié comme espion que trente ans plus tard : entre-temps, infiltré dans le service de renseignement britannique, le MI6, il rendra de fiers services à Staline...

→ **6, rue de Londres, 9e**

Lieu de séjour de l'écrivain irlandais Oscar Wilde en 1900, l'Hôtel d'Alsace devient dans les années 1930 une couverture des services spéciaux du Komintern.
© Heritage Images / Leemage

Gît-le-Cœur, rue

No 10 – Librairie de l'Union des jeunes communistes (marxistes-léninistes). Dans les années 1960, le communisme mondial a implosé : c'est le schisme entre Pékin et Moscou, entre Nikita Khrouchtchev et Mao Zedong. Le chef des services secrets chinois, Kang Sheng, est également chargé de liaison avec les « partis communistes frères ». À travers le monde, il orchestre la scission des partis communistes prosoviétiques pour créer des partis d'obédience pro-Pékin qui rejettent le « révisionnisme soviétique ». Éminence grise de Mao, et ancien amant de sa femme Jiang Qing, Kang Sheng est venu à Paris à l'époque du Front populaire, en 1936, et en a gardé un souvenir ému, comme il le confiera aux dirigeants maoïstes Raymond Casas et Régis Bergeron en visite à Pékin en 1965.

Dans la Ville lumière, le soleil rouge doit briller aussi. L'UJC(ml) achète à l'écrivain communiste espagnol Jorge Semprún le bail de la rue Gît-le-Cœur et ouvre cette librairie au Quartier latin, où maoïstes français, sympathisants ou simples curieux – comme l'auteur – achètent

En 1936, Kang Sheng est agent du Komintern à Paris. Chef des services secrets de Mao trente ans plus tard, il parrainera les groupes maoïstes à travers le monde.
© Archives Faligot

des brochures des leaders chinois, la revue *Pékin Information*, le petit livre rouge des citations de Mao, des bustes de Marx, Engels, Lénine, Staline, Mao... De la littérature et des disques en provenance du Viêt-Nam, qui combat l'impérialisme américain sous la direction du président Hô Chi Minh.

Contrairement à la légende, les maoïstes joueront un rôle réduit en mai 1968. L'autre formation rivale de l'UJC(ml), le PCMLF (Parti communiste marxiste-léniniste de France), ne participera pas du tout aux barricades ni aux échauffourées avec les CRS autour de la Sorbonne. Les ordres de Pékin sont clairs : « Ne pas gêner le général de Gaulle qui, le premier, a reconnu diplomatiquement la Chine populaire. »

Il n'empêche : les services secrets français surveillent les contacts entre Chinois de l'ambassade et militants français. C'est ce qui permettra de faire expulser le correspondant de l'Agence de presse Chine Nouvelle, Li Yannian, ainsi que le chef du bureau de presse de l'ambassade de l'avenue George-V, Tian Yiching, à qui l'on reproche d'effectuer du renseignement industriel en profitant de la désorganisation dans certaines usines à la faveur de la grève générale en mai 68.

Mais les « services secrets capitalistes » ne sont pas les seuls à surveiller les « maos » du PCMLF. Le Parti communiste français prosoviétique a monté sa propre police spéciale, surnommée « Section de montée des cadres ». Sous l'égide de Gaston Plissonnier, cette SMC fiche les scissionnistes, monte des provocations, attaque des meetings et envisage des moyens de faire imploser ce mouvement rival. Ce ne sera pas nécessaire : au lendemain de « la révolution culturelle à la française », le mouvement maoïste éclate, et la librairie de la rue Gît-le-Cœur, doublée d'une imprimerie, tombera sous la coupe des plus libertaires d'entre eux, ceux du groupe Vive la Révolution !

Jean-Bart, rue

No 6 – En 1982, le Comité culturel iranien est réputé, à en croire la DST, être un « faux nez » pour les activités d'Abdelfazi Doust, chef de la Savama, la police secrète de la République islamique. Chargé de suivre les activités des étudiants iraniens en France, ce dernier a été interpellé par la police française à Auvers-sur-Oise, dans les parages de la demeure de Bani Sadr, l'ex-président de la République islamique démis par les mollahs, et l'une des cibles des gouvernants de Téhéran. On redoute déjà, à l'époque, que quelque tentative d'assassinat soit fomentée.

Une autre fois, Doust, ancien étudiant en électronique de 28 ans, semble guider les actions d'un groupe d'étudiants khomeinistes qui attaque, sur les Champs-Élysées, des étudiants iraniens hostiles au nouveau régime. C'est le début de la montée en puissance des accrochages diplomatiques entre Paris et Téhéran, qui vont prendre un tour dramatique alors que la France soutient l'Irak de Saddam Hussein qui a envahi l'Iran de la révolution islamique. En 1984, la Vevak, le puissant ministère du renseignement de la République islamique, prend le relais de la Savama et étoffera désormais ses réseaux à Paris.

→ **4, avenue d'Iéna, 16e**

Monsieur-le-Prince, rue

Nº 65 – Quelques mois avant la reconnaissance diplomatique de la Chine par le général de Gaulle, en 1963, un soi-disant étudiant chinois s'installe dans un petit hôtel de la rue Monsieur-le-Prince, près du Jardin du Luxembourg, le Le Moal-Deschamps. Ce fils du Ciel dirige en fait le principal réseau d'espionnage de la Chine rouge à Paris. Il a été identifié par les services secrets français grâce à l'aide des Taïwanais, dont l'un des correspondants est restaurateur de l'autre côté du boulevard Saint-Michel.
« Monsieur Jules », le perceur de coffres du SDECE, a reçu pour mission de récupérer dans sa chambre d'hôtel des documents couverts d'idéogrammes. Voici ce qu'il a confié à l'auteur vingt ans plus tard : « Un beau jour, je suis chargé par le colonel Morvan, le patron du Service 7, c'est-à-dire les opérations spéciales, de récupérer des rapports du Chinois. Je les compulse dans sa chambre – mais, pour moi, le chinois, c'est de l'hébreu. Soudain, j'entends des pas dans le couloir. La clé grince dans la serrure. Il entre. J'ai eu le temps de me cacher dans la salle de bains, comme dans les films d'espionnage. Heureusement, il s'affale sur son lit et s'endort. J'ai pu subtiliser les documents et déguerpir. C'est Michel Couvert, un Breton qui dirige le secteur Extrême-Orient du Service 7, qui devra les faire traduire. Peu après, le même pseudo-étudiant a loué un studio boulevard Raspail. Cette fois, je dois installer un micro dans la cloison à partir de l'appartement voisin. Comme la sonde dépasse de trop, le Chinois, que je croyais absent, la détecte, s'en empare et tire dessus. C'est une bataille pour récupérer la ligne, chacun tirant de son côté, de part et d'autre de la cloison… Ce n'est plus du James Bond, ce sont les Marx Brothers ! Se sachant "logé" [c'est-à-dire découvert], il disparaît sans demander son reste. Pas pour bien longtemps : il refera surface au moment de l'ouverture de l'ambassade de Chine, comme deuxième secrétaire… »

→ **11, avenue George-V, 8e**

Observatoire, rue de l'

Nº 31 – Ce numéro n'existe pas plus que la rue. C'est pourquoi l'écrivain Gilles Perrault y a domicilié le héros malgré lui de son roman d'espionnage, *Le Dossier 51* (Le Livre de Poche, 1969). Celui-ci, le diplomate français Frédéric Auphal, « 51 » selon les services secrets qui vont tenter de le déstabiliser psychologiquement pour le manipuler, y demeure avec sa famille. Ce formidable roman démonte, dès la fin des années 1960, le mécanisme de la surveillance totale et les techniques de manipulation avec lesquelles des psychologues des services spéciaux peuvent utiliser les faiblesses et les fêlures de l'âme humaine.
Gilles Perrault a choisi cette « non-adresse » afin de ne pas porter ombrage à de vrais habitants d'un immeuble parisien. Mais il y a, aussi, un secret plus profond : gamin, le futur romancier habitait au 11, avenue de l'Observatoire, à la hauteur de la rue Herschel, lorsque ses parents cachèrent au fond de leur appartement un agent secret du Special Operations Executive (SOE), George Wilkinson, alias Alexandre. Ce dernier sera, hélas, capturé plus tard et exécuté au camp de Buchenwald le 6 septembre 1944, comme Gilles Perrault le raconte dans son livre de souvenirs *Les Jardins de l'Observatoire* (Fayard, 1995). « Tout récemment, un historien a retrouvé l'identité de tous les pilotes abattus qui ont été cachés et convoyés par mon père », me conte Perrault, à qui je raconte que je vais rédiger un guide intitulé *Paris nid d'espions*…

Raspail, boulevard

Nº 45 – L'Hôtel Lutetia est sans doute le plus célèbre palace dont l'histoire est liée à la guerre des espions dans Paris occupé ; il devient, dès 1940, le siège de l'Abwehr dirigé par le colonel Otto Reile. De l'ALST (*Abwehr Leistelle Frankreich*) dépendent les postes d'espionnage Abwehr (AST) de Saint-Germain-en-Laye, Dijon,

Angers, Lyon, Bordeaux, les sous-sections (*Abwehrnebenstellen* ou ANST) de Lille, Nancy, Brest, Limoges, Toulouse, Marseille, et quelque cinquante antennes ou *Meldeköpfe*.

Le colonel Hermann Giskes organise en son sein le contre-espionnage offensif (III-F), qui vise à infiltrer le dispositif ennemi : la Résistance, les services britanniques, américains ou soviétiques. Sous ses ordres, un officier très « parisien » de l'Abwehr, qu'on verra souvent dans ce guide, le Sonderführer Richard Christmann, alias Arno, manipule des mouvements nationalistes maghrébins, les bordels de luxe comme le One Two Two et met le pied à l'étrier à des artistes, comme Francis Lopez, alors dentiste, qui va, grâce à Christmann, enregistrer son premier disque de chansons... Ces officiers de l'Abwehr possèdent en outre des Hauskappelle – des bureaux en ville –, par exemple avenue Montaigne.

D'autres services spéciaux nazis sont aussi représentés à l'Hôtel Lutetia, puisqu'y réside le chef de la gendarmerie militaire, la Geheime Feldpolizei, dirigeant toutes les unités de la GFP (→ **18, rue Volney, 2e**). En outre, un SS du Sicherheitsdienst (SD) – la Sûreté de l'État nazie dont dépend la Gestapo –, qui effectue les liaisons avec l'Abwehr pour les interrogatoires, y réside également : c'est l'Hauptscharführer Eichner, « un Munichois de trente ans, aux yeux bleus et aux cheveux blonds légèrement ondulés », selon une fiche de surveillance du contre-espionnage de la Résistance... C'est une technique classique : l'homme du SD ou de la Gestapo torture ; l'homme de l'Abwehr se contente de poser des questions. Ce qui permet à l'amiral Canaris, patron de l'Abwehr, qui viendra au Lutetia au début de l'Occupation, de dire sans scrupule : « Le renseignement est un métier de seigneur. »

Fait inconnu : lorsque les déportés revenus d'Allemagne arrivent au Lutetia en 1945, où sont affichées les photos et les avis de recherche des familles, une petite cellule de la DGER (ancêtre de la DGSE) a été créée afin de détecter d'éventuels agents doubles, revenant comme déportés. « Les familles affichaient les photos de leur cher disparu. C'était terrible. On a finalement trouvé peu d'agents doubles. » C'est Jean Grün, l'animateur de cette cellule, qui m'explique cette incroyable affaire, lui qui, à l'instar de l'association des Clefs d'or qui regroupe les concierges, a organisé, avec les garçons d'étage, un réseau de renseignement dans les palaces à travers toute la France.

En 1945, au Lutetia, les parents cherchent des renseignements sur leurs proches déportés. Une cellule spéciale de la DGER détecte des « agents doubles ». © AFP

Attaque à la grenade contre le Drugstore Saint-Germain le 15 septembre 1974. L'attentat est imputé à Carlos.
© J.-P. Rey / Ghisl (APR 6/3/75) / Gamma

Saint-Germain, boulevard

N° 117 – Inauguré le 12 décembre 1983, le Centre culturel de la République démocratique allemande (RDA) fut, pendant six ans – jusqu'à la chute du mur de Berlin –, une couverture des activités du MfS (Ministerium für Sicherheit), dont l'infernale Stasi, ainsi que le service d'espionnage extérieur, le HVA de Markus Wolf, personnage mythique du renseignement communiste, baptisé « Karla » dans les romans de John Le Carré. Œil pour œil... Le centre culturel français à Berlin-Est, à Unter den Linden, camoufle tout aussi bien des activités de notre DGSE. Toujours est-il que la surveillance est réciproque. Oreille pour oreille... Après la chute du communisme, on a trouvé des micros dans les murs du 117, boulevard Saint-Germain, et l'on s'est posé la question : était-ce la DST qui voulait écouter, ou la Stasi qui surveillait les visiteurs autant que les fonctionnaires est-allemands ? En tout cas, comme dans le magnifique film de Florian Henckel von Donnersmarck (descendant d'un célèbre espion allemand !) *La Vie des autres*, les murs ici aussi, en plein Quartier latin, avaient des oreilles.

N° 149 – Le Drugstore Saint-Germain, imaginé par le publicitaire Marcel Bleustein-Blanchet, était très populaire autant pour ses cafés – meilleurs et moins chers qu'aux Deux Magots, de l'autre côté du boulevard – que pour sa librairie en sous-sol regorgeant de livres sur le Pop Art et autres bouquins décoiffants, en 10/18, du Marquis de Sade ou de Wilhelm Reich.
Aussi l'attentat à la grenade qui s'y produit le dimanche 15 septembre 1974 prend-il tout un chacun par surprise. Il est signé Carlos, de son vrai nom Ilich Ramírez Sánchez. Ce militant vénézuélien, lié à la résistance palestinienne, a voulu rendre service à ses camarades gauchistes de l'Armée rouge japonaise, la *Sekigun*. En effet, ces derniers ont pris en otage, dans l'enceinte diplomatique française à La Haye, l'ambassadeur de France et dix autres personnes. Leur objectif ? Obtenir la libération de Yukata Furuya, l'un des leurs arrêté par la DST et emprisonné en France. Quatre ans plus tard, Carlos revendiquera cet attentat au cours d'une interview donnée à un journal arabe : « À cinq heures, j'envoyai une grenade dans le Drugstore Saint-Germain. Deux personnes furent tuées et une trentaine d'autres, blessées. Nous avons appelé plusieurs journaux et radios pour revendiquer l'attentat au nom de l'Armée rouge japonaise. Nous avons adressé des courriers de menace de plusieurs endroits différents au Gouvernement, déclarant qu'il y aurait d'autres actions si les demandes de nos camarades de La Haye n'étaient pas acceptées. »

N° 151 – La Brasserie Lipp n'est pas célèbre seulement à cause de sa choucroute, ses harengs de la Baltique et son bœuf mode : l'« affaire Ben Barka » a donné un piment particulier à une histoire déjà pleine d'épisodes politico-médiatiques. C'est devant cet établissement réputé que, le 29 octobre 1965, l'opposant marocain au roi Hassan II, Mehdi Ben Barka, est accosté par de faux policiers qui lui demandent de les suivre. Ces flics véreux, épaulés par des truands français et par un officier du SDECE, travaillent de concert pour les services secrets du général Oufkir. On ne reverra plus Ben Barka, qui aurait dû rencontrer, quelques jours plus tard, le général de Gaulle, puis se rendre à Cuba à une conférence de la Tricontinentale, organisation révolutionnaire du tiers-monde. Tel est le début d'un énorme scandale politico-policier qui va ébranler la Ve République, et plus encore les services secrets français ainsi que la préfecture de police de Paris. Le Service 7 des « plombiers » du SDECE, que dirige Marcel Le Roy-Finville, va être dissous – remplacé par le Service Y –, et l'ensemble de la « Piscine », retiré à la tutelle du Premier ministre.

L'affaire Ben Barka est aussi l'occasion de la naissance, en France, d'un véritable journalisme d'enquête, permettant de dévoiler des pans entiers du dispositif secret et de polices parallèles qui gangrènent le pays – sans toutefois permettre d'obtenir le fin mot sur la disparition de Ben Barka, demeurée l'une des plus célèbres énigmes criminelles qui ont ébranlé la France, après les affaires Dreyfus, Seznec ou Dominici...

→ **Passage Traînée (18e)**

Saint-Michel, boulevard

No 74 – Encore un assassinat au Quartier latin qui n'a toujours pas été élucidé : celui de l'avocat d'origine algérienne Ali-André Mécili. Le soir du 7 avril 1987, cet opposant de longue date au régime algérien est assassiné, dans l'ascenseur de l'immeuble, de trois balles de pistolet. Avec la bienveillance de certains policiers, les tueurs à la solde de la Sécurité militaire algérienne (SMA) semblent échapper à la justice. Deux mois plus tard, un truand, Abdelmalek Amellou, fortement soupçonné d'avoir tenu l'arme fatale, est expulsé vers Alger en « urgence absolue », à l'instigation du ministère de l'Intérieur. Lors d'interrogatoires, ce gangster avait avoué avoir agi pour le compte de la SMA contre l'animateur de *Libre Algérie*. Cette affaire rappelle, par son développement, celle de l'enlèvement de Mehdi Ben Barka par les services secrets marocains vingt ans plus tôt. D'autant que survient un rebondissement en 2008. La police arrête un diplomate algérien, Mohamed Hasseni, comme commanditaire direct de l'assassinat de Mécili. Celui-ci est mis en examen, mais, le 27 février 2009, la justice décide de le libérer sous contrôle judiciaire. Il peut rentrer – sans être blanchi – dans son pays. Mais reviendra-t-il, sur convocation de la justice française, pour s'expliquer sur le crime du boulevard Saint-Michel ?

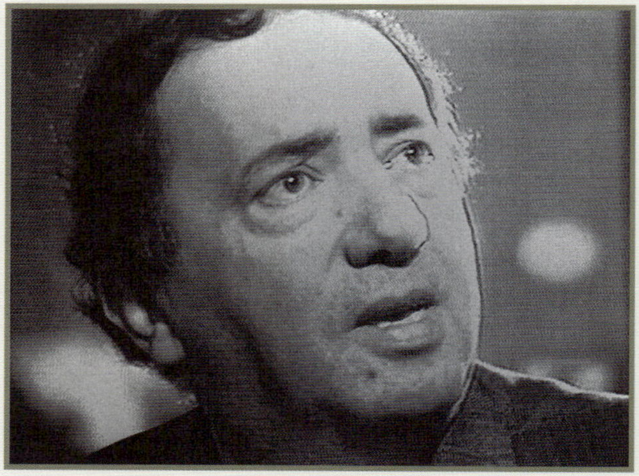

Ali-André Mécili, chef de l'opposition algérienne en exil et dirigeant de la guerre d'indépendance, est assassiné le 7 avril 1987, boulevard Saint-Michel. © AFP

Vaugirard, rue de

No 54 – Avant la Seconde Guerre mondiale se trouve à cette adresse, face au Sénat, l'appartement d'Anatole de Monzie. Lié à l'agent soviétique Dimitri Navachine, ce politicien conservateur très influent a été recruté, comme agent d'influence des services soviétiques, par Iakov Davtian, ex-chef de la section étrangère du Guépéou, le service secret de Staline, transformé en NKVD.

De plus, Monzie entretient une danseuse russe, Liba Lipska, qui n'est autre que la nièce du chef du NKVD en France, Isaac Alter, alias Jean Arens. Tandis que chez les Russes fume le samovar, on espionne en famille...

C'est aussi un exemple typique de la technique des « organes » soviétiques : recruter pour le long terme ou manipuler des gens situés sur la droite de l'échiquier politique est plus rentable que chez les camarades communistes, trop vite décelés. Cela change, évidemment, avec l'invasion de l'URSS en juin 1941, quand l'ordre est donné au Parti communiste de faire de la résistance.

La preuve : dans ce même appartement du 54, rue de Vaugirard, habitent, pendant la guerre, Marcel et Georgette Jouliat, des agents du Service B, le service de renseignement des Francs-tireurs et partisans, lié directement au GRU, le service de renseignement de l'Armée rouge que dirige Georges Beyer, beau-frère de Charles Tillon, chef nominal de ces FTP. Peu avant la libération de Paris, une dizaine de membres du Service B s'activent rue de Vaugirard sous la direction d'André Teuléry, alias Viguié, un militant communiste du 13e arrondissement, très atypique et plus tard accusé d'espionnage au profit des services secrets yougoslaves de Tito. Avant cela, au sein du Service B, Viguié travaille avec Charles Chézeau, qui recrute des agents dans le monde du cinéma, comme Henri Vidal – le futur mari de Michèle Morgan – ou encore Janine Niepce, la petite-fille de l'inventeur de la photographie.

Georges Beyer, chef du Service B des Francs-tireurs et partisans pendant l'Occupation, en liaison avec le 4e Bureau de l'Armée rouge. DR

Teuléry, qui habite dans le 15e, dépend aussi du responsable national des FFI, le Dr Robert Aron-Brunetière : c'est avec ce dermatologue qu'il va, au 54, rue de Vaugirard, faire intégrer le Service B au sein du 2e Bureau des FFI, dirigé par Antoine Kergall (« Larcourt ») pour préparer, côté communiste, le soulèvement de Paris en août 1944. Il s'agit de fournir au commandement des FFI, à commencer par le colonel communiste Rol-Tanguy, toutes les informations tactiques sur les mouvements de troupes allemandes, mais aussi sur les supplétifs français de la police parisienne (dûment infiltrée par le Service B) et les collabos les plus notoires à capturer ou à abattre le jour J...

Un savant les rejoint dans ce travail d'analyse et de compilation : le commandant « Antoine », qui n'est autre que le futur prix Nobel de physiologie et de médecine, le professeur André Lwoff. Bientôt, le « 54 » est une ruche bourdonnante où le couple Jouliat et quelques autres dactylos tapent à la machine, en plusieurs exemplaires, et passent à la ronéo des milliers de feuillets qui constituent les bulletins de synthèse et de renseignement. Devenu trop exigu, l'appartement ne sera bientôt plus qu'une antenne du service quand le Dr Aron-Brunetière installera ce dernier dans de plus grands bureaux, boulevard Malesherbes et boulevard Haussmann. Ce dispositif se transforme enfin en « 5e Bureau », qui fournit un travail intense, centralisant notamment les renseignements sur les mouvements de troupes allemandes, aussi bien en Alsace que dans la poche de Lorient. Il sera dissous en septembre 1945 par Jacques Soustelle, patron du nouveau service de la France libre, la DGSS (Direction générale des services secrets). Certains de ses membres communistes vont effectuer un travail d'infiltration dans les nouveaux services secrets de l'après-guerre, à commencer par André Teuléry, qui entre dans la Sécurité militaire. Débute alors la grande épopée des « taupes rouges »...

7e

ARRONDISSEMENT

Bourgogne, rue de

No 30 – C'est une planque et boîte à lettres du Service B, le service secret des Francs-tireurs et partisans communistes, directement relié au GRU, le Renseignement militaire soviétique. Georges Beyer, son chef, a l'idée d'installer ce relais clandestin dans une droguerie que tient la belle Sylvie Galanis, ancien mannequin chez Lanvin. Cela permet aux messagers du Service B d'acheminer, grâce à d'autres boîtes à lettres, les bulletins de renseignement supervisés en banlieue par le Breton Marcel Hamon afin de préparer le soulèvement de Paris et les liaisons avec les réseaux provinciaux du Service.

→ **54, rue de Vaugirard, 6e**

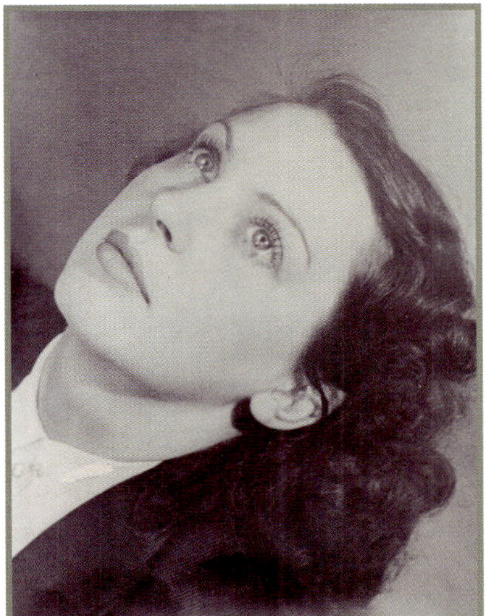

Sylvie Galanis, mannequin chez Lanvin, est aussi l'une des « femmes de liaison » du mystérieux Service B des Francs-tireurs et partisans et au SR de l'Armée rouge.
© Archives Faligot

François Durand de Grossouvre, éminence grise de François Mitterrand et responsable des « chasses présidentielles ».
© Archives Faligot

Branly, quai

No 11 – Cette dépendance de l'Élysée connaît son heure de gloire sous la présidence de François Mitterrand puisqu'il y a installé sa maîtresse, Anne Pingeot, et leur fille Mazarine sous garde rapprochée de nageurs de combat de la DGSE, puis de gendarmes du Groupe d'intervention de la gendarmerie nationale (GIGN). À l'étage supérieur réside, lors de ses séjours parisiens, le parrain de cette dernière, François Durand de Grossouvre... L'éminence grise de Mitterrand y reçoit, sur la fin de sa vie, le tout-Paris du journalisme pour médire sur le compte de celui qu'il considérait comme un traître en amitié et qui, dans les années 1990, le faisait surveiller par une cellule très spéciale dirigée d'abord par Gilles Ménage, puis par l'ex-chef des RG, le préfet Pierre Chassigneux. La gauche élyséenne espionne d'abord ses petits camarades de gauche et, dans les services secrets, on s'en amuse beaucoup.

C'est un comble pour Grossouvre, qui, dès l'arrivée de la gauche au pouvoir en 1981, était devenu une sorte de conseiller du Renseignement dans l'ombre du président. À ce poste, il a suivi aussi bien la réforme de la DGSE orchestrée par Pierre

Marion que les affaires libanaises auxquelles il était mêlé. Quelques semaines avant son suicide au palais de l'Élysée, il esquissait encore l'écriture de ses mémoires, un peu à la façon dont l'écrivain breton Jean-Edern Hallier avait rédigé un livre sur l'enfant caché de Mitterrand, pour faire pression sur celui-ci. Ironie de l'histoire, c'est Grossouvre qui avait été chargé, à l'époque, de négocier avec le rédacteur en chef de *L'Idiot international* le manuscrit qu'il aimait montrer à ses invités dans sa demeure nivernaise.

Résultat : l'affaire Mazarine aura été à l'origine du dérapage de la cellule antiterroriste de l'Élysée créée en 1982 par des gendarmes du GIGN, dans le but de protéger d'abord la famille présidentielle, officielle comme adultérine. Sur le plan technique, cela rompait avec une ancienne tradition qui voulait, à partir de la IIIe République, qu'existât un « commissariat spécial de l'Élysée » chargé de la sécurité du président sous l'égide de la Sûreté nationale.

Champ-de-Mars

La tour Eiffel, lieu de rendez-vous des amoureux et des espions, et cible des terroristes algériens en 1958 et 1994. DR

La tour Eiffel est un tel symbole que, dans les locaux du service de renseignement japonais à Tôkyô, le Naichô, trône une peinture réalisée dans les années 1970 par le représentant de ce service en poste à Paris, vue du Trocadéro.

Si la « vieille dame » de 300 mètres a d'abord été, dès sa construction, un outil exceptionnel pour les retransmissions, elle l'a été également pour les interceptions de communications. C'est pourquoi le ministère de la Guerre avait obtenu qu'on ne la détruise pas dix ans après la concession de l'Exposition universelle de 1889.

Grâce à l'installation, dès 1903, d'une station TSF (télégraphie sans fil) programmée par le général Gustave Ferrié – avec l'aide financière de Gustave Eiffel –, on a pu intercepter les appels téléphoniques d'ambassades, celle du Japon parmi d'autres (➔ **7, avenue Hoche, 8e**). En particulier, le 31 août 1914, le système d'écoutes de la tour Eiffel permet de capter la TSF des Allemands, et un radiotélégramme décrypté offre au général Joffre l'occasion de mettre à profit la rupture du front allemand, favorisant la première victoire de la Marne.

L'eau coule sous les ponts de la Seine. En 1938, le ministre français des PTT inaugure l'émetteur de 25 kW de la tour Eiffel et, déjà, les services spéciaux manifestent un intérêt qui ne s'est jamais démenti depuis pour les « étranges lucarnes », comme on appellera la télévision, qui voit le jour et va se généraliser sur Paris en circuit fermé pendant l'Occupation.

Pendant la guerre d'Algérie, la DST a également installé sur la tour un système pour brouiller les émissions radiophoniques à ondes courtes du Front de libération nationale dans la région parisienne, *Radio Algérie libre, La Voix de l'Algérie combattante, La Voix des arabes,* dont

les programmes sont très suivis par la communauté algérienne.
Cela explique, en partie, que la Dame de fer devienne la cible du FLN, outre le prestige évident qu'il y aurait à détruire ce symbole de la grandeur française. À deux reprises au moins, la DST a fait échec à des tentatives d'attentat organisées par des moudjahidine contre la tour Eiffel.
La première fois, c'est pendant l'été 1958 : le FLN algérien décide d'étendre sur le sol métropolitain la guerre d'indépendance déclenchée quatre ans plus tôt. Attaques de commissariats, mitraillages de cars de police, meurtres de fonctionnaires de police font suite, le 15 septembre, à un attentat raté contre Jacques Soustelle, l'ancien gouverneur de l'Algérie, devenu le symbole de l'intransigeance française. C'est l'heure où le service Action du FLN – surnommé la « Spéciale » – organise aussi des sabotages spectaculaires, tels que la destruction du relais de télévision du Havre. La DST est sur la brèche ; c'est son baptême du feu dans la lutte antiterroriste.
Le 21 septembre 1958, deux jeunes femmes du FLN, Aïcha et Marcelle, essaient de faire sauter la tour Eiffel, plus exactement le troisième étage, où se trouve installé l'un des fameux émetteurs VHF de la DST qui servent pour le brouillage, mais aussi – le FLN le sait-il ? –

La tour Eiffel, plaque tournante de transmissions et d'écoutes. Le 29 juillet 1898, première liaison TSF entre Ernest Roger, sur la tour, et Eugène Ducretet, au Panthéon. © Ernest Roger / Roger-Viollet

à alimenter les communications aux unités mobiles de la DST. Un tel attentat aurait frappé les esprit, à l'échelle mondiale.

Ces clandestines appartiennent à la « Spéciale », chargée en métropole du renseignement militaire, des actions armées, des commandos de choc qui vont tuer aussi bien des rivaux du MNA (Mouvement national algérien) que des policiers. Cette structure action ne dépend pas de la Fédération de France du FLN, mais de l'organe extérieur, en prise directe avec les services spéciaux dirigés par Abdelhafidh Boussouf, le « ministère de l'Armement et des Liaisons générales » (MALG).

Outre ces deux femmes, la DST interpelle un artificier dénommé Chaïeb, qui a fabriqué la bombe à retardement censée exploser à un moment où il n'y aurait personne au troisième étage. Selon Ali Haroun, alors l'un des chefs de la Fédération de France, dans son livre *La 7e Wilaya* (Seuil, 1986), Chaïeb est interrogé de telle sorte qu'« il meurt de mort naturelle au cours de sa garde à vue » à la DST.

Ces tentatives d'attentat ne sont pas les seules. Presque quarante ans après la tentative du FLN, d'autres Algériens du Groupe islamique armé (GIA) tenteront à leur tour un attentat, en détournant, le 24 décembre 1994, l'Airbus A300 Alger-Paris, qu'ils veulent précipiter sur la tour Eiffel, préfigurant l'attaque d'Al Qaïda contre les Twin Towers à New York sept ans plus tard. Par bonheur, le GIGN (Groupe d'intervention de la gendarmerie nationale) prendra d'assaut l'appareil lors de son escale forcée à Marseille.

Charles-Floquet, avenue

No 15 – L'ambassade de Tchécoslovaquie était une cible de choix pour nos contre-espions du temps de la guerre froide. Autant parce que son service secret, le StB (*Státní Bezpecnost*) espionnait la France que parce qu'il harcelait ses propres dissidents, surtout après l'invasion par les Soviétiques pendant l'été 1968. Déjà, à partir du premier coup de force des Soviets à Prague en 1949, Paris devient une plaque tournante des services tchèques. Il y a plusieurs raisons à cela : des réseaux issus de la Résistance française dans laquelle des Tchèques ont combattu se sont réorganisés. C'est ainsi que, dans les années 1950, l'Association des originaires de Tchécoslovaquie (41, rue de Lancry, 10e) a été fermée pour espionnage à l'instigation de la DST. D'autre part, un ancien des Brigades internationales de la guerre d'Espagne, Oldrich Urban, est devenu, dans ces mêmes années, représentant de la compagnie aérienne Ceskoslovensko Aeroline et, en fait, l'un des principaux responsables du StB sur Paris.

Dans la division du travail des services secrets du pacte de Varsovie, les Tchèques et les Slovaques sont particulièrement attachés aux missions à connotation scientifique et technique. On le saura grâce à des défections, notamment après le Printemps de Prague de 1968, quand plusieurs dignitaires et officiers traitants du StB sont passés à l'Ouest. Tel est le cas de l'attaché militaire Frantisek Vojtasek, qui propose de travailler pour le SDECE. Lorsqu'il rencontre à Vienne ses nouveaux « officiers traitants », il leur détaille l'ampleur de l'espionnage de son pays en France. Résultat : Frantisek Korisko, le résident du StB à Paris, est expulsé en avril 1972 pour espionnage.

La DST, qui contrôle la rencontre, en apprend de belles : par exemple qu'un de ses propres chefs adjoints a été une taupe. L'affaire sera tue et même niée jusqu'à nos jours par les intéressés. Les Britanniques n'ont pas les scrupules des Français : le chef de la section Tchécoslovaquie de leur propre MI6 est liquidé à Londres... Cela s'appelle, en anglais, *termination with extreme prejudice*, comme dans les romans de John Le Carré.

La DST se contente d'enquêter sur la taupe « Samo ». Elle sait de lui que c'est un ancien secrétaire du dirigeant de la SFIO Guy Mollet, un fonctionnaire de la préfecture de police de Paris qui a livré de nombreux tuyaux sur les Renseignements généraux qu'il connaît très bien, sur une demi-douzaine de chefs de service au

Tandis que l'Armée rouge met fin au Printemps de Prague en 1968, l'ambassade tchécoslovaque à Paris, prise d'assaut par les manifestants, espionne les dissidents. © Roger-Viollet

SDECE qu'il fréquente assidûment et, enfin, sur de nombreuses personnalités politiques. Placé, grâce aux révélations des transfuges, devant les preuves de ses turpitudes, « Gilbert Leduc » avouera comment il est devenu une taupe en 1959, mais il échappera, lui aussi, à toute poursuite. La France est bonne fille. Ce franc-maçon – ceci explique-t-il cela ? – mènera sans souci sa carrière dans la préfectorale jusqu'à sa retraite bien mal méritée.

Désormais, le StB harcèle à Paris les réfugiés tchèques tels Pavel Tigrid (qui se plaint d'être mal protégé par la DST), Jiri Pelikan et les organisateurs de la Charte 77, qui combat pour les droits de l'Homme à Prague et à Brastislava. Mais le service secret de l'avenue Charles-Floquet pousse le bouchon un peu loin quand ses sbires enregistrent des exilés réunis dans les locaux du journal *Témoignage* de Pavel Tigrid, puis « montent » à leur façon une émission sur Radio-Prague, diffusée en janvier 1982, pour prouver que les réfugiés sont en contact avec les trotskystes, les néonazis, les services secrets occidentaux, etc.

Il s'agissait bien d'un montage, comme au temps des procès de Prague, illustré par le livre – puis le film – *L'Aveu*. Son auteur, Artur London, organise justement une conférence de presse à Paris pour dénoncer la manip. Tandis qu'il inflige une volée de bois vert aux barbouzes de Prague, on lui communique une lettre explosive ; elle vient de l'Élysée. Le Président Mitterrand s'est fâché tout rouge : « Il est tout à fait intolérable que de tels procédés illégaux soient employés sur le territoire français à l'encontre de toutes les règles de droit de notre pays et des principes de liberté publique. « J'ai donné instruction au ministère des Relations extérieures d'élever auprès de l'ambassade de Tchécoslovaquie à Paris une très ferme protestation concernant les écoutes auxquelles il a été procédé et l'utilisation qui en a été faite à la radio tchécoslovaque. »

Bien sûr, le Président français ne pouvait pas imaginer que, sept ans après, le 17 novembre 1989, allait éclater la « Révolution de velours ». Ni, comme l'auteur a pu le constater encore dix ans plus tard, en 2000, en rendant visite au directeur des nouveaux services spéciaux tchèques, combien le monde du renseignement avait changé. Désormais, ainsi que le reconnaissait le colonel Ladislav Jasinsky, l'attaché militaire à Paris, les services de l'avenue Charles-Floquet (ambassade de la seule République tchèque, la Slovaquie ayant « divorcé ») étaient les amis indéfectibles des démocraties, tout comme avant 1949...

Nº 35 – Dans l'ambassade de l'Éthiopie de Hailé Mariam Mengitsu, au début des années 1980, le Premier secrétaire, Firke Mariam Tschai, est le chef de services secrets très actifs, en liaison avec ses camarades du KGB soviétique et de la DGI cubaine. Il dîne volontiers chez Dagorno, dans le 19e, avec le chef de la HVA est-allemande à Paris, Arnd Augustin, sans savoir que les Allemands de l'Est jouent un double jeu dans son pays, puisque le service secret de Markus Wolf a aussi pris langue avec les indépendantistes du Front populaire de libération de l'Érythrée.

Il faudra attendre dix ans pour que Mengitsu, après une « terreur rouge » effroyable, soit renversé et disparaisse. Mais les conflits entre Éthiopiens et Érythréens n'en seront pas finis pour autant.

Fontenoy, place de

Nº 7 – L'Unesco est l'une des grandes barbouzières de Paris. Dans cette agence de l'ONU se trouvent en effet affectés des centaines de vrais diplomates, mais aussi moult agents spéciaux sous couverture. Les pays de l'ancien bloc soviétique et les Chinois y incrustent énormément d'espions, mais les Occidentaux, à commencer par les Britanniques du MI6, ne rechignent pas non plus à le faire.

Dans les années 1960 à 1980, au faîte de la guerre froide, les espions qui « viennent du froid » y pullulent. Ainsi Jaroslav Simek, délégué à l'Unesco, représente le StB tchécoslovaque avant de revenir à l'ambassade parisienne en 1971 comme « attaché scientifique ». De même la DST suit de près Péter Mod, chef de la délégation hongroise, qui dirigea, pendant la Seconde Guerre mondiale, le service de sécurité du groupe de résistance des Francs-tireurs et partisans de la Main-d'œuvre immigrée (FTP-MOI).

En 1990, alors que l'Union soviétique est sur le point d'exploser, le patron de la division Europe de l'Unesco, Boris Kloutchnikov, est en réalité un colonel du KGB travaillant avec le dernier patron de la *rezidentoura* du KGB en France, Anatoli Khramtsov, officiellement conseiller à l'ambassade soviétique du boulevard Lannes. Selon la DST, à cette époque, sur 36 fonctionnaires soviétiques, 7 sont des agents du KGB à l'Unesco, auxquels il faut ajouter, plus nombreux encore, ceux qui opèrent au sein du secrétariat de l'Unesco : 12 officiers du KGB sur 63 représentants russes. Tel était le cas de Youri Krivstov, important « résident » du KGB, expulsé avec 46 autres espions à l'instigation de François Mitterrand en 1983.

En 1989, une affaire chinoise a bouleversé le petit monde des fonctionnaires de l'Unesco : la disparition, à Paris, du diplomate Zhao Fusan, membre de son conseil exécutif, qui a fait défection avec l'aide des services français, tandis que la Sûreté de l'État chinoise, le Guoanbu, lançait ses plus fins limiers pour retrouver le « camarade » Zhao ; celui-ci protestait, en disparaissant, contre le massacre des étudiants sur la place Tiananmen. À la DST, ce cas rare de défection chinoise réussie avait alors été baptisé « Opération Fu Manchu » !

Côté occidental, la CIA n'est pas inactive. C'est au restaurant de l'Unesco qu'Henri Plagnol, haut fonctionnaire au Conseil d'État, rencontre Mary

Le hall d'entrée de l'Unesco en octobre 1969, fourmilière d'espions sous couverture diplomatique. © Roger-Viollet

Ann Baumgartner, qui travaille dans une fondation en apparence anodine : le Dallas Market Center. Sous prétexte d'échanger des points de vue sur les relations franco-américaines, ces deux-là se rencontrent souvent, pendant presque un an, à partir de mai 1992. Rien de plus que des échanges mondains et d'analystes, insistera Plagnol, même si, après divers déjeuners au Club interallié, on le verra une fois rue de Grenelle, dans l'appartement de Mme Baumgartner. Cette dernière, comme on l'a deviné, appartient à la CIA, comme poisson pilote qui cherche des informations politiques et économiques, notamment vers la fin de 1993 à propos des négociations du GATT, l'Accord général sur les tarifs douaniers et le commerce. Mais la DST, qui surveille l'espionne, laquelle œuvre directement avec le chef de la CIA à l'ambassade, Richard Holm, prévient Plagnol. On décide alors d'intoxiquer les Américains, et le fonctionnaire français joue le jeu. Pendant ce temps, Mme Baumgartner a été rappelée à Langley, la centrale de la « Compagnie », à la suite, semble-t-il, d'une autre erreur de manipulation consécutive à une liaison avec le responsable d'un institut stratégique. Il n'empêche que le dispositif de la CIA a été brûlé. Une fois que les négociations du GATT se seront bien déroulées, notamment pour la protection de l'audiovisuel français, le ministre de l'Intérieur, Charles Pasqua, fera procéder au renvoi de plusieurs agents de la CIA à Paris, une mesure extrêmement rare puisqu'en principe la Compagnie est alliée des services français. Mais il ne faut pas, naturellement, qu'elle franchisse la ligne jaune que constitue l'espionnage contre un allié. Richard Holm était pourtant un vétéran étonnant, ayant mené des opérations des plus difficiles, par exemple au Congo ou derrière le « rideau de bambou », en Chine populaire.

Général-Camou, rue du

Le 14 novembre 1962, l'inspecteur divisionnaire Jean Lahaye arrête Pierre Cardot chez lui, rue du Général-Camou, non loin de l'École militaire. Sous ce faux nom français se cache en fait un agent secret tchécoslovaque du StB (*Státní Bezpecnost*). Grâce à son arrestation, le contre-espionnage français va confirmer la façon dont les services spéciaux de l'Est fabriquent des « légendes » pour leurs agents « illégaux » ou « en eau profonde ». Pour Cardot, tout a commencé de façon simple. Un beau jour, il envoie un courrier à l'ambassade de France à Prague dans lequel il explique qu'il est né le 9 novembre 1929, puis il annonce la couleur : « Ma mère était française par nationalité et décédée en 1939. Je suis français d'après ma mère, ma sympathie est plus grande envers la France qu'envers la Tchécololovaquie parce qu'ici, je ne me sens pas chez moi. Mon désir, c'est de vivre d'une vie libre ... »
Six mois plus tard, après confirmation par le consulat de France que son histoire est vraie, Cardot est naturalisé français. Puis il effectue son service militaire ; il est affecté à la base de Lahr, en RFA, où il exerce au service du chiffre, déjà un poste sensible. Libéré le 15 août 1962, il est recruté, en vertu de ses connaissances linguistiques, comme expert-analyste au SDECE. Toutefois, la rapidité foudroyante avec laquelle tout cela s'est passé a intrigué le contre-espionnage français. C'est ce qui amène un sous-officier de la « Piscine », l'adjudant Leymonnerie, surnommé « le Mexicain », et son chef au desk tchécoslovaque, le capitaine Simon, à révéler au chef du département Bloc soviétique du contre-espionnage du SDECE, le colonel Unbekandt, l'affreuse vérité : « Cardot n'est pas un vrai Français. C'est une taupe du StB tchèque. »
Six jours après son arrestation, Cardot avoue tout : comment il espionne pour le StB de Prague, comment il utilise son émetteur radio, le système de carbone blanc pour écrire de façon invisible, les codes utilisés... Seul son vrai nom ne sera pas connu. Une erreur de manipulation se produit car le commissaire Lassabe, responsable du secteur Tchécolovaquie (CAKO) à la DST, décide de le confronter à un autre agent tchèque, nommé Kondek, qui a été arrêté en Suisse quelque temps plus tôt et a accepté de travailler pour les Français. Sera-t-il capable d'identifier Cardot ?
Cela ne donne rien, mais le même Cardot sera échangé, un peu plus tard, contre deux agents français qu'il aurait fait arrêter... La conséquence ne se fait pas attendre : peu après, on retrouvera le transfuge Kondek asphyxié par un « poêle défaillant » dans son appartement de la banlieue parisienne...

Grenelle, rue de

Nº 79 – Ancienne ambassade de Russie. Avant la révolution russe, c'est à partir de cette adresse que se déployaient les antennes de la police secrète du Tsar, l'Okhrana, celle-là même qui bénéficie des indiscrétions de la Sûreté française concernant l'ambassade nippone pendant la guerre russo-japonaise. Après la révolution d'octobre 1917, les archives russes sont rendues publiques par l'écrivain libertaire Victor Serge, qui y a eu accès à Moscou et en publie des extraits dans *Ce que tout révolutionnaire doit savoir de la répression*. C'est ainsi que sont révélées des listes entières

En 1925, une commission d'enquête soviétique dépouille les dossiers de l'Okhrana, la police secrète de la Russie impériale, à l'ambassade russe de Paris – au profit de la Guépéou.
© Roger-Viollet

d'indicateurs parisiens. On apprend que le chef de l'Okhrana à Paris, Krassilnikoff, a notamment recruté le journaliste Raymond Recouly, alias Ratmir, responsable du service Étranger du *Figaro*, dont l'une des principales activités consistait à espionner ses confrères pour le compte de l'Okhrana, moyennant 500 francs par mois.

En 1930, l'immeuble du 79, rue de Grenelle, ancien hôtel de la duchesse d'Estrées surplombant les jardins de l'ambassade des Soviets, abrite les locaux de la Guépéou – rebaptisée NKVD –, autrement dit le service secret de Staline. Dans quatre appartements, les espions soviétiques y exercent les activités techniques, photographie de documents ou fabrication de faux papiers sous l'égide des « cordonniers » (dans le jargon du service) ; un petit laboratoire permet de réaliser les écritures secrètes et une pièce sert à engager les écoutes des téléphones de l'ambassade. Au lendemain de l'invasion de l'URSS par Hitler, le no 2 de *Toute la vie*, « hebdomadaire des temps

Dans les années 1920, le portrait de Lénine trône dans le grand salon de l'hôtel d'Estrées, au 79 de la rue de Grenelle, siège de l'ambassade d'URSS.
© Pierre Choumoff / Roger-Viollet

nouveaux » (14 août 1941), un journal collaborationniste, publie un reportage photographique de l'intérieur de l'ambassade après que celle-ci a été vidée de ses occupants. Il présente les diverses pièces sous le titre « Ici les services de la Guépéou exécutaient les suspects ». Si l'on y donne une idée de l'agencement des lieux, on force volontiers le trait afin de justifier la chasse anticommuniste désormais ouverte, puisque le pacte entre Hitler et Staline est rompu. On peut y lire, par exemple : « Au cœur de l'antre se tenaient les services de la Guépéou. C'est là que les faussaires soviétiques falsifiaient les passeports, "cuisinaient" les adversaires du régime enlevés par des sbires avant de les faire disparaître, manipulaient leurs récepteurs et leurs émetteurs clandestins de TSF. »

Descriptif d'autant plus ahurissant qu'il se termine par la présentation d'un système dont les nouveaux occupants nazis sont particulièrement bien placés pour connaître l'usage : « Dans l'une de ces pièces, plus vaste, se dressait le four crématoire de 1m20 de haut. À ses côtés, un chalumeau oxhydrique, dont le bec s'ouvrait à la gueule du four, permettait en quelques secondes d'élever suffisamment la température pour faire du "travail rapide". Un

Après l'invasion de l'URSS par les nazis, en juin 1941, l'ambassade d'URSS est investie par la Gestapo. Le journal collaborationniste *Toute la vie* décrit « les services de la Guépéou ».

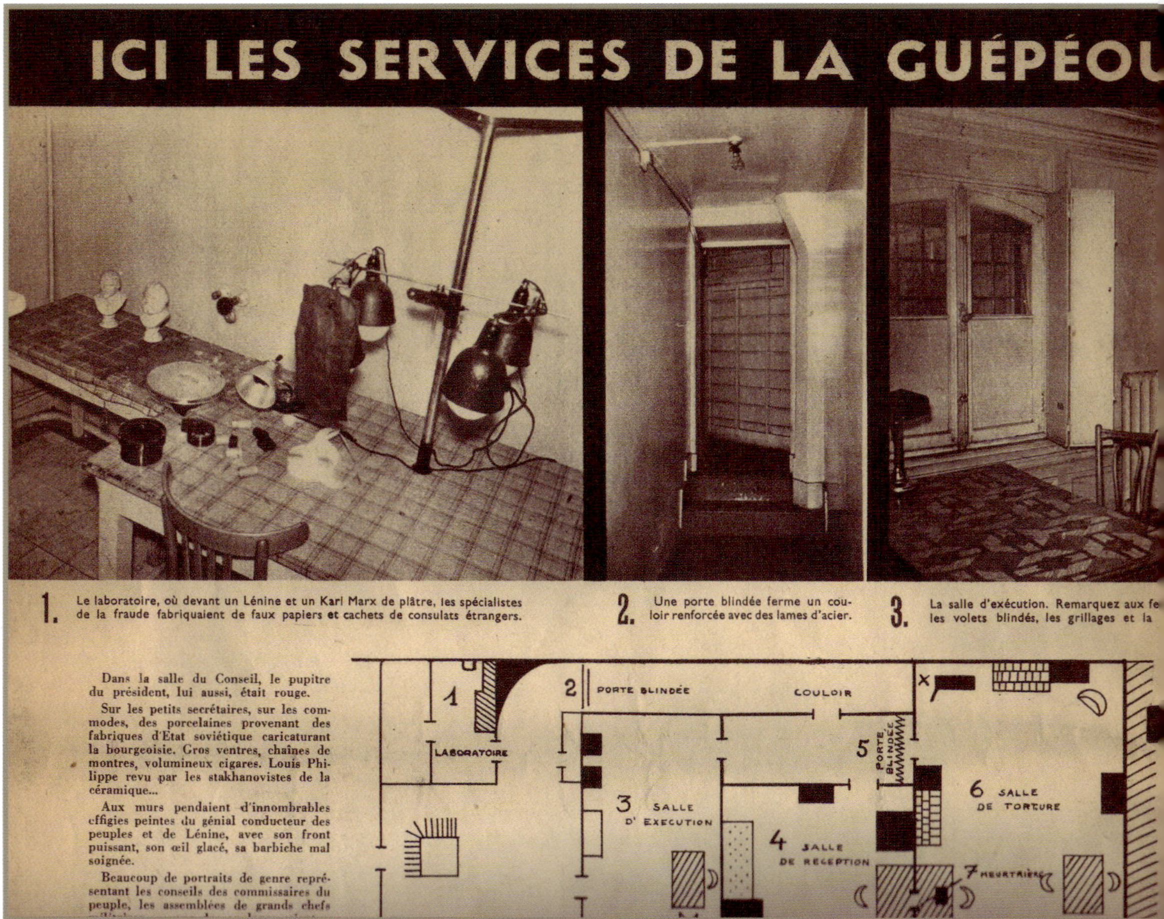

ICI LES SERVICES DE LA GUÉPÉOU

1. Le laboratoire, où devant un Lénine et un Karl Marx de plâtre, les spécialistes de la fraude fabriquaient de faux papiers et cachets de consulats étrangers.

2. Une porte blindée ferme un couloir renforcée avec des lames d'acier.

3. La salle d'exécution. Remarquez aux fe… les volets blindés, les grillages et la

Dans la salle du Conseil, le pupitre du président, lui aussi, était rouge.

Sur les petits secrétaires, sur les commodes, des porcelaines provenant des fabriques d'Etat soviétique caricaturant la bourgeoisie. Gros ventres, chaînes de montres, volumineux cigares. Louis Philippe revu par les stakhanovistes de la céramique...

Aux murs pendaient d'innombrables effigies peintes du génial conducteur des peuples et de Lénine, avec son front puissant, son œil glacé, sa barbiche mal soignée.

Beaucoup de portraits de genre représentant les conseils des commissaires du peuple, les assemblées de grands chefs

peu plus loin, une vaste plaque de métal assez épaisse s'étendait sur le sol. Elle devait servir au découpage des victimes de la disparition-éclair... »
Quoi que l'on pense du système stalinien en URSS, il ne fait aucun doute, en regardant le système présenté sur les photos, qu'il était avant tout mis en place pour détruire archives et documents confidentiels...

No 125 – Ambassade de Corée du Sud. En 1979, dans la liste diplomatique de l'ambassade, M. Lee Sang-yul apparaît comme « attaché commercial ». Trente ans plus tard, on a appris qu'il a non seulement été un animateur de premier plan de la Korean Central Intelligence Agency (KCIA, Chungsang Chengbobu), mais, surtout, qu'il a organisé l'enlèvement, en plein Paris, puis l'assassinat de son ancien chef, l'ex-directeur de la KCIA, Kim Hyung-wook. Que s'est-il passé ? On le sait aujourd'hui, depuis que, la Corée du Sud s'étant démocratisée, un comité destiné à clarifier les ténébreuses affaires du passé, dépendant du National Intelligence Service (NISDC), a exhumé ce dossier à Séoul.
En 1973, Kim Hyung-wook, directeur de la KCIA, fait défection aux États-Unis. Quatre ans plus tard, il témoigne devant la sous-commission du Congrès et détaille les liens entre la secte Moon et la KCIA. Parmi ses révélations figure la mise en place de Radio Free Asia, qui émet en liaison avec la CIA américaine, tout en fustigeant la corruption de membres du Congrès américain achetés par le dictateur Park Chung-hee.
Kim se fait beaucoup d'ennemis. Il se retire dans le New Jersey et devient acupuncteur. Il envisage d'écrire ses mémoires, mais la KCIA achète son silence. A-t-il pensé qu'il était désormais protégé en se rendant, le 1er octobre 1979, à Paris ? Descendu au Ritz, il disparaît totalement le 7 octobre, après avoir tenté sa chance au casino du Grand Cercle.
Déjà à l'époque, Lee Sang-yul, l'homme de la KCIA, est mis en cause par des opposants au régime. Il a refusé de rendre des comptes, mais plusieurs de ses anciens adjoints ont révélé devant la justice comment Kim Hyung-wook a été kidnappé en plein Paris et assassiné par deux tueurs à gages originaires d'Europe orientale. L'un des assassins a affirmé que le corps avait ensuite été broyé dans la hacheuse à viande d'un élevage de poulets de la région parisienne.
Cet assassinat avait été commandité par son successeur à la tête de la KCIA, Kim Jae-kyu, qui se rendra célèbre ensuite en tuant de ses propres mains le dictateur Park Chung-hee, déjà mis en cause par Kim Hyong-wook, le 26 octobre 1979. Bonjour l'ambiance à Séoul ! Aussi brutale, à l'époque, que dans la capitale nordiste, Pyongyang.
Et cet assassinat est gênant pour les services spéciaux européens puisque, agent secret à Paris puis « attaché commercial » à Londres, M. Lee était chargé de liaison aussi bien avec la DST qu'avec le MI5 – avant de devenir ambassadeur dans deux grandes démocraties : la Libye et l'Iran !

No 129 – Construit en 1670 sous Louis XIV, l'hôtel des Invalides a abrité diverses antennes liées aux services spéciaux. Entre autres, l'Amicale des réseaux Action de la France combattante, des anciens du Bureau central de renseignements et d'action (BCRA) longtemps animé par l'ex-directeur adjoint du SDECE, le colonel Fourcaud, qui publiait le bulletin *Gens de la lune*.
Surtout, dans les années 1960, le successeur de Fourcaud comme chef adjoint de la « Piscine », le colonel Beaumont, y a établi la « base Bison », autrement appelée Service 6, sous couvert de l'Office de liaison administrative (OLA). Elle gère les « honorables correspondants » et assure le soutien logistique du SDECE et de ses agents dans la capitale, intervenant en direction d'ambassades ciblées, principalement celles de pays de l'Est, ainsi que les représentations africaines.
Parmi les honorables correspondants figurent des entrepreneurs du BTP ou les représentants de compagnies aériennes qui opèrent derrière

En 1969, le tournage de *La Piscine* s'interrompt : Delon est entendu par un juge après le meurtre de Markovic. « La Piscine » est aussi le surnom du SDECE, mouillé dans ce scandale. © Rue des Archives / BCA

le rideau de fer ou dans des pays d'accès fermé. C'est le cas, par exemple, de l'entreprise de travaux publics qui, ces années-là, effectue des travaux à Tachkent, en URSS.

Ancien ingénieur civil des Mines, le colonel Roger Kessler (1909-1984) fait une brillante carrière dans les services secrets, notamment dans le contre-espionnage en Turquie. Avec Henri Jullien (qui publiera avec Jacques Pradel, sous le pseudonyme de François Gardes, *La Foire aux espions*, en 1965), Kessler anime cette base Bison du SDECE aux Invalides, souvent surnommée la « base Baisons » car elle gère aussi le harem de call-girls qui, au profit du SDECE, tiennent compagnie aux diplomates, hommes politiques et autres personnalités étrangères esseulées. C'est le métier le plus ancien au monde : on moissonne, sur l'oreiller, des brassées de confidences et l'on recrute, en les tenant par… le cœur, de nouveaux agents étrangers.

Hélas ! Après le rigoureux Kessler, le nouveau chef de la base Bison, le colonel Fournier-Ferrer, va présider à de sérieuses dérives… Il y a d'abord le scandale de l'affaire Markovic, du nom du secrétaire de l'acteur Alain Delon, assassiné dans des conditions mystérieuses. Elle rejaillit sur le tout-Paris du show-business et même sur l'épouse du Premier ministre, Claude Pompidou, accusée de participer à des partouzes qu'aurait photographiées Stefan Markovic.

Vingt ans plus tard, le général Grossin, qui avait été, au début du septennat de De Gaulle, le patron du SDECE, donnera en philosophe un avis sur l'affaire Markovic qui a failli empêcher l'élection de Georges Pompidou à la présidence de la République : « Pour être honnête, je crois que de Gaulle a eu tort dans cette affaire. Je sais que quatre hommes du SDECE (de la base Paris), qui appartenaient également au Service d'action civique (SAC), qui avaient un bureau aux Invalides, ont effectivement été chargés de trouver des preuves attestant que Mme Pompidou trompait son mari. Cette enquête n'est pas passée par le circuit officiel. Et ces hommes ont effectivement trouvé des photos compromettantes, qui leur avaient été données par une dame. Par la suite, il s'avéra que ces photos avaient été truquées par le procédé classique de multiples reproductions »

La base Bison est ensuite ébranlée par un nouveau scandale : en 1969, c'est l'affaire de la French Connection et du trafic d'héroïne dans lequel se trouve impliqué son nouveau chef, le colonel Paul Fournier, et Jacques Angelvin, l'un des plus célèbres présentateurs de la télévision de l'époque.

Plus discrets, et jamais éclaboussés par aucun scandale, dépendent aussi de cette base du SDECE M. et Mme Rousson – un couple « célèbre » dans le renseignement et inconnu du grand public –, chargés de s'informer de ce que font les parlementaires à l'Assemblée nationale, voire de recruter des députés comme honorables correspondants.

Joffre, place

No 1 – École militaire. Le 3 juillet 2005, Dana Priest, journaliste du *Washington Post*, ébranle le monde occidental du renseignement en révélant qu'une structure antiterroriste spéciale a été mise en place pour combattre Al-Qaïda du côté de l'École militaire et des Invalides. Il s'agit d'une organisation de liaison intitulée Alliance Base. Fondée par la CIA et la DGSE française, représentée par un général, elle accueille aussi des officiers de liaison des services secrets allemands, canadiens et britanniques. Elle travaille en liaison avec la station de la CIA à l'ambassade, dirigée par Bill Murray, lequel avait reçu quelque temps avant les attentats contre le World Trade Center et le Pentagone, le 11 septembre 2001, des informations de la DGSE pronostiquant leur préparation. C'est après ces attentats que le Counter-Terrorist Center de la CIA a obtenu du ministre de l'Intérieur socialiste, Daniel Vaillant, le feu vert pour sa mise en place. Mais, naturellement, l'agence américaine prend en charge les frais de fonctionnement de cette organisation. Construite sous Louis XV, l'École militaire, qui abrite de grands organismes de recherche et d'analyses tels que l'Institut des hautes études de la Défense nationale (IHEDN), peut parfaitement servir de couverture à une telle structure. Inutile de dire qu'à la suite de cet article la cellule Alliance Base a changé d'adresse et que sa sécurité a été renforcée.
Dans son article, Dana Priest donnait un exemple précis des conséquences de la mise en place de cette structure jusque-là ultrasecrète : elle aurait permis de capturer à Riyad Christian Ganczarski, un Allemand converti à l'islam et considéré comme l'un des chefs des réseaux européens d'Al-Qaïda. C'est la raison pour laquelle Nicolas Sarkozy, alors ministre de l'Intérieur, fera référence à l'excellente collaboration entre services américains et français contre le terrorisme. Et cela, alors que, sur le plan diplomatique, la France et les États-Unis s'écharpaient à l'ONU sur la question de l'invasion de l'Irak. Mais, huit ans plus tard, avec l'élection du président Barack Obama, les transferts de prisonniers kidnappés par la CIA car suspectés d'appartenir à Al-Qaïda sont remis en cause.

No 21 – Dans les années 1970, c'est là que se trouve, à l'École militaire, le Centre de formation interarmées du renseignement (CFIR), que dirige, entre autres, le général Jacques Bresson. Vingt ans plus tard, au lendemain de la guerre du Golfe, le CFIR sera intégré dans l'École interarmées du renseignement et des études linguistiques (EIREL) basée à Strasbourg sous l'égide de la nouvelle Direction du renseignement militaire (DRM).

La Bourdonnais, avenue de

No 113 – Au début des années 1920, Le Tambour, que tient Berthe Rallu, est vraisemblablement le troquet où s'est négociée la transaction au cœur de la plus mystérieuse affaire criminelle du XXe siècle : l'affaire Seznec !
Résumons le déroulement des événements : le 25 mai 1923, deux Bretons du Finistère, le conseiller général de Sizun, Pierre Quemeneur, et Guillaume Seznec, maître de scierie à Morlaix, roulent en direction de Paris à bord d'une Cadillac Torpedo de luxe. C'est l'une des rutilantes automobiles qu'ils ont récupérées du surplus américain provenant du corps expéditionnaire de Brest pendant la guerre de 14-18.
Ils doivent la revendre à Paris à un étrange émissaire américain surnommé « Charley ». Mais la Cadillac tombe en panne. Les deux hommes se séparent. Puis Quemeneur disparaît sans laisser de trace. On ne devait plus jamais le revoir, ni même retrouver son cadavre, et Seznec, en dépit de ses cris d'innocence, est accusé d'avoir tué son ami. Son calvaire va transformer ce fait divers en une nouvelle affaire Dreyfus, dans laquelle, tout comme l'officier juif, le Breton de Morlaix se retrouvera au bagne.
Débute un périple judiciaire aux rebondissements multiples et sur lequel plane l'ombre de

Gherdi, l'homme mystère de l'affaire Seznec, plus tard agent de la Gestapo, tout comme Bonny, l'inspecteur de la Sûreté qui avait truqué l'enquête. © D. Seznec

la Sûreté en la personne de l'inspecteur Bonny, bientôt impliqué dans un autre grand scandale – l'affaire Stavisky – et, plus tard, auxiliaire de la Gestapo à Paris sous l'Occupation... Mais ce n'est pas seulement un mystère judiciaire. À leur insu, Seznec et Quemeneur se sont sans doute trouvés au centre d'une transaction clandestine, initiée par les services secrets soviétiques, avec des ramifications françaises visant à contourner l'embargo dont l'URSS est la cible. D'ailleurs, à Moscou, en 1923, Félix Dzerjinski, alias Félix de Fer, l'inflexible patron du Guépéou, roule en Cadillac Torpedo de la même facture (voir la photo ci-dessous)...

Or, l'homme qui est au centre de cette manipulation, Gherdi Boudjema, est un garagiste carrossier originaire d'Algérie, département français, et qui fréquente assidûment le café Le Tambour. Pendant son procès, Seznec expliquera que Gherdi était l'homme avec qui la transaction pour les Cadillac s'est opérée. On lui opposera que cet homme n'existe pas, qu'il est le fruit de son imagination, ce qui justifiera sa condamnation au bagne. Dans les années 1990, l'auteur a été au centre de l'enquête journalistique qui a permis de prouver non seulement l'existence de Gherdi, mais son rôle sous l'Occupation, à l'instar de l'inspecteur Bonny, comme agent de la Gestapo infiltré dans la résistance communiste (« Seznec : les révélations d'une résistante », in *Ouest-France*, 1er novembre 1999)... Cela n'a malheureusement pas été suffisant pour obtenir, dans cette affaire d'État, la révision du procès de Guillaume Seznec, qu'avait demandée la garde des Sceaux Marylise Lebranchu, et pour laquelle se bat toujours son petit-fils, Denis Seznec.

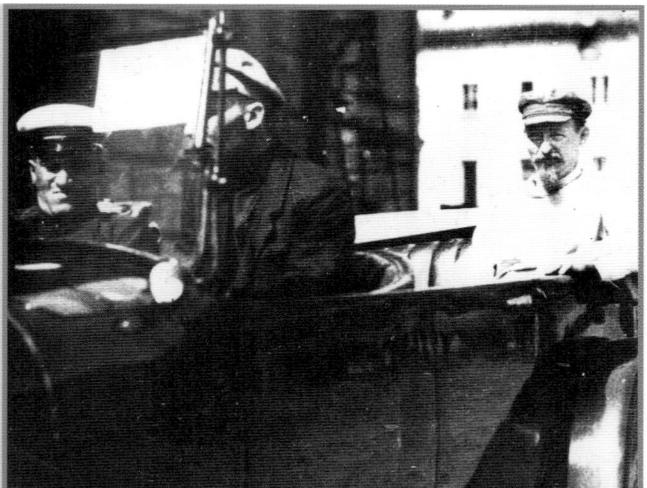

Le chef de la Tchéka – puis de la Guépéou – à Moscou, Félix Dzerjinski, dans l'une des Cadillac Torpedo semblable à celles qui faisaient l'objet du trafic de Seznec et Quemeneur. © Archives Faligot

La Tour-Maubourg, boulevard de

Nº 51 bis – Le Groupement interministériel de contrôle (GIC) a été fondé, par décret du Premier ministre Michel Debré, le 28 mars 1960, en pleine guerre d'Algérie, afin de gérer les écoutes téléphoniques. Il s'agit d'épier aussi bien des Algériens et des « porteurs de valise » pro-indépendance que des ultras de l'Algérie française ou membres de l'Organisation armée secrète (OAS) cherchant à assassiner le général de Gaulle qui les a déçus.

Le colonel Eugène Caillot – « Gégène » pour les anciens du 2 bis, avenue de Tourville, où il participait déjà aux écoutes avant la guerre – a dirigé le GIC pendant quatorze ans (1960-1974), suivi du général Labrosse. Dans l'ère mitterrandienne, sous l'égide du général Charroy, le GIC a été dévié de ses fonctions pour complaire aux menus plaisirs du président socialiste, aboutissant au scandale dit des « écoutes de l'Élysée ». Un marin breton, le contre-amiral Jean Le Balc'h, a redressé la barre au début des années 2000, suivi par deux généraux, Jean-Luc Epis et – depuis janvier 2008 – l'aviateur Claude Baillet. D'abord implanté au 2 bis, avenue de Tourville, le GIC a été rénové à partir de 1973 dans sa forme actuelle et installé à cette adresse, au coin de la rue où s'élevaient jadis les écuries des Invalides.

Au début des années 1990, dans son traité *Écoutes et Espionnage* (éd. N01/Stock), le commissaire Georges Moréas décrit le système en ces termes : « Le principe de base est élémentaire. Il suffit de relier la ligne placée sous surveillance à celle du centre d'écoutes, branchement qu'on appelait autrefois "jarretelle" ou "bretelle", et que les policiers nomment encore "camembert". (...) Les locaux du GIC sont tout simplement reliés aux centraux téléphoniques par des câbles multipaires, identiques à ceux utilisés par les P & T, pour la bonne raison qu'ils appartiennent aux P & T, qui les louent d'ailleurs fort cher, dit-on. Le GIC va donc demander aux Télécoms de construire la ligne téléphonique de tel abonné et de faire le renvoi sur la paire numéro tant (chaque ligne correspond à une paire et porte un numéro technique). »

Dans les années 1970, une salle de contrôle du GIC (Groupement interministériel de contrôle), chargé des écoutes téléphoniques. © Buu Alain / Gamma

À cette époque, le GIC peut écouter 1 180 lignes par jour, pour le compte de la DST, des RG, de la

DGSE, de la DPSD (ex-Sécurité militaire), de la Police judiciaire et des Douanes. Comme l'expliqueront le journaliste Pascal Krop et l'ancien patron de la DST, Yves Bonnet, dans leur livre *Les Grandes Oreilles du Président* (Presses de la Cité, 2004) : « La pratique s'établit [...] d'un carton, comportant trois volets détachables. Chaque service demandeur se voit attribuer une couleur : gris pour la DST, orange pour les Renseignements généraux, jaune pour la Police judiciaire, bleu pour la DGSE, vert pour la DPSD, rose pour les Douanes, violet pour Tracfin (Traitement du renseignement et action contre les circuits financiers clandestins). »

Et l'on doit bien admettre que les systèmes d'écoutes ont connu de considérables développements, depuis l'époque du service Nemo, qui demandait à la « demoiselle du téléphone » de brancher une ligne de l'ambassade du Japon, au système décrit par le commissaire Moréas, à son tour transformé avec l'arrivée du fax – quoique identique dans sa construction – et surtout de l'émergence du téléphone portable, de l'Internet, des courriers électroniques ou même du système Skype sur le web... Des défis que les techniciens du GIC et des autres services d'écoute français ont à cœur de relever, en particulier dans le cadre de la lutte antiterroriste à l'époque d'Al-Qaïda.

Au 51 bis du boulevard de La Tour-Maubourg se trouve aussi le Secrétariat général de la Défense nationale (SGDN), dont la section Intelligence économique est dirigée jusqu'en mai 2009 par l'ex-directeur du renseignement à la DGSE, Alain Juillet, neveu de l'ancien coordinateur du renseignement du temps du président Georges Pompidou, Pierre Juillet.

Lille, rue de

No 2 – L'Inalco (Institut national des langues et civilisations orientales), appelé familièrement « Langues O' », est, entre autres, un lieu de formation ou de perfectionnement pour de futurs linguistes, analystes, officiers traitants des services spéciaux (dont le volet militaire bénéficie en outre de l'école de formation de Strasbourg, l'EIREL (École interarmées de renseignement et d'études linguistiques). Il suffit de feuilleter l'annuaire de l'Inalco pour réaliser combien de personnalités du renseignement de premier plan y ont fait leurs classes : le général Philippe Rondot, par exemple, diplômé en russe et serbo-croate, ou le général Michel Fleutiaux, en arabe, pour ne citer que des célébrités.

Parfois, des agents étrangers ont tenté d'utiliser l'école. Dans l'entre-deux-guerres, l'agent des Soviets Lydia Stahl y a étudié le chinois, en prévision d'une mission qu'on devait lui attribuer.

« Nous étions une petite promotion cette année-là aux Langues O' à étudier le chinois, notamment avec Marcel Granet, le grand spécialiste de la civilisation de l'Empire du Milieu », s'est souvenu il y a quelques années l'ethnologue Bernard Edeine, qui avait gardé un souvenir intense de cette belle étrangère,

La bibliothèque de l'Institut des Langues Orientales vers 1925, où l'espionne Lydia Stahl étudiait Confucius. © Pierre Choumoff / Roger-Viollet

quadragénaire, diplômée de chinois, comme lui, en 1933. « Il y avait Leroi-Gourhan, Étiemble – qui la connaissait bien – et quelques autres, devenus sinologues ou diplomates. Alors, forcément, quand Lydia Stahl a été arrêtée, cela n'est pas passé inaperçu... »
En effet, la séduisante Lydia, qui avait organisé un réseau d'accortes jeunes femmes pour pénétrer divers ministères, fut arrêtée le 14 décembre 1933 par le contre-espionnage français alors qu'elle préparait sa thèse sur Confucius... (→ **Rue de Charonne, 11e**).
Parfois, les services spéciaux français ont besoin d'un linguiste particulièrement pointu. On se souvient, du temps de l'ancien SDECE (précurseur de la DGSE), d'une figure légendaire, cet africaniste qui « parlait » ce dialecte du continent noir qui ne s'énonce que par des claquements de langue... Et certains sont de vrais génies des langues, tel le capitaine « Gérard », diplômé simultanément, au début des années 1980, en arabe littéral, kurde, serbo-croate, macédonien-albanais et japonais !
En 1992, le patron de la DGSE, Claude Silberzahn, organise, comme il l'expliquera à l'auteur, un rendez-vous avec le patron de l'Inalco de l'époque pour lui demander de l'aider à repérer des talents qui pourraient travailler dans le renseignement : « Je ne veux pas des gens qui traduisent des textes entiers du japonais ou du chinois, mais des experts qui repèrent tout de suite ce qu'il y a d'important dans un texte... »

No 78 – L'ambassade d'Allemagne n'est pas concernée par la seule affaire Dreyfus à la fin du XIXe siècle. Il apparaît que le colonel von Schwartzkoppen, par qui le capitaine Dreyfus est faussement accusé d'avoir communiqué les secrets du canon de 75, y anime des réseaux d'espionnage bien réels. Toutefois, ses frasques, suivies de près par les contre-espions français, en font un « officier traitant » modérément efficace. La Section de statistique (faux nom du service de renseignement) se trouve au 231, boulevard Saint-Germain (7e), soit à un jet de pierre de l'ambassade, et surveille avec zèle l'officier prussien.

Orsay, quai d'

No 37 – Le ministère des Affaires étrangères ou des Relations extérieures, selon les périodes, n'est pas lié au service de renseignement, comme chez les Anglais, où le Foreign Office agit en harmonie avec le Secret Intelligence Service (ou MI6).
Par le passé, il a souvent été difficile d'offrir des couvertures diplomatiques aux agents en poste à l'extérieur – vice-consul, attaché de presse, conseiller, etc.
En revanche, on notera que le Quai d'Orsay a mis en forme un Centre d'analyse et de prévision (CAP) qui se rapproche des structures de renseignement politique. Fondé en 1973 à l'instigation de Michel Jobert, ministre de Georges Pompidou, il a eu pour directeur des fonctionnaires et ambassadeurs aux fortunes diverses : Jean-Louis Gergorin (1979-1982), qui, plus tard, responsable de stratégie à EADS, a sombré avec l'affaire politico-barbouzière Clearstream, visant à déstabiliser le futur président Nicolas Sarkozy ; Bruno Racine, conseiller du Premier ministre Jacques Chirac, puis directeur du CAP au temps où Alain Juppé était ministre des Affaires étrangères (1993-1995), a poursuivi une carrière très culturelle comme président du Centre Pompidou (Beaubourg), puis, à partir de 2007, de la Bibliothèque nationale de France ; son successeur Jean-Marie Guéhenno (fils de l'écrivain breton Jean Guéhenno) s'est ensuite remarquablement illustré comme responsable des opérations de maintien de la paix à l'ONU.
Grande nouveauté au début de la présidence de Nicolas Sarkozy : pour la première fois est créé un poste de coordinateur du renseignement, à l'anglaise. Ce poste est attribué à un diplomate, Bernard Bajolet, ancien ambassadeur en Jordanie, en Irak et en Algérie, qui devient responsable du Conseil national du renseignement à l'Élysée.
Enfin, en 2009, une réforme au sein du Quai d'Orsay est décidée à l'instigation de l'ex-ambassadeur en Hongrie, Dominique de Combles

de Nayves. À terme, le CAP sera dissous et son chef, Pierre Lévy, prendra la tête d'une Direction de la prospective (DP) regroupant 150 fonctionnaires. L'un des "pôles" sera chargé de l'interface avec les trois services de renseignement majeur (DCRI, DGSE et DRM).

No 85 – La belle Marie-Madeleine Fourcade, alias Hérisson, fut sans doute, sinon l'une des grandes espionnes françaises du XXe siècle, du moins la dirigeante du plus grand réseau de renseignement de la Résistance sous contrôle britannique, « Alliance ». Fille de M. Bridoux, honorable correspondant du service de renseignement à Shanghai, où elle est née, elle est entrée dans l'Intelligence Service avant la guerre et était liée aux comploteurs de la Cagoule. Elle a continué à entretenir, après 1944, des liens avec le MI6, au point d'organiser, au profit de celui-ci, la pénétration du Parti communiste français, comme l'explique, dans ses mémoires publiés à Moscou, l'agent double MI6/KGB Kim Philby.
Fourcade fut l'une des chevilles ouvrières de l'organisation du retour du général de Gaulle au pouvoir et, plus tard, de mouvements contre le communisme comme l'Internationale de la Résistance, aux côtés de dissidents des pays d'Europe orientale.
→ **10, rue des Saints-Pères, 7e**

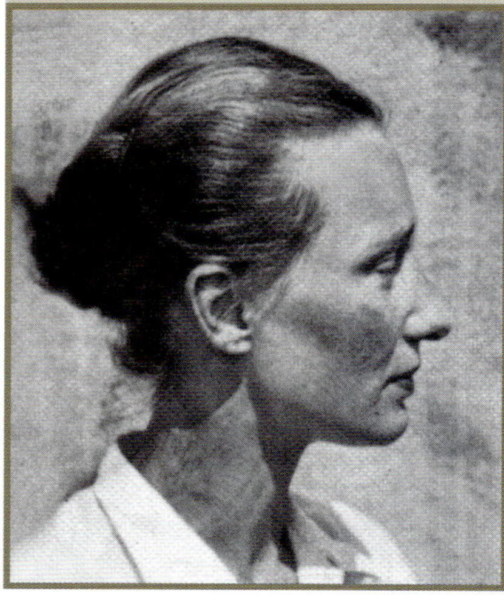

Marie-Madeleine Fourcade, alias Hérisson, chef du réseau de résistance Alliance et agent de l'Intelligence Service, encore après la Seconde Guerre mondiale.
© Rue des Archives / Tal

Oudinot, rue

No 27 – C'est dans l'hôtel de Montmorin qu'avait été installé, en 1910, le ministère des Colonies. En 1946, celui-ci se transforme en ministère de la France d'outre-mer. Sous l'égide de Paul Coste-Floret, il se dote deux ans plus tard, en mai 1948, d'un service de renseignement des colonies françaises benoîtement intitulé Bureau technique de liaison et de coordination (BTLC). Un officier de l'infanterie coloniale, le commandant Maxime Maleplate, en assure à Paris la direction, comme il l'expliquera lors d'une commission d'enquête : « Au début de 1948, M. Coste-Floret, qui n'occupait que depuis deux ou trois mois le ministère de la France d'outre-mer, m'a attaché à son cabinet et m'a dit : "Instruit par l'expérience de la Défense nationale, je tiendrais à ce que vous étudiiez l'organisation des services spéciaux dans les territoires d'outre-mer." J'ai mis en place le Bureau technique de liaison et de coordination, mais à l'échelon du ministre, de la personne responsable qui devait être documentée, susceptible d'exploiter les informations qui nous parvenaient des territoires d'outre-mer. Je n'ai donc pas créé de nouveaux postes ; bien au contraire, je les ai réduits à tel point que ce bureau, moitié civil, moitié militaire, ne comprend plus à l'heure actuelle que trois personnes : un administrateur, un officier qui est mon adjoint militaire chargé du chiffre, et moi-même. » Couvrir l'Afrique, l'Indochine, l'Océanie et les Caraïbes avec ce tout petit équipage risque de ne pas mener loin. Son animateur en Indochine, le colonel Maurice Labadie, donne une idée de la tâche gigantesque qui lui incombe : « Le BTLC avait pour mission de suivre les activités de certaines personnes ou sociétés qui paraissaient devoir annihiler ou réduire l'effort de guerre franco-vietnamien, voire de favoriser celui du Viêt-minh. »

Quand on connaît l'efficacité des services secrets vietnamiens, épaulés par leurs « camarades » chinois, ce n'est pas une mince affaire. De plus, le BTLC piétine les plates-bandes du SDECE et une légion d'autres agences qui espionnent de la rizière au Chinatown de Cholon. Et tout ce beau monde s'emmêle les pinceaux...
Hélas pour ses instigateurs, le BTLC de la rue Oudinot sombrera corps et biens, coulé dans la tempête de deux scandales successifs qui ébranleront la IVe République du fait de la crise indochinoise : l'Affaire des généraux et le trafic des piastres.

Rapp, avenue

No 1 – Pendant la guerre froide, l'ambassade de Bulgarie était sans doute le havre d'un des postes de renseignement communistes les plus liés au KGB et au renseignement militaire GRU. Comme son homologue russe, le service de Sofia s'appelle Comité de la sécurité d'État, Komitet za Darjavna Sigurnost ou KDS. En 1981, son chef de poste est Vassil Kolarov, petit-fils de Vassil Kolarov, président de la République populaire de Bulgarie, lui-même étudiant en France au début du XXe siècle, et fils de Vassil Kolarov, ancien des Brigades internationales pendant la guerre civile en Espagne. À la fin des années 1970, Vassil Kolarov no 3 va, le dimanche, pêcher à la ligne au lac d'Orsay avec le général Sergueï Kapalkine, grand ponte du renseignement de l'armée soviétique à Paris, qui lui donne ses instructions en liaison avec l'attaché miltaire bulgare, le lieutenant-colonel Dimitar Mitkov.
Le KDS est accusé d'avoir manipulé le Turc Ali Agça, qui a tenté d'assassiner le pape Jean-Paul II sur la place Saint-Pierre à Rome, le 13 mai 1981. Quand Sergueï Antonov, directeur adjoint de la compagnie aérienne bulgare Balkan à Rome, est arrêté par la police italienne à la suite de cet attentat, c'est le début de la saga de « la filière bulgare ». Dans plusieurs capitales, les responsables du KDS prennent la poudre d'escampette. Kolarov, qui avait été en poste en Italie avant de se retrouver avenue Rapp, disparaît à Paris, tandis que certains de ses collègues sont mis en cause. Après la chute du communisme, il se retrouvera à la tête d'une entreprise d'informatique, domaine dans lequel les services spéciaux bulgares excellaient du temps de la guerre froide.

→ **40-50, boulevard Lannes, 16e**

Le général Sergueï Kapalkine, chef du GRU en France, ici avec d'autres attachés militaires des « pays frères » lors de la célébration annuelle à la mémoire du groupe Manouchian.
© Pascal Faligot

Rapp, square

No 6 – L'Association Dante Alighieri a pour vocation de faire rayonner à l'étranger la culture et la littérature italiennes et, de nos jours, il n'y a aucune raison de penser que tel n'est pas le cas. Cependant, dans les années 1960, il n'en va pas ainsi. La DST la surveille, et un inspecteur de la section CARI (« Ri » pour « Ritals », c'est ainsi qu'on parle à l'époque à la DST !), dépendant directement du cabinet du directeur de la Surveillance du territoire, doit rendre compte des activités de cette association qui essaime dans les universités et va créer des antennes dans toute la France. Pourquoi une telle sollicitude ? La DST estime

que l'organisation italienne sert de couverture à certains agents de renseignement, d'autant plus qu'à l'époque les hommes de liaison desdits services sont des anciens de la police secrète mussolinienne ! En réalité, si le Sifar (Servizio informazioni forze armate) est bien dirigé par un ancien antifasciste, le général Giovanni De Lorenzo, il est exact que celui-ci a sous ses ordres des nostalgiques du Duce.
Parallèlement, le contre-espionnage français juge qu'il en va alors de même des instituts Goethe de la République fédérale allemande, qui servent de paravent aux agents allemands du Bundesnachrichtendienst (BND), souvent d'anciens espions nazis. C'est ainsi que, de 1971 à 1977, le président de l'Institut Goethe, Hans-Heinrich Herwarth von Bittenfeld, est un ancien officier de l'Abwehr II (Diversion), spécialiste des sabotages en URSS et officier traitant de la célèbre « Armée Vlassov », du nom du général soviétique qui avait retourné sa veste et fait défection avec son armée au profit des nazis. Au cours de la décennie précédente, ce maître espion reconverti dans la culture avait été ambassadeur en Italie… où l'Association Dante Alighieri avait sans doute inspiré son action.

Rousselet, rue

Nº 27 – C'est une fois sorti de l'immeuble où se trouvait son appartement que le général Alexandre Pavlovitch Koutiépov, chef de l'émigration russe blanche, a définitivement disparu. Il est le chef de l'Association des anciens combattants russes (la ROVS – selon les initiales russes –, dont le siège se trouve 29, rue du Colisée, 8e). Ce 26 janvier 1930, il devait se rendre à une messe à la mémoire d'un de ses amis officier, rue Mademoiselle. Habituellement, le général est protégé par un garde du corps ou un de ces chauffeurs de taxi, Russes blancs émigrés, qui pullulent à Paris depuis la révolution rouge d'octobre 1917. Cette fois, il a décidé de marcher vingt bonnes minutes en traversant le boulevard des Invalides, pour suivre la rue de Sèvres, la rue Lecourbe et parvenir rue Mademoiselle. Hélas ! Arrivé rue Rousselet, Koutiépov est intercepté et enlevé.
L'enquête de la police, sous l'autorité du préfet Jean Chiappe, commence dans un climat explosif. C'est le commissaire Dalé qui en a la charge, épaulé surtout par une figure légendaire du contre-espionnage antisoviétique, Charles Faux-Pas-Bidet. Toutefois, elle est sérieusement handicapée par le fait qu'au sein du ministère de l'Intérieur sont nichées des « taupes » qui travaillent au profit de l'INO, le service étranger du NKVD, le service secret de Staline.
Un Sherlock Holmes russe, Vladimir Bourtsev, entre en scène. Ce journaliste, qui habite rue Cujas, avait déjà enquêté, avant la révolution,

Vladimir Bourtsev (1862-1942), le « Sherlock Holmes » russe, débusque des mouchards de la police tsariste puis des agents de la Guépéou à Paris.
© Pierre Choumoff / Roger-Viollet

sur les manipulations des services secrets tsaristes. Il est tout aussi hostile aux activités des Soviets depuis 1917. Bourtsev est un homme libre. Aussi publie-t-il des révélations fracassantes dans le quotidien russe *Les Dernières Nouvelles*. Elles démontrent que l'enlèvement a bien été orchestré par le NKVD, dont quatre hommes sont identifiés, à commencer par Vladimir Ivanovitch, le principal responsable du service soviétique à Paris. Léonid Eitingon, le même qui supervisera l'assassinat de Léon Trotsky dix ans plus tard, a chapeauté « l'opération mouillée » (*Mokrie Dielo*), comme on dit dans le jargon russe, c'est-à-dire… trempée du sang des victimes.

Il faudra attendre plusieurs décennies pour que la vérité voie le jour. Le 26 janvier 1930, un militant communiste français, Maurice Honel (futur député du PCF), avait joué un rôle-clé comme il le confessera avant de mourir. Son propre frère, déguisé en musicien de la police parisienne, avait interpellé le général russe ; comprenant, une fois embarqué dans une voiture, qu'il était victime d'un kidnapping, celui-ci s'était débattu comme un beau diable, et avait été poignardé. Les frères Honel avaient ensuite acheminé le cadavre dans le garage appartenant au frère de Maurice, à Levallois-Perret, où il avait été coulé dans le ciment.

Selon une autre version plus détaillée, impliquant toujours les Honel, Léon Helfand, l'agent du NKVD chargé de les recruter, a fait emporter à Moscou, par un agent, le passeport et des papiers du général prouvant qu'il avait bien été tué. À Berlin, le chef des agents « illégaux » du NKVD, Andréi Fikhner, avait été averti de la réussite de la mission sans en connaître les détails. C'est lui qui avait informé le journaliste Bourtsev avant de faire défection à l'Ouest… Réussite toute relative, si l'on songe qu'on devait, suivant le plan d'origine, kidnapper Koutiépov et le transférer secrètement en URSS à bord d'un cargo mouillant au Havre…

Selon un scénario semblable, un autre enlèvement se produira sept ans plus tard : celui du successeur de Koutiépov, le général Miller, qui sera embarqué secrètement pour l'URSS et mourra à la Loubianka, la prison du NKVD.

→ 79, rue de Grenelle, 7e

→ 29, rue du Colisée, 8e

Saint-Dominique, rue

No 14 – Rattaché à l'état-major, c'est le Centre d'exploitation du renseignement militaire (CERM), créé en 1969, spécialisé dans les armées étrangères et leurs mouvements, ainsi que dans toutes les informations nécessaires aux interventions de l'armée française. Après avoir été très actif en Afrique, le CERM agit fréquemment, au début des années 1980, en direction du Liban, où son chef, le général Fleutiaux, alias Jambes de fer, a été attaché et où son futur directeur adjoint, le colonel Jean-Louis Dufour, a été blessé en février 1980 dans un échange de tirs croisés entre soldats libanais et militants palestiniens (le colonel Dufour deviendra par la suite conseiller en stratégie, abondamment présent à la télévision pendant la guerre du Golfe, déclenchée en 1991 à la suite de l'invasion du Koweit par Saddam Hussein). Cette guerre fournit l'occasion de revoir de fond en comble la gestion du renseignement militaire en France, et le ministre socialiste de la Défense, Pierre Joxe, va porter sur les fonts baptismaux, avec l'aide du général Philippe Rondot, un nouveau service interarmes. Adieu le CERM dirigé par le colonel Castagne, bonjour la DRM (Direction du renseignement militaire) qu'inaugure le général Heinrich en 1992 ! Un service fort de 1 700 éléments, dont 500 répartis dans l'administration centrale entre Paris et la Base aérienne 110 de Creil, où ils réalisent l'exploitation et l'analyse du renseignement parvenant par la voie humaine (les attachés militaires), l'imagerie satellitaire, les interceptions et les écoutes, notamment grâce au nouveau navire-espion le *Dupuy-de-Lôme*.

Saint-Germain, boulevard

N° 231 – Tout près de la rue de Lille se trouve la source de l'affaire Dreyfus, puisqu'en 1894 y est camouflé le service de renseignement en gants blancs et moustaches en guidon de vélo. Cette affaire, dans laquelle se mêlent espionnage et antisémitisme, va faire imploser les services secrets français et couper la France en deux, entre « dreyfusards » et « antidreyfusards ». Or, son épicentre est cette « Section de statistique », couverture du petit service de renseignement et de contre-espionnage français fondé après la défaite de 1870. Dès sa création, sa poignée d'officiers traitants a pris l'habitude de donner des rendez-vous secrets à des agents dans la basilique néogothique Sainte-Clotilde, rue Las Cases, à deux pas de leur bureau, le tout sur fond de musique de César Franck, titulaire de l'orgue de cette église depuis 1859.

Le colonel Picquart, chef du Service de renseignement, a d'abord cru à la culpabilité de Dreyfus avant de devenir l'un des plus chauds défenseurs de son innocence.
DR

En 1894, au moment où va éclater l'« Affaire », le colonel Jean Conrad Sandherr est le patron de la Section de statistique, tandis que le lieutenant-colonel Cordier est chargé du « CE prioritaire », c'est-à-dire de la fabrication de faux documents et matériels... Tiens, tiens ! C'est Sandherr qui déclenche l'affaire Dreyfus. Ce dernier, officier juif d'un patriotisme sans pareil, est accusé à tort de trahison. Il aurait, selon ses calomniateurs, fourni au service de renseignement allemand, dirigé à Paris par l'attaché militaire, le colonel Maximilian von Schwartzkoppen, des informations concernant le nouveau canon de 75. Le 22 décembre 1894, Dreyfus sera condamné à la dégradation militaire et à la déportation à vie, puis transféré à l'île du Diable en Guyane. À la suite de la campagne de la Ligue des droits de l'homme, menée tambour battant par Émile Zola – avec son fameux article « J'accuse...! » publié à la une de *L'Aurore* en 1898 –, Dreyfus passe, en août 1899, devant un nouveau conseil de guerre réuni à Rennes, lequel le condamne à dix ans de prison. Il est gracié quelques jours plus tard par le président Loubet, mais ne sera réintégré dans son grade et réhabilité qu'en 1906.

L'affaire Dreyfus aura provoqué en France une crise gravissime à cause des manipulations et des préjugés solides existant au sein du renseignement, qui en est le premier responsable. En juillet 1896, un nouveau chef du SR a été nommé en la personne du lieutenant-colonel Marie-Georges Picquart, d'abord convaincu de la culpabilité du capitaine, mais ensuite l'un de ses fidèles soutiens. Tout le contraire de son prédécesseur, le colonel Sandherr, qui, jusqu'à sa mort en 1897, accusera Dreyfus, par antisémitisme rabique. De 1897 à 1898, tandis que Dreyfus se morfond à l'île du Diable, le lieutenant-colonel Henry est devenu, à son tour, patron de la Section de statistique. Il se suicidera le 31 août 1898 au mont Valérien, où il a été mis aux arrêts, puisqu'il savait parfaitement que le coupable était Esterhazy, un ancien du SR de ses amis, et surtout parce qu'il avait lui-

Patron du contre-espionnage pendant la guerre de 14-18, le commandant Ladoux se bâtit une légende sur la douteuse arrestation de son espionne Mata Hari. © Archives Faligot

même forgé un faux document destiné à accabler Dreyfus.
Pendant la Première Guerre mondiale, le Service de renseignement, réorganisé juste à temps pour la « der des ders », s'installe au 75, rue de l'Université (voir p. 69).

N° 282 – Avant la guerre de 14-18 s'est installée, à cette adresse, la Section de centralisation du renseignement (SCR), qui fait office de contre-espionnage au ministère de la Guerre. C'est un petit service de trois officiers qui travaillent en liaison étroite avec la Sûreté. Son chef, le commandant Georges Ladoux, est devenu une légende pendant la Grande Guerre : on le crédite de la manipulation et de l'arrestation de la lamentable espionne Mata Hari (→ **6, place d'Iéna, 16e**), qui sera fusillée dans les fossés du château de Vincennes, le 15 octobre 1917. Pourtant, depuis avril de cette même année, Ladoux a été remplacé à la tête du SCR, du fait de divers scandales, par Pierre Lafenestre – ce qui était, au fond, une victoire de sa pire ennemie, la super-espionne allemande Fraülein Doktor.

Saint-Thomas-d'Aquin, place

N° 1 – La Sécurité militaire a été organisée en 1872, deux ans après la défaite de Napoléon III à Sedan. Un peu plus d'un siècle plus tard, en 1975, elle s'installe au Quartier latin. Entre-temps, elle a été réorganisée après la Seconde Guerre mondiale et se concentre dans l'épuration des réseaux du PCF au sein de l'armée. Pendant la guerre d'Algérie, le 5 avril 1961, la SM proprement dite voit le jour en fusionnant les services de sécurité des trois armes, terre-air-mer, et s'installe au 2 bis, avenue de Tourville, adresse légendaire de l'ancien contre-espionnage. La division Missions et Recherches, dirigée successivement par les colonels André et Bellec, cible les militaires pro-Algérie française, et proches de l'OAS. La riposte ne se fait pas attendre : en octobre 1961, le commandant Poste, de la SM, est assassiné à Alger par l'OAS. En contrepartie, la Sécurité militaire prend une part active dans l'enlèvement en RFA du colonel Argoud, de l'OAS.
À partir de 1964, la SM reprend ses activités contre le bloc de l'Est (d'autant qu'à Berlin plusieurs de ses hommes ont été recrutés par le HVA de Markus Wolf) puis, dans la foulée de Mai 68, contre les gauchistes. Entre-temps, le directeur adjoint de la SM, le colonel Pierre Thozet, s'est entretenu avec son ancien camarade de déportation, Georges Séguy, patron de la CGT, pour s'assurer que Mai 68 ne va pas déboucher sur une situation insurrectionnelle. Promu général et devenu chef de la SM, Thozet fait face aux « comités » et « syndicats de soldats » parmi les jeunes conscrits très influencés par la révolution des Œillets au Portugal. Mais, en fait, Thozet appartient au *think tank* du Parti socialiste sur les questions de Défense, autour de Charles Hernu et de François de Grossouvre. Au lendemain de la victoire de la gauche, la SM se mue, sous l'égide du général Michel Jorant, en DPSD (Direction de la protection et de la sécurité de la Défense), avec réorientation dans le contre-espionnage

industriel, économique et technologique, même si elle continue jusqu'à nos jours de veiller au moral de l'armée de métier.

Saints-Pères, rue des

Nº 10 – Le cabaret Don Camilo a souvent été décrit comme un repaire de barbouzes. Déjà en 1958, c'est l'un des lieux où l'on devise sur l'organisation du retour du général de Gaulle. L'ancienne espionne du MI6 britannique et animatrice du réseau Alliance dans la Résistance Marie-Madeleine Fourcade est l'une des actrices principales du complot. Pour ce, elle participe aux repas de vétérans du « Club des vieux de la vieille », dans le sous-sol du cabaret-restaurant, avec des militants gaullistes ex-agents secrets de la Résistance tels les frères Ponchardier, Jules Muracciole, Michel Hacq, Voltaire Ponchel, Roger Carcassonne-Leduc ou Jean Caille, des Renseignements généraux.
En 1967, Lucien Sans, dit « Bouboule », qui a été exclu du Service d'action civique (SAC), la célèbre police parallèle gaulliste, est flingué en sortant de l'établissement. Un ancien de la lutte contre les ultras de l'OAS, Robert Livert, ami des gangsters Jo Attia et Julien Le Ny (l'un des malfrats mêlés au kidnapping de l'opposant marocain Ben Barka), est alors arrêté, puis relâché. Autre habitué du cabaret : André Labay, agent de Jacques Foccart et ancien mercenaire au Katanga, représentant du SDECE à Haïti. Le 6 octobre 1971, il est toutefois arrêté dans le cadre de l'enquête sur la French Connection, un trafic d'héroïne qui va éclabousser la « Piscine ».

Sèvres, rue de

Le 23 avril 1931, la station de métro Sèvres-Babylone, au croisement de la rue de Sèvres et du boulevard Raspail, est le lieu d'une arrestation des plus étonnantes. Le personnage que les policiers guettent au portillon a été « filoché » pendant des semaines, mais il sait qu'ils ne savent pas qui il est. Ils l'appellent d'ailleurs le « Général Muraille ». On devrait dire le « Passe-Muraille ». Pour toute identification, on aura la photo prise, le jour même, rue des Saussaies, sous un de ses alias : Albaret. Il est également fiché sous le nom de « Boissonnas » ou sous le pseudonyme d'« Henri », ou encore de « Monsieur Paul ». Ce prisonnier auquel la Sûreté attache beaucoup de prix est un remarquable maître espion du Razvedoupr, ou 4e Bureau de l'Armée rouge, encore connu de nos jours sous l'appellation de GRU. Il a été, dira plus tard le transfuge communiste Émile Bougère, révolutionnaire en Chine et il a remplacé, en 1927, le Breton Jean Cremet, qui dirigeait le système d'espionnage de l'Armée rouge en France. Il a « raccroché », comme on dit dans le métier, de vastes réseaux comptant 1 200 correspondants-espions dans le domaine militaire, dans les états-majors et les casernes, dans les ports et les arsenaux. À Lyon,

Photo anthropométrique du mystérieux « Général Muraille », espion des Soviets, prise le jour de son arrestation par la Sûreté, qui n'arrivera jamais à découvrir sa réelle identité.
© Archives Faligot

un agent a subtilisé pour lui les plans d'un nouvel avion. À Nantes, on a siphonné des informations concernant les chantiers navals de Penhoët et l'arsenal d'Indret, où l'on construit des hélices de sous-marin. Souvent accompagné de Louise Duval, sa maîtresse et néanmoins secrétaire, Muraille voyage beaucoup en 1930. Il virevolte entre Marseille, Saint-Raphaël, Lyon, Brest et Nantes. Mais la Sûreté, qui a été informée de son rôle, le suit comme son ombre. D'un coup, il disparaît à l'étranger, pour refaire surface au printemps 1931. On le traque à partir de Marseille, via Lyon, changeant constamment de train, de tramway. Après l'avoir perdu dans Paris, les « filocheurs » de la Sûreté l'ont retrouvé ce 23 avril. Fin d'une mission. « Paul Muraille » assure être suisse, mais les policiers n'ont jamais douté que ce personnage rougeaud en costume-cravate, au français parfait, aux allures de rond-de-cuir, était un opérationnel soviétique de première importance. On n'apprendra rien de plus au cours de son procès, qui se tient début octobre 1931. Et quand, en 1934, il quitte la France, libéré au bout de trois ans de prison, le passe-muraille est toujours anonyme. La rumeur voudra que ce général mystère aille, quelque temps plus tard, mourir au goulag stalinien. Seule nous reste sa mystérieuse photo de non-identité judiciaire...

N° 95 – Le 6 octobre 1978, au petit matin, les enquêteurs de la DST arrêtent un jeune Polonais de 26 ans, Kasimier Charzewski, étudiant en sciences économiques. Arrivé en France le 19 septembre après un long séjour à Dresde, en République démocratique allemande, il devait prendre un poste à « Radio Free-Europe » (la radio libre financée à l'époque par la CIA, avant de passer sous la tutelle du Département d'État). Pour la DST, qui n'a pas mis longtemps à le « serrer », c'est au titre de l'espionnage de Varsovie que le pseudo-étudiant comptait ainsi infiltrer les rangs de l'opposition polonaise. Inculpé d'intelligence avec des agents d'une puissance étrangère de nature à nuire aux intérêts de la France, il sera déféré devant la Cour de sûreté de l'État, inculpé et incarcéré à la maison d'arrêt de Fleury-Mérogis. Quelle que soit sa condamnation, il aurait pu espérer être échangé, plus tard, contre un espion à la solde des Français arrêté à Varsovie. Hélas pour lui, vu son jeune âge et sa faible expérience en matière d'espionnage, le récupérer ne sera pas une priorité pour la centrale qui l'a dépêché en France.

Solférino, rue de

N° 5 – Le Service d'action civique (SAC) a établi son quartier général à cette adresse, de concert avec une autre formation favorable au général de Gaulle, les Comités de défense de la République (CDR). C'est pendant la traversée du désert de l'homme du 18 Juin, de la fin des années 1940 à 1958, qu'est né le service d'ordre du Rassemblement pour la France (RPF), comptant d'anciens résistants au pedigree impressionnant comme les frères Le Tac, Yves et Joël, ou les frères Ponchardier, Pierre et Dominique. Plus tard, ce dernier sera l'auteur, sous le nom de plume d'Antoine Dominique, de la série de romans d'espionnage *Le Gorille*, dont le héros – Géo Paquet – est incarné à l'écran par Lino Ventura. C'est d'ailleurs dans l'un de ses livres, publié dans la Série noire, qu'apparaît pour la première fois le mot « barbouze ». En 1960, deux ans après que le Général est revenu au pouvoir, le SAC voit le jour sous l'égide de Jacques Foccart, responsable des services secrets à l'Élysée, et nombre de ses dirigeants sont des personnalités de premier plan : Alexandre Sanguinetti, Roger Frey (ministre de l'Intérieur), Paul Comiti, Charles Pasqua, etc. Les gens du SAC combattront aux côtés des barbouzes et des réseaux des services spéciaux fidèles au Général, l'OAS pro-Algérie française.
Au lendemain de l'indépendance algérienne, d'anciens ultras rejoindront pourtant le SAC : tel est le cas de Pierre Debizet, qui deviendra son grand patron. La lutte contre le Parti communiste, à laquelle est venue s'ajouter la paranoïa

Jacques Foccart, l'éminence grise du général de Gaulle pour l'Afrique et les services secrets. © AFP

engendrée par Mai 68, a également fait entrer dans ses rangs de nombreux malfrats, membres du Milieu – l'expression « de SAC et de corde » fait alors fureur... –, ce qui va entraîner de multiples dérives politico-criminelles. Cette ambiance mafieuse est confortée par l'allégeance de fonctionnaires de police et des services spéciaux qui sont aussi secrètement membres du SAC. Au cours des années 1970, de Gaulle n'étant plus là pour empêcher ces débordements, le SAC est à l'origine de nombreux scandales. On lui attribue une attaque de train dans le cadre d'un hold-up puis l'assassinat du juge Renaud, qui enquêtait sur ce coup de main. Au lendemain de l'arrivée de la gauche au pouvoir, en 1981, dans une atmosphère de paranoïa généralisée et réciproque – la gauche craignant un coup d'État « à la chilienne » ; la droite, la prise en main de l'État par les communistes –, le SAC implose en factions. Le 19 juillet 1981, près du village d'Auriol, en Provence, se déroule une véritable tuerie au cours de laquelle l'inspecteur de police Jacques Massié, responsable du SAC dans les Bouches-du-Rhône, est assassiné avec son épouse, leur fils, son beau-père, sa belle-mère et un de leurs amis. Les auteurs des meurtres sont des gens du SAC, dont l'objectif était uniquement, diront-ils, de récupérer des documents que Jacques Massié était susceptible de monnayer auprès des socialistes nouvellement arrivés au pouvoir. Au lendemain de l'arrestation de Pierre Debizet, secrétaire général du SAC, et d'auditions révélatrices au cours d'une commission d'enquête parlementaire présidée par le député communiste Louis Odru, le Service d'action civique est dissous.

Talleyrand, rue de

Nos 1-3 – Comme toutes les ambassades du bloc communiste, celle de Pologne a recruté dans son personnel, au lendemain de la Seconde Guerre mondiale, d'anciens résistants antinazis ; rompus à la clandestinité, ils font naturellement de bons agents de renseignement. Cela est particulièrement vrai des Polonais, qui, dès avant la guerre, possédaient un remarquable service secret spécialiste des questions de chiffre et de codage. En outre, ils sont, du fait de l'immigration, fort nombreux dans le nord et l'est de la France, ainsi qu'à Paris. Exemple de ces agents spéciaux, Édouard Kowalski dirige, pendant la guerre, les FTP-MOI (Francs-tireurs et partisans de la main-d'œuvre immigrée d'obédience communiste) pour la zone sud. Quand l'ambassade de la Pologne communiste ouvre ses portes, Kowalski devient attaché d'ambassade et éditeur du journal *Gazeta Polska*. Pas pour longtemps : en 1948, la DST l'arrête, et le voilà expulsé pour espionnage. L'attaché militaire adjoint est du même acabit : Tadeucz Oppman a appartenu à l'état-major de la 45e Division des Brigades internationales pendant la guerre civile en Espagne. Puis, pendant la guerre mondiale, il est l'un des cadres dirigeants du Service B en zone sud. Le Service B (→ **54, rue de Vaugirard, 6e**) est le service de renseignement des FTP, directement relié au GRU soviétique.

On comprend que la DST suive ses mouvements sans relâche. Au point qu'à sa mort, en 1958, son enterrement au Père-Lachaise sera photographié dans le but d'identifier des agents venus lui rendre hommage.

Tourville, avenue de

Nº 2 bis – Dans l'annuaire téléphonique par rues de 1939, on repère un amusant clin d'œil de l'Histoire : avenue de Tourville, se succèdent au 2a le Cercle national des armées Terre, Mer, Air (INValides 06 74) et, au 2 ter, le ministère de la Guerre, direction de l'approvisionnement et de la santé (SEGur 09 41), mais point de 2 bis ! Il doit donc rester « top secret »…

Et pour cause ! Depuis 1932, le 2 bis, avenue de Tourville, aux Invalides, est le quartier général du SCR, le Service de contre-espionnage et de renseignement. Sous le commandement du général Louis Rivet, le colonel Paul Paillole organise le contre-espionnage qui va damer le pion aux espions de l'Axe, allemands, japonais et italiens en priorité, sans oublier les services secrets des Soviets.

Chef du contre-espionnage dès 1935, puis pendant la Seconde Guerre mondiale, le colonel Paul Paillole fonde en 1953 l'AASSDN (Amicale des anciens des services spéciaux de la Défense nationale). © Archives Faligot

C'est également au 2 bis que voit le jour, complément indispensable, le « Service Nemo », une section technique chargée des « interceptions spécialisées » créée en 1936 par le capitaine André Cazin d'Honincthun et son adjoint le lieutenant Joseph Lochard (alias Lucien). Or, à l'été 1936, le président du Conseil socialiste Léon Blum a donné l'autorisation de mettre sur écoute toutes les ambassades étrangères dans Paris. À la fin des années 1930, des techniciens ont installé dans la cave un système de « bretelles » destiné à l'écoute des ambassades.

« Si je prends mon exemple, me racontera un demi-siècle plus tard William Van de Walle, l'un de ces techniciens, j'écoutais les téléphones de plusieurs ambassades, comme tous ceux de l'équipe. Cela allait du suédois au japonais. Moi, c'était le néerlandais et l'allemand… Ancien de l'armée néerlandaise, naturalisé français, je fus versé au 2 bis et écoutai les conversations des ambassades hollandaise, allemande et sud-africaine. C'était compliqué car il fallait écouter et noter en même temps l'essentiel de la conversation. Mais, parfois, plusieurs téléphones sonnaient en même temps, et l'on devait choisir quelle était la conversation qui nous semblait la plus importante… »

Après la Seconde Guerre mondiale, le 2 bis abritera un temps la Sécurité militaire et, pendant une douzaine d'années, un nouveau système d'écoute, le GIC (Groupement interministériel de contrôle). Rénové en 1973, celui-ci est déplacé au 51 bis, boulevard de La Tour-Maubourg, 7e.

→ 1, place Saint-Thomas-d'Aquin, 7e

Université, rue de l'

Nº 75 – De la Première Guerre mondiale jusqu'à 1932, c'est le siège des services spéciaux militaires, dirigés par les colonels Almire Bouvard, Henry Lainey, Jean Merson et Edmond Laurent. En 1932, cette centrale est déplacée au 2 bis, avenue de Tourville, dans le bâtiment de l'hôtel des Invalides.

8e ARRONDISSEMENT

Argenson, rue d'

No 11 – Ici se trouve, dans les années 1980, un pied-à-terre de la DST où a été interrogé, par exemple, Bernard Boursicot, impliqué dans l'affaire d'espionnage de la fausse danseuse de l'Opéra de Pékin, Shi Peipu, ou d'autres témoins d'affaires soviétiques qu'on ne souhaitait pas amener rue des Saussaies.

Paradoxe qui n'en est pas vraiment un, il y a, un peu plus loin dans la rue, une antenne de la société Black Sea and Baltic Insurance , considérée, au temps de l'URSS, comme l'une des couvertures de l'espionnage russe. Qui espionne qui ? C'est une question qui revient souvent dans la topographie des lieux de l'espionnage à Paris, comme dans toutes les grandes cités où se livre la guerre de l'ombre.

Boissy-d'Anglas, rue

No 8 – La Banque Saint-Phalle a été, pendant plusieurs décennies après la Seconde Guerre mondiale, la banque des services secrets. Société en commandite par actions, elle est créée en 1941 par le comte Alexandre de Saint-Phalle, qui fut le banquier du Bureau central de renseignements et d'action (BCRA), le service secret de la France libre. Après la guerre et jusque dans les années 1970, c'est l'une des principales banques où les officiers du SDECE placent leur argent, perçoivent les fonds nécessaires à leurs opérations clandestines, souscrivent leurs assurances vie, plans d'épargne-logement, etc. Chez les Saint-Phalle, le renseignement est une seconde nature : le neveu d'Alexandre, Thibault de Saint-Phalle, vivant aux États-Unis, a été lui-même officier de l'OSS (l'ancêtre de la CIA) en Chine pendant la dernière guerre mondiale. L'une des filles

Balzac, rue

Richard Christmann, animateur du contre-espionnage (Section III-F) de l'Abwehr, y habite à partir de 1940. Sous l'égide de ses chefs, les colonels Hermann Giskes et Otto Reile, qui résident à l'Hôtel Lutetia, il est chargé de recruter et de manipuler des agents dans trois grands secteurs-clés : le show-business, les bordels de luxe – à commencer par le One Two Two ou le Sphinx – et les milieux nord-africains de la capitale, surtout s'ils se sont manifestés, avant la guerre, comme nationalistes antifrançais. Le *Sonderführer* Christmann, alias Arno ou encore capitaine Richard, est d'autant plus efficace dans ce domaine qu'il a appartenu à la Légion étrangère au milieu des années 1930, au Maroc. Parmi ses agents recrutés à cette époque figure Seghir Nekkache, futur ministre de la Santé du gouvernement Ben Bella à l'indépendance de l'Algérie en 1962.

Le Sonderführer Christmann, manipulateur pour l'Abwehr des nationalistes maghrébins et contrôleur des bordels de luxe dans la capitale. © Archives Faligot

d'Alexandre, la romancière et éditrice Thérèse de Saint-Phalle (baronne Jehan de Drouas), publiera chez Stock le livre de son propre cousin, l'ancien patron du SDECE Alexandre de Marenches, *Dans le secret des princes* (coécrit avec la journaliste Christine Ockrent), ou encore l'ex-officier du même SDECE, l'écrivain Pierre Faillant de Villemarest (*GRU, le plus secret des services soviétiques*).

Cambacérès, rue

Nº 11 – Face au ministère de l'Intérieur, près de la rue des Saussaies où se trouvent les directions des RG et de la DST, s'installe au 4e étage, dans les années 1960, un organisme très secret : le Bureau de liaison, ou BDL. Dirigés par les commissaires Gaston Boué-Lahorgue (DST) et Jean-Paul Guépratte (RG), près de quatre-vingts fonctionnaires de police combattent l'Organisation armée secrète (OAS), dont ils réussiront à arrêter de nombreux animateurs.
Dès sa nomination le 30 mai 1968, en remplacement de Christian Fouchet, le nouveau ministre de l'Intérieur Raymond Marcellin ranime le BDL. Cette fois, les gauchistes seront la cible d'un BDL où se retrouvent le SDECE, les RG, la SM et la DST. Cette dernière crée, en outre, une division spécialisée, la SUBAC, chargée d'agencer un fichage méthodique des gauchistes, à commencer par les « maos » et les trotskystes de la Ligue communiste.
Par la suite, ce même 4e étage abrite la Section de presse des RG, composée d'une trentaine d'inspecteurs en prise directe avec les journalistes, autant pour savoir ce qui se passe dans la presse que pour influencer ses acteurs, en leur livrant parfois clés en main des « scoops » que l'on souhaite voir propager. Un commissaire franc-maçon, Bernard Dalle, dirige cette section de 1976 à 1989. En 1994, à la suite d'un scandale concernant la surveillance du Parti socialiste, le ministre de l'Intérieur de l'époque, Charles Pasqua, en change le nom en « Section de communication » – ce qui restera purement cosmétique !
Le commissaire Patrick Rougelet, qui a fait partie de la Section de presse des RG, signale qu'on y traite alors 53 000 dossiers de journalistes et des services de communication d'entreprise. L'une de ses missions consiste à se procurer, avant publication, les journaux et les livres comme celui que le lecteur a en main, ce qui permet de prévenir le pouvoir en place d'éventuelles critiques.
Si l'éditeur n'est pas – ce qui est le cas en l'occurrence – un indic de la nouvelle DCRI, qui a remplacé les RG en 2008, ces fins limiers obtiennent le manuscrit à la fabrication ou à l'imprimerie, auprès de certains techniciens qui ne font pas la fine bouche, surtout si on les rémunère au résultat.

Champs-Élysées, avenue des

Nº 33 – Créée en 1965, la société mixte ACTIF-AVTO importe en France des machine agricoles, moissonneuses-batteuses et engins de chantiers. Elle a des correspondants dans toute la France et des succursales à Montauban et au Havre (ville d'implantation des services soviétiques depuis les années 1920). En 1975, elle emploie 110 salariés, dont 14 Soviétiques, et son directeur, le camarade Komonov, a, selon la DST, grade de colonel au KGB…

Nº 74 – L'Hôtel Claridge a abrité – moins que le Lutetia (➔ **45, boulevard Raspail, 6e**) – des agents de l'Abwehr, le renseignement militaire de l'amiral Canaris. L'un d'entre eux a suivi une trajectoire étonnante. Il s'agit du *Sonderführer* Bernhardt Sapper, qui se fait passer pour français sous le nom de Bernard Sandrin. En 1944, à la Libération, le contre-espionnage français, qui le cherche, le décrit ainsi : « 43 ans, 1m72, maigre, cheveux gris-noir longs, lunettes à monture d'écaille, figure anguleuse, type méridional. »

Au Claridge réside le Sonderführer Sapper, de l'Abwehr. Après la Libération, il organise un réseau clandestin à Paris pour préparer la revanche du IVe Reich. © AFP

Dès l'occupation, en 1940, il est attaché à l'antenne de l'Abwehr à Dijon puis il monte à Paris, où il loge au Claridge, dans le cadre de son travail pour la Section I (espionnage actif), installée dans le palace. Sapper organise des réseaux dans la Nièvre, la Côte-d'Or, l'Yonne, la Saône-et-Loire. Lorsque l'Abwehr est dissoute, il appartient à une unité d'infiltration et de reconnaissance, la *Front Aufklärungstruppe* (FAT 353). Surtout, fait extraordinaire, après la libération de Paris et le départ des Allemands, cet agent exceptionnel revient dans la capitale pour y organiser un réseau d'espionnage statique et dormant…

N° 99 – Le Fouquet's, café mythique ouvert en 1899, est le lieu de prédilection de James Bond, si l'on en juge par les nouvelles publiées par Ian Fleming sous le titre de *For Your Eyes Only*. En français : *Bons baisers de Paris*, titre jumeau de *Bons baisers de Russie*, roman qui se terminait à Paris. Voici ce que raconte Fleming au début du livre « parisien » : « James Bond prit son premier verre de la soirée au Fouquet's. Impossible de boire sérieusement dans des cafés français. Une terrasse au soleil, sur le trottoir, ce n'est pas l'endroit pour boire de la vodka, du whisky ou du gin. » 007 écarte aussi d'un revers de la main la « fine à l'eau » qui « finit par vous monter à la tête sans avoir très bon goût », le « quart champagne » ou le Pernod dont il n'a jamais été très amateur « car ce goût liquoreux lui rappelait son enfance ».
Bond commande toujours le même cocktail : « un américano – Campari, Cinzano, avec un grand zeste de citron et du siphon. En guise de siphon, il commandait toujours une bouteille de Perrier »…
Dans *Bons baisers de Paris*, on apprend que l'agent secret de Sa Majesté, « de passage à Paris, s'en tenait invariablement aux mêmes

adresses ». Il descend au Terminus Nord, car il aime les hôtels situés près des gares. Il déjeune au Café de la Paix (ce qui ne nous étonne guère, puisque le quartier de l'Opéra est un repaire d'agents de l'Intelligence Service), à la Rotonde ou au Dôme (boulevard du Montparnasse) parce que la cuisine lui semble convenable et qu'il peut y observer les gens. Pour un « sérieux remontant », il va boire au Harry's Bar. Bond boit beaucoup... Pour dîner, Bond aime les grands restaurants : le Véfour, le Caneton, Lucas Carton, le Cochon d'Or. Mais il rejette avec dédain le choix du guide Michelin, qui désigne la Tour d'Argent et Maxim's comme les meilleures tables de la capitale des mangeurs de grenouilles, les *froggies.*

« Après le dîner, il prenait généralement la direction de la place Pigalle pour voir ce qui allait lui arriver. Quand il ne se passait rien, comme c'était généralement le cas, il rentrait à pied jusqu'à la gare du Nord et allait se coucher... »

On est bien loin des films – de Sean Connery à Daniel Craig – qui font de Bond l'habituel charmeur et tombeur de ces dames. Ce n'est pas plus mal : demain, 007 sera d'attaque et il aura les idées claires pour résoudre une énigme, la première de *Bons baisers de Paris,* suite à l'assassinat d'un messager de l'OTAN en région parisienne par des taupes du GRU soviétique qui ont creusé leur antre sous la forêt de Saint-Germain-en-Laye.

En 1959, lorsque Plon publie *Bons baisers de Paris*, un autre jeune auteur de romans d'espionnage publie ses premiers livres. Il s'agit de Gérard de Villiers, dont l'un des titres, *SAS à Istanbul*, est d'ailleurs mis en valeur à la fin de ce volume des aventures de Bond. Trente ans plus tard, le romancier est devenu le plus populaire, au moins en termes de ventes, des feuilletonistes français de notre époque avec ses romans d'espionnage. Pour avoir publié avec Rémi Kauffer une *Histoire mondiale du renseignement*, coéditée par Gérard de Villiers, l'auteur du présent guide se souvient que le père de l'agent secret SAS affectionne aussi le Fouquet's, situé non loin de ses superbes

Couverture de *Bons baisers de Paris*, roman dans lequel Ian Fleming livre les bonnes adresses parisiennes de son héros, James Bond.
© Archives Faligot

appartements de l'avenue Foch. Tout comme jadis Ian Fleming, qui avait transmis ses bonnes adresses parisiennes à son fils littéraire : James Bond.

Nos 101-115 – C'est dans la chambre 113 de l'hôtel Palace que Gertrude Zell, alias Mata Hari, est arrêtée le 13 février 1917. Elle sera fusillée le 15 octobre.

→ 6, place d'Iéna, 16e

No 127 – L'immeuble d'angle, qui a une autre façade au 26, rue Vernet, est réquisitionné dès septembre 1940 pour le directeur du renseignement militaire de l'état-major, le *höherer Nachrichtenführer* Kersten, qui y est logé au-dessus de ses bureaux.

Colisée, rue du

No 6 – Le Luigi's Bar dispute au cabaret Don Camilo du Quartier latin (**→ 10, rue des Saints-Pères, 7e**) le titre de plus beau repaire de barbouzes des années 1950 et 1960. Les gens de

l'amicale Action issue de la Résistance, ceux du nouveau service Action du SDECE ou ceux du 11e bataillon de choc viennent trinquer dans l'antre de Maurice Boismond, lui-même un ancien des services de la France libre. À commencer par son cher ami le capitaine Paul Aussaresses, ancien du BCRA avec Jacques Foccart à Londres, qui a sauté sur l'Allemagne pour participer à la libération des camps de concentration en 1945, et qui supervisera la torture de prisonniers nationalistes du FLN quinze ans plus tard, à Alger. Ou encore Jean-Pierre Rosselli, ancien de l'Office of Strategic Services (OSS) américain, l'ancêtre de la CIA, et conseiller technique du ministre des Armées Pierre Messmer. En mai 1958 s'y retrouvent la fine fleur des services secrets, des barbouzes, mais aussi les futurs tenants de l'Organisation armée secrète, groupes qui vont s'entre-déchirer autour de la question algérienne. Voici ce qu'on peut lire à propos du Luigi's dans *Le Canard enchaîné* du 21 février 1962 : « En 1958, aux environs du joli mois de mai, c'était un endroit déjà sélect. On y marchait sur les bons amis de Boismond, le patron : de Soustelle à Vaudrey en passant par Thomazo, Achard, Dumont (le sénateur en cavale), Frey, Guichard, Lefranc, Tomasini et *tutti quanti*, dont l'unique préoccupation alors était de réussir le coup d'État préparé par les gaullistes avec l'appui d'une énorme fraction du SDECE. Au fil des mois, ces braves gens se sont plus ou moins séparés en deux camps : les inconditionnels d'un côté, c'est-à-dire ceux qui ont décroché les fromages de la Cinquième [République], et les activistes de l'autre, alias ceux qui n'ont pas obtenu les planques désirées [les ultras de l'Algérie française]. Le patriotisme d'un comploteur mal récompensé s'exacerbe vite. »
Le Canard n'a pas complètement tort. Dans ce microcosme fortement alcoolisé, les différends de la guerre d'Algérie prennent les contours d'un épisode des *Tontons flingueurs* que Georges Lautner et Michel Audiard sont en train de tourner en 1962.
La preuve : le jeudi 17 février, un groupe de l'OAS balance une grenade au Luigi's pour pulvériser quelques barbouzes gaullistes « façon puzzle ». Et Jean-Pierre Rosselli échappe de peu à la mort.

No 29 – C'est dans un grand appartement du 2e étage qu'a été établi, en 1930, le quartier général de l'Association des anciens combattants

29, rue du Colisée : le siège de l'Association des anciens combattants russes, devant lequel le NKVD enlève le général Evguéni Miller. © Roger-Viollet

russes (ROVS), au lendemain de l'enlèvement du général Koutiépov. Son successeur, le général Evguéni Karlovitch Miller, a décidé de resserrer la protection des chefs russes blancs dans Paris. Ses inquiétudes sont fondées. Léonid Eitingon, responsable des opérations du NKVD, fomente de nouveaux complots tandis que la police s'embourbe dans l'enquête sur la disparition de Koutiépov. Miller fait partie des cibles privilégiées, au point qu'un système d'écoute est installé rue du Colisée. Pis encore : le milieu russe blanc est infiltré jusqu'à l'os. Ainsi, au 1er étage de l'immeuble réside Sergueï Nikolaïevitch Trétiakov, un ancien homme d'affaires de l'époque tsariste. En réalité, il a été recruté, sous le code « UJ/1 », par le service secret de Staline. De même s'est introduit dans l'entourage de Miller un beau couple d'agents doubles : les Skobline. Nikolaï, le mari général, est bardé de décorations pour ses combats héroïques dans l'armée blanche. Mais, en réalité, c'est l'agent EJ/13 du NKVD à Paris. Quant à Nadedja Plévitskaïa, son épouse, c'est une cantatrice mondialement connue sous le doux surnom de « Rossignol de Koursk ». Agents doubles, c'est peu dire. En 1937, au moment où couve le drame, ils émargent également au SD, le service secret nazi... Le 22 septembre de cette année-là, Miller a rendez-vous avec ses amis Skobline. Puis il disparaît. Soupçonné par les amis du général, Skobline est convoqué rue du Colisée. La tension monte. Profitant de l'inattention de ses gardiens, il s'éclipse à son tour : il s'est glissé à l'étage inférieur, chez Trétiakov, l'autre traître. Il pourra regagner l'URSS sans coup férir et sera envoyé plus tard en mission dans l'Espagne en pleine guerre civile. Mais le Rossignol de Koursk est en cage. Jugée pour complicité dans l'enlèvement de Miller, elle mourra de maladie le 2 septembre 1940 dans la prison pour femmes de Rennes, après avoir avoué son rôle dans le complot à un agent du contre-espionnage français convoqué à sa demande.

Comme dans l'affaire Koutiépov, le dossier Miller restera longtemps sans suite. Avec la fin de l'URSS, dans les années 1990, il sera possible de savoir ce qui s'est passé. Le malheureux chef du ROVS a été dirigé vers Le Havre, où il a été embarqué sur un cargo soviétique, le *Maria-Oulianova*, lequel l'a emporté à Mourmansk. Incarcéré au secret à la Loubianka, la prison du NKVD, il mourra deux ans plus tard des mauvais traitements qui lui sont infligés. La Seconde Guerre mondiale, qui éclate peu après, fera longtemps oublier ce que fut, en plein Paris, la guerre secrète contre les opposants russes.

→ 27, rue Rousselet, 7e

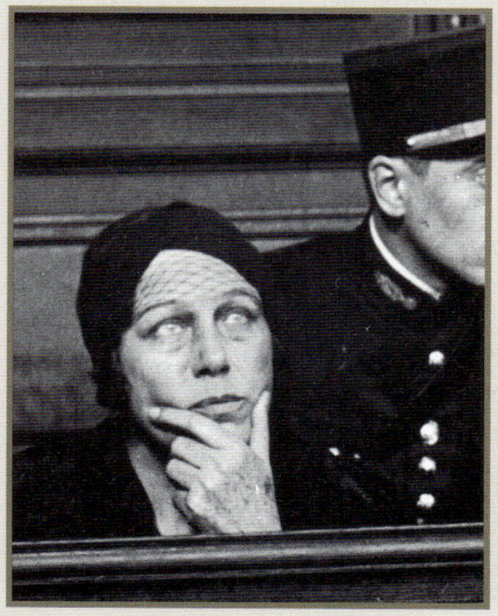

La Plévitskaïa, chanteuse russe condamnée à vingt ans de travaux forcés pour son implication dans la disparition du général Evguéni Miller, lors de son procès, à Paris, en 1937.
© Roger-Viollet

Concorde, place de la

No 10 – L'Hôtel de Crillon a souvent fait parler de lui dans le monde du renseignement, essentiellement à propos des espions américains, puisque l'ambassade des États-Unis est toute proche. En 1949, par exemple, la toute jeune CIA choisit ce palace pour inviter les collègues britanniques du MI6 – l'ambassade de Sa Gracieuse Majesté n'est pas loin non plus –, ainsi que les Français du SDECE. Objet de la réunion ? La création d'un Comité de l'Albanie libre, destiné à renverser le régime communiste à Tirana en parachutant des agents albanais exilés.

Des nageurs de combat s'entraînent dans la Seine, tandis que le général Delayen forme des moudjahidine afghans sur sa péniche, en 1980.
© Pascal Faligot

Jean-Marie L'Allinec, qui représente la « Piscine », rédige ensuite un rapport qui désapprouve l'initiative, jugée insensée. Le SDECE n'en sera pas. Et c'est heureux, car l'opération est un désastre. Tous les agents parachutistes sont arrêtés par le Sigurimi (le service secret d'Enver Hoxha) dès qu'ils touchent le sol albanais. Ils seront jugés lors d'un grand procès public comme seuls les staliniens savent en organiser, et exécutés. En réalité, toute l'opération était compromise depuis le début car l'un de ses organisateurs était une « taupe » communiste : Kim Philby, à la fois numéro 2 du MI6 et agent du KGB soviétique...

Concorde, pont de la

Le général Jean-Louis Delayen y a amarré sa péniche, le *Jean-Bart*, en 1980. L'embarcation est devenue célèbre dans les milieux du renseignement pour une raison étonnante : cet officier des troupes de marine a participé au débarquement en Provence en 1944, avant d'organiser les commandos Nord-Vietnam dans la décennie suivante, et enfin les commandos « Yatagan » en Algérie, troupes de choc musulmanes, des combattants du FLN ralliés aux Français et dirigés par des fusiliers marins commandos. Dans sa longue carrière, il a également séjourné et enseigné à Fort Bragg, le haut lieu des forces spéciales américaines. C'est pourquoi ses amis de la CIA, ainsi que les spécialistes de la « Piscine », à la demande directe de l'Élysée, donc de Valéry Giscard d'Estaing, ont requis son aide pour l'entraînement des maquisards en lutte contre l'Armée rouge qui vient d'envahir l'Afghanistan. C'est donc à bord du *Jean-Bart* que quelques dizaines de moudjahidine, appartenant pour la plupart au groupe du Lion du Panshir, le commandant Massoud, apprennent les rudiments du codage, des transmissions, et suivent des cours théoriques sur l'art de la guérilla.

Élysée, rue de l'

N° 2 – Le Secrétariat général pour la Communauté et les Affaires africaines et malgaches, créé sous le général de Gaulle, est un haut lieu de la barbouzerie puisque c'est là que travaille son « Éminence noire », Jacques Foccart. Ici ont été concoctés le duel contre Sékou Touré en Guinée ou la guerre secrète contre l'Union des peuples du Cameroun (UPC) et l'assassinat au pastis empoisonné de son chef, Félix Moumié. Que de fantômes de l'Afrique écartelée hantent les lieux ! Sous le président Pompidou, Foccart y a poursuivi, avec l'aide de ses réseaux, le pillage de l'Afrique et des guerres prolongées, comme au Tchad. Son conseiller technique, René Journiac, qui le remplace sous le président Giscard d'Estaing, fomente à son tour des coups pendables, comme le renversement du Comorien Ali Soïlih et son remplacement par Ahmed Abdallah en 1978. La guerre clandestine en Angola ou l'envoi des paras sur Kolwezi, au Zaïre, se décide entre le Président, le puissant chef du SDECE Alexandre de Marenches et Journiac. Celui-ci meurt dans un accident d'avion en 1980. Sous François Mitterrand s'illustrent son dentiste, le franc-maçon Guy Penne, et son propre fils, Jean-Christophe. Sous Chirac, Michel de Bonnecorse jouera le rôle de « Monsieur Afrique », remplacé sous le président Sarkozy par Bruno Joubert, précédemment directeur de la Stratégie à la DGSE. Or, cet ancien diplomate, responsable Afrique-Océan Indien au Quai d'Orsay, avait déjà été secrétaire général adjoint à l'Élysée à la fin de l'ère Chirac. Quand il s'agit de l'Afrique, la rupture n'est pas toujours ce que l'on croit…

Faubourg-Saint-Honoré, rue du

Nos 35 et 39 – L'ambassade de Grande-Bretagne s'est installée en 1814 dans l'hôtel de Charost, qu'habitait Pauline Borghèse, l'une des sœurs de Napoléon, l'empereur déchu. Tout un symbole ! Et, avec cette ambassade, arrive l'Intelligence Service, qui s'est diversifié au cours des siècles. De nos jours s'y activent aussi bien le MI6, le MI5, le service de sécurité du Foreign & Commonwealth Office que des antennes du Government Communications Headquarters (GCHQ) qui effectuent des interceptions de communications en plein Paris contre d'autres ambassades, mais aussi des ministères… C'est ainsi que la princesse Diana est suivie à la trace dans les jours qui vont précéder son accident mortel sous le pont de l'Alma. Interrogés par la commission d'enquête, les intéressés affirmeront, bien sûr, qu'il s'agissait de la protéger. Reste qu'en février 2008, lors de l'enquête officielle sur la mort de la princesse, l'ambassadeur de l'époque, Lord Jay, a confirmé qu'une antenne hypertrophiée du MI6 – ainsi qu'un représentant du MI5 – était alors en activité dans son ambassade. Cela sans rapport avec les faits… La station du MI6 a longtemps été mobilisée sur les mouvements des agents du KGB ou des agents de l'Irish Republican Army (IRA) pendant la guerre froide et le conflit en Irlande du Nord.

Mais Français et Britanniques collaborent plus souvent qu'on ne le croit. C'est le cas en 1982, lors de la guerre des Malouines, quand les Argentins ont envahi ces îles du bout du monde que les Anglais revendiquent aussi sous le nom de Falklands. Le Premier ministre britannique Margaret Thatcher envoie alors une flotte de guerre pour réaffirmer sa prépondérance sur les îles. Son MI6 veut empêcher la junte argentine de continuer à se procurer du matériel militaire, en premier lieu auprès des Français. Alexis Forter, le chef de station du MI6 à Paris, rend alors visite à Pierre Marion, patron de la DGSE. Ce dernier a reçu le feu vert du président Mitterrand pour offrir l'aide la plus totale aux amis d'outre-Manche. L'homme du MI6 sait qu'on se trouve au milieu du gué : un contrat d'armement franco-argentin, signé en 1979, prévoit la vente de 14 avions d'attaque Super-Étendard équipés d'une quinzaine de missiles AM-39 Exocet, qui doivent être livrés d'ici à septembre 1982. En

outre, un contrat pour 48 missiles Exocet MM40, un modèle conçu pour équiper les navires, est également en cours. Les cinq premiers missiles ont été livrés le 17 novembre 1981, et une équipe d'Aérospatiale aurait dû se rendre en Argentine pour les installer sur les cinq premiers Super-Étendard, le 12 avril. Naturellement, l'embargo décidé par l'Europe les en empêche. Pourtant, des pilotes argentins sont encore à l'entraînement sur la base aéronavale de Landivisiau, près de Brest. Par ailleurs, une équipe de chez Dassault se trouve en Argentine, où elle est arrivée avant le déclenchement des hostilités. Pierre Marion emmène Alexis Forter à Bordeaux pour constater *de visu* que les autres avions resteront en France, ce qui rassure Londres. Mais, surtout, la DGSE fournit au chef de station du MI6 une information décisive fournie par l'équipe de Dassault, bloquée en Argentine : les Super-Étendard ont été transférés de la base Espora au Río Grande, et notamment à Río Sheffield, au sud du pays, à 50 kilomètres de la frontière chilienne…

Le 10 Downing Street donne le feu vert. Le 20 mai, une soixantaine d'hommes du 22e Special Air Service (SAS), que dirige le colonel Michael Rose, futur commandant en chef de la guerre du Golfe, se livrent à une audacieuse opération commando : ils détruisent au sol les Super-Étendard équipés d'Exocet sur la base de Río Gallegos, avant d'être récupérés par hélicoptère près de Punta Arenas, dans le sud du Chili. L'Entente cordiale entre services secrets français et britanniques a encore triomphé. Elle ne pourra que s'intensifier avec la bataille contre Al-Qaïda qui se profile…

L'ambassade de Grande-Bretagne est depuis 1815 la ruche des agents de l'Intelligence Service. © Gilles Targat

Franklin-D.-Roosevelt, avenue

Nº 13 – Ambassade de la République fédérale d'Allemagne. Au lendemain de la Seconde Guerre mondiale, le service secret allemand à Paris n'a naturellement pas pu se réorganiser rapidement. L'ombre de la croix gammée plane encore, même si le nouveau chancelier, Konrad Adenauer, a été sauvé grâce à la DGER (ancêtre de la DGSE), à la demande expresse du général de Gaulle.
En RFA, le général Reinhard Gehlen, ancien chef du renseignement militaire nazi à l'Est, a créé une organisation qui porte son nom sous la tutelle de la CIA. L'Organisation Gehlen (OG) recrute des cohortes d'anciens agents nazis de l'Abwehr et du SD. Elle s'affranchit même de l'influence américaine lorsqu'est officiellement créé, en 1956, le service de renseignement fédéral, le Bundesnachrichtendienst (BND), toujours sous l'égide du « général Gris ». Dans l'ambassade de la République fédérale d'Allemagne s'établit une station du nouveau BND ainsi que du renseignement militaire allemand, le MAD, (Militarische Abschirmdienst). C'est ainsi qu'en 1958 l'attaché de l'armée de l'air – qu'on appelle toujours la Luftwaffe – et correspondant du MAD, le capitaine Anselm Brasser, est mêlé à Paris à une affaire d'espionnage.
À cette époque, la guerre d'Algérie fait apparaître au grand jour le jeu à multiples facettes de Gehlen : à Tunis, son homme de confiance, Richard Christmann (Sonderführer de l'Abwehr à Paris pendant la guerre mondiale), est chargé d'organiser un soutien logistique au FLN algérien ; puis, en RFA, il aide la Main rouge (en réalité, le SDECE) à liquider des militants nationalistes algériens, tandis que le même BND prend langue avec Georges Bidault, figure de proue des ultras antigaullistes, réfugié en Bavière.
Au cours des années 1970, le chef de poste du BND à l'ambassade de RFA porte un nom célèbre : Rainer Kesselring est en effet le fils du général de la Wehrmacht. Mais, désormais, les liens du BND avec les services secrets français sont excellents, même quand l'Allemagne de l'Ouest accueille des dirigeants du FIS (Front islamique du Salut), tel Rabah Kebir, dont on craint l'action contre Paris.
Au début du XXIe siècle, modernisme et féminisme obligent, c'est une forte femme qui dirige le BND à Paris, Frau Reichert, fort appréciée de ses collègues des services spéciaux français.

Gabriel, avenue

Nº 2 – Ambassade des États-Unis. Comme dans toute capitale, la plus grosse centrale de renseignement étrangère est la station de la CIA, nichée au sein de l'ambassade américaine. À Paris, dès 1947 et la naissance de la Central Intelligence Agency, les agents américains investissent ce 8e arrondissement qu'ils affectionnent, à commencer par l'Hôtel de Crillon, mais aussi de multiples bureaux disséminés dans les rues du Faubourg-Saint-Honoré – où se trouvent leurs « cousins » du MI6 britannique –, La Boétie, de la Paix, le boulevard Haussmann, l'avenue des Champs-Élysées, etc.
La DST les surveille tout de même à la demande du pouvoir gaulliste, dans les années 1960, mais la collaboration est entière avec le chef de station Alfred Ulmer Jr et ses adjoints Charlie Lester et Larry Gourlay, sous couvert de l'American Liaison Section. C'est ainsi que les deux services organisent ensemble la sonorisation de l'ambassade de Cuba, la traque de Régis Debray parti sur les traces de Che Guevara, ou la mise sur écoute de Claude Julien, le rédacteur en chef du *Monde diplomatique*, qui vient de réaliser un grand reportage à La Havane.
Toutefois, le climat s'est rafraîchi quand Alfred Ulmer Jr a été envoyé auprès du général de Gaulle, à la demande de John Kennedy, pour lui annoncer que, selon un transfuge soviétique, les services français sont gangrenés et qu'une taupe creuse des galeries jusque dans le palais de l'Élysée. Sous-entendu : « Mon général, votre conseiller Jacques Foccart est un agent soviétique ! »

De « défecteur », il sera encore question dix ans plus tard, sous Giscard, mais de la CIA, cette fois. C'est un ancien officier traitant spécialiste de l'Amérique latine, Phil Agee, qui s'exile à Paris et livre aux journaux de toute l'Europe les noms de ses anciens collègues de la Compagnie. On leur apprend à identifier ces officiers à partir des listes diplomatiques.

Le 13 janvier 1976, le quotidien *Libération* tient un scoop d'enfer : il publie la liste des officiers de la CIA à Paris et une photo de son chef pour la France, Eugen Burgstaller. Ce qui permet alors de comprendre comment elle fonctionne.

En 1981, la CIA s'active beaucoup lorsqu'elle voit quatre communistes accéder à des postes importants du gouvernement du socialiste Pierre Mauroy. Mais, en réalité, Ronald Reagan et sa CIA n'auront pas à se plaindre de la présidence Mitterrand, d'autant que ce dernier leur a fourni tout le détail des renseignements obtenus en URSS grâce à la taupe du KGB, Farewell.

Les gaullistes sont parfois plus imprévisibles. Après des escarmouches émaillant la guerre économique franco-américaine, dans les années 1990, la station parisienne de la CIA est ébranlée lorsqu'en février 1995 le ministre de l'Intérieur, Charles Pasqua, expulse de manière fort peu diplomatique cinq espions américains : Richard Holm, le chef de station à Paris, Joan Cozar, William Green, le colonel Lawrence Hoffman et un agent clandestin d'origine irlandaise nommé Daugherty.

Oussama Ben Laden va rabibocher tout ce beau monde à l'ère Bush Junior. Au lendemain des attentats du World Trade Center et du Pentagone, CIA et services spéciaux européens vont établir l'Alliance Base, une mutuelle du renseignement contre Al-Qaïda, en plein cœur de Paris.

→ 1, place Joffre, 7e

CASTORIADIS FACE A 120 ANS DE MARXISME... VOIR PAGE 12

Mardi 13 janvier 1976
N° 629

Libération

1 F 50 • Portugal, 15 escudos • Pays-Bas, 0,90 florins • Belgique, 15 FB • Suisse, 1,20 FS • Commission paritaire n° 54072

LES CAMPAGNES PORTUGAISES A L'HEURE DE LA MARCHE EN ARRIERE

Voir page 8

Après trois mois d'enquête

32 AGENTS DE LA C.I.A. A PARIS IDENTIFIÉS

En première exclusivité mondiale, « Libération » entame aujourd'hui la publication des noms des responsables de la CIA opérant à Paris, sous couverture diplomatique, dans les bureaux de l'ambassade des Etats-Unis, place de la Concorde (voir page 3)

Cette liste a été mise au point à la suite d'une enquête de plusieurs semaines menée par une équipe de journalistes de *Libération* à l'aide d'une méthode mise au point par une équipe d'Américains

compatriotes « fonctionnaires honorables », en cible à des tueurs éventuels.

Et le coup a porté : depuis, deux éditoriaux du *Washington Post* * se sont élevés contre la divulgation de l'identité des barbouzes

E.F. Burgstaller, le chef d'antenne de la CIA à Paris.

LE SIXIEME GOUVERNEMENT GISCARD: LA ROUTINE

Le gouvernement est donc remanié ou plutôt « réaménagé » technique-ment » suivant l'expression consacrée lancée par Giscard en annonçant l'événement à l'avance, contrairement à tous les usages. Changement oblige et un peu de publicité ne pouvait nuire. Donc le nouveau gouvernement compte 43 membres au lieu de 38 dans l'équipe précédente et cinq femmes au lieu de quatre. C'est paraît-il un record absolu. Bravo ! Les vieux ont été virés puisque MM. Abelin et Jarrot âgés tous deux de 66 ans, sont renvoyés à leurs foyers. Mme Claustre sera heureuse de l'apprendre au fin fond du Tchad.

Lecanuet qui gagne — on se demande pourquoi — des galons de ministre d'Etat pourra enfin se sentir l'égal de Ponia du moins en titre...

Quant aux promus ils semblent se diviser en deux camps.

D'une part, les technocrates ou techniciens, au premier rang desquels figurent Raymond Barre, récompensé de son volumineux rapport sur le com-

Une du quotidien *Libération* du 13 janvier 1976 sur la CIA à Paris. Les clichés montrent son chef de station, Eugen Burgstaller, photographié à son insu.

En 2005, le général He Shide, attaché militaire chinois, reçoit la Légion d'honneur des mains de ses collègues de l'armée française, qu'il n'a pourtant cessé d'espionner à Paris. DR

George-V, avenue

No 11 – L'ambassade de Chine populaire s'y est installée dès 1965, après la reconnaissance diplomatique voulue par le général de Gaulle. Un nombre croissant d'espions chinois y sont regroupés, appartenant principalement au Guoanbu, la Sûreté de l'État, chargé de l'espionnage et du contre-espionnage et d'une myriade de services, à commencer par le service d'enquêtes du comité central du Parti communiste chinois, le Zhongban Diaoyanshi.
Le contre-espionnage français observe avec amusement la façon dont ces agents se travestissent pour passer inaperçus. Ainsi, on a pu détecter dans un passé proche que Zhang Jinxing, l'ancien « Premier secrétaire » attaché de presse de l'ambassade de l'avenue George-V, est revenu dans la capitale, après un premier séjour, comme simple portier, ce qui ne semble pas vraiment une promotion dans le monde diplomatique. Raison de cette mascarade : le camarade Zhang a pour mission de suivre les adeptes de la secte Falungong en région parisienne, sous la tutelle de l'influent conseiller Song Jingwu, représentant les services politiques du parti.
Ce dernier a eu, avec son collègue Zhang Jianguo, autre spécialiste du renseignement politique à l'ambassade chinoise, beaucoup de travail en 2007 : il faut en effet informer le président Hu Jintao de ce que pourrait faire le nouveau président français.
Aura-t-il la même attitude d'« ami de la Chine » que son prédécesseur, Jacques Chirac ? La rumeur ne dit-elle pas qu'il est favorable à l'autonomie de Taiwan ? Qu'il a même rencontré, en début d'année, grâce à des sinologues parisiens, quelques dissidents ? Va-t-il rencontrer le dalaï-lama ?
Les réponses à ces questions vont amener les Chinois à conclure que, dans le renseignement, rien n'est vraiment prévisible...
L'attitude de Song Jingwu, barbouze suprême du Parti, lors du passage à Paris de la flamme olympique, en mars 2008, n'arrange pas les choses ; il a cru bon, en effet, de prendre en main le service d'ordre, français y compris, en complément des hommes détachés des forces spéciales chinoises déguisés en athlètes, prenant à partie aussi bien les manifestants protibétains que les journalistes français. Pour faire face à l'intensification du travail de renseignement qu'entraînent à la fois l'arrivée d'une nouvelle administration et la tenue des JO à Pékin, on a fait revenir en France un connaisseur du tout-Paris, Xu Jiangong, officier du Guoanbu à l'ambassade parisienne en 1987. Ce sexagénaire a pris du grade : il est officiellement chef du service consulaire, qui réunit le contre-espionnage et le contrôle des visas pour les Français qui veulent se rendre dans l'Empire du Milieu. Ce qui, dans la plupart des ambassades, est un peu la même chose... L'une des questions qui passionnent les agents chinois comme M. Xu, lequel ne s'en cache pas vraiment, est l'organisation de la nouvelle Direction centrale du renseignement intérieur (DCRI), regroupant les anciens RG et la DST, et qui constitue l'adversaire numéro un de l'espionnage chinois sur le sol français.
Tout aussi agressif est le poste de renseignement de l'Armée populaire de libération (APL2) en France, dont le chef le plus actif en 2005 a été le général He Shide. Le poste est installé en lisière de Paris, au 9, avenue Victor-Cresson, à Issy-les-Moulineaux.

No 12 – Les danseuses du Crazy Horse comme celles du Moulin-Rouge se sont souvent déhanchées, à leur corps défendant, devant des espions en goguette, invités par des officiers français à passer du bon temps. Le lieu se révèle également privilégié pour la surveillance des Chinois d'en face, dont les services secrets sont hypertrophiés, aussi bien avenue George-V que rue Washington, où s'installent, au XXIe siècle, les services de recherche politique et scientifique, ainsi que le poste de liaison de la Sécurité publique de Chine populaire.

No 13 – L'ambassade d'Espagne a, durant toute la période du franquisme, abrité un poste d'espionnage chargé de traquer les opposants au Caudillo. Pendant la Seconde Guerre mondiale, l'attaché de police Pedro Rendueles-Urraça est également le patron de la Phalange en France. Il collabore étroitement avec la Gestapo et entretient des relations étroites avec ses chefs, tels Karl Boemelburg ou Helmut Knochen. Le service de contre-espionnage clandestin dirigé par le colonel Paillole l'inclut dans son fichier d'agents allemands à arrêter. Voici ce que dit sa fiche : « Implacable pour les Espagnols arrêtés ayant des sympathies pour les Alliés. Son activité s'étendait aussi aux relations commerciales avec les Allemands de Paris et de Bruxelles. »

Un peu plus d'un mois avant la mort naturelle de Franco, le 8 octobre 1975, l'attaché militaire espagnol, le capitaine Garcia Plata Valle, présenté comme fondateur des commandos anti-basques, est victime d'une tentative d'attentat, revendiquée par des « Brigades internationales », un groupe maoïste qui proteste ainsi contre l'exécution de huit militants, basques de l'ETA et gauchistes du FRAP.

Au lendemain de la mort de Franco, la guerre contre les Basques est intensifiée, notamment sous les socialistes, époque à laquelle les relations avec les services spéciaux espagnols sont excellentes. Dans les années 1990, l'un de leurs correspondants est même affecté, place Beauvau, au ministère de l'Intérieur animé par Charles Pasqua.

Il a pour nom Angel Guerrero Lucas, alias Hidalgo. Son histoire étonnante mérite d'être contée : elle débute à l'été 1961 à Toulouse, capitale de l'exil antifranquiste, quand Hidalgo est venu clandestinement de Madrid pour représenter les anarchistes de l'intérieur à l'assemblée des Jeunesses libertaires. Tout le monde l'admire. En secret, il prépare un commando spécial pour tuer Franco... Mais le jour J, à Madrid, Hidalgo n'est pas au rendez-vous, et les deux anarchistes qu'il a recrutés, Francisco Granados et Joachim Delgado, se disent qu'il vaut mieux décommander l'attentat. Surprise : ce 29 juillet, une bombe explose au QG madrilène de la police, faisant une vingtaine de blessés légers... Les deux militants sont arrêtés, condamnés à mort, et garrottés le 17 août. Au même moment, à Toulouse, une rafle des RG désorganise leur groupe. Où est passé Hidalgo ? En exil, dit-on.

En 1977, il aurait été recruté par un commissaire des RG toulousains, Roger Duran, et aurait aidé à démanteler des réseaux de l'ETA sur le sol français. En 1979, il regagne l'Espagne et se recompose une biographie : Angel, même s'il fréquente certains milieux basques de l'irrédentisme, est devenu socialiste. Il est aussi franc-maçon, ce qui aide pour une reconversion dans l'après-franquisme. Et le voici entré, par l'intermédiaire de Julio Feo, secrétaire du Premier ministre socialiste Felipe González, au ministère de l'Intérieur. Bientôt, Guerrero Lucas effectue des allers et retours Paris-Madrid, à l'époque des activités les plus intenses des Groupes antiterroristes de libération (GAL), qui mènent une guerre sans merci contre l'ETA, parfois même sur le sol français. Au cours de réunions entre policiers, des Français remettent des dossiers bourrés de noms, de photos et d'adresses de membres ou de sympathisants de l'ETA résidant en France. Des documents qui se retrouvent entre les mains des tueurs des GAL.

Le 24 août 1987, les GAL perpètrent leur dernier attentat en France. C'est que, d'une part, François Mitterrand accepte qu'on extrade désormais les membres de l'ETA et que, d'autre part, la justice espagnole commence à engager des poursuites contre les commanditaires de ce terrorisme d'État.

Qu'est devenu Angel Guerrero Lucas ? En 1987, le journal d'extrême droite *El Alcazar* révèle que l'ancien anarchiste participerait à des réunions restreintes avec Charles Pasqua et son collègue Robert Pandraud – lequel aurait servi d'intermédiaire par le biais de la fraternité maçonne. En effet, jusqu'à cette époque, Guerrero Lucas dispose d'un bureau place Beauvau… Tandis que son mentor, le secrétaire d'État Rafael Vera, se verra inculpé, Angel Guerrero Lucas pense encore rebondir, et participer à des négociations de paix entre l'ETA et le gouvernement de Madrid. Mais l'espion aux multiples visages Hidalgo s'est fait tant d'ennemis qu'il ne peut désormais que se terrer…

Robert Lemoine, profession barbouze.
© Pascal Faligot

No 31 – L'Hôtel George-V, construit en 1928 par André Terrail, propriétaire de La Tour d'Argent, est l'un de ces palaces mythiques où se retrouvent hommes d'affaires et agents de renseignement.

Pour ne citer qu'un personnage énigmatique, Kim, l'un des fils du dictateur nord-coréen Kim Jong-il, y descend à plusieurs reprises au début des années 2000. À deux pas des amis de l'ambassade de Chine, il rencontre à l'hôtel divers émissaires, y compris des journalistes américains et japonais triés sur le volet. La CIA a pris l'habitude, dès qu'elle est alertée, d'envoyer des équipes directement de Washington afin d'assurer la surveillance, physique et électronique, de cet « hôte de marque ». Dans ce cas, les services de renseignement français – DST et DGSE – sont écartés (ne fournissant qu'une aide logistique) et doivent se contenter de recevoir ultérieurement, en échange, de parcimonieuses informations de la centrale américaine. Ce visiteur régulier est Kim Jong-un, fils aîné de l'ancienne actrice et favorite de Kim Jong-il, Ko Young-hee, décédée d'un cancer à Paris en août 2004 et dont le corps avait été rapatrié à Pyongyang. Cinq ans plus tard, c'est ce jeune homme qui a été désigné comme héritier de la dynastie rouge de Corée du Nord. Sans doute le vivre et le couvert plaisent-ils aux Nord-Coréens, car en novembre 2007 c'est au tour du demi-frère de Kim Jong-un, Kim Jong-nam, d'être surpris dans les parrages par un cameraman de la télévision japonaise Fuji. Ce Kim-là, qu'on a aussi donné comme dauphin possible, est également un cadre dirigeant du principal service secret nord-coréen, le Kukgabowibu, le département de la sécurité d'État. Au service, paraît-il, des communications et du contrôle de l'Internet …

Havre, place du

No 15 – Le Trouville-Bar est, au lendemain de la Seconde Guerre mondiale, l'un des cafés en vogue chez les agents du SDECE. Robert

Lemoine, ancien résistant déporté à Buchenwald avec Stéphane Hessel (du BCRA), est spécialiste des opérations contre les Américains, au Chili comme dans la capitale française. Lemoine, à l'époque où il travaille sous le commandement du colonel Fourcaud, directeur adjoint du SDECE, décrit ainsi le lieu : « C'est un bistrot où il y a de tout : des filles, des soiffards, des femmes du monde, des flambeurs et des trafiquants. Un petit monde à l'image de l'après-guerre où l'on peut passer inaperçu. L'endroit idéal pour un rendez-vous discret. »
« J'entre au Trouville. Un petit salut à droite et à gauche. Je m'installe au bout du comptoir à droite, dans ma position préférée : un coude sur le comptoir et assis sur un grand tabouret.
– Paul, un Ricard.
– Bien, monsieur Jacques !
Ici, je suis "monsieur Jacques". Ailleurs, je suis "monsieur Albert". Je me demande comment je ne m'y perds jamais. Le métier sans doute. » (*Profession Barbouze*, éd. Alain Lefeuvre, 1980).

Motono Ichiro, ambassadeur du Japon à Paris, espionné grâce aux antennes de la tour Eiffel pendant la guerre russo-japonaise, en 1905.
© Archives Faligot

Hoche, avenue

No 7 – Le drapeau au soleil levant claque au vent. L'ambassade impériale du Japon mérite une attention soutenue depuis, au moins, la guerre russo-japonaise de 1905, et ses téléphones sont écoutés à partir de la tour Eiffel. Les grandes oreilles françaises épient l'ambassadeur Motono, et les relevés sont ensuite communiqués par la Sûreté française à l'Okhrana, l'officine d'espionnage du Tsar à Paris, ce dont atteste un document qui circulera quelques années plus tard : « M. Haverna, commissaire spécial attaché au cabinet de M. Cavard, pria son directeur de l'autoriser à effectuer de nouveaux essais de déchiffrement, et, plus heureux que son professeur, parvint au bout de deux mois, avec le concours d'un adjoint depuis décédé, M. Ancel, à reconstituer presque en totalité le chiffre japonais qui se composait de 1 600 pages de 100 lignes à la page. C'était un résultat inespéré. M. Cavard mit aussitôt au courant le ministre des Affaires étrangères, M. Delcassé, et pendant tout le cours de la guerre russo-japonaise, la traduction des dépêches de l'ambassadeur du Japon à Paris, ainsi que des dépêches qui lui étaient adressées par son gouvernement ou ses collègues des ambassades européennes, fut communiquée aux Affaires étrangères... »
Rentré au Japon au moment où ce rapport est rédigé, pendant la Première Guerre mondiale, Son Excellence Motono Ichiro est devenu ministre des Affaires étrangères.
Au milieu des années 1930, le service secret japonais s'est considérablement étoffé et professionalisé. À Paris, il dépend essentiellement de l'attaché militaire, installé au 1, boulevard Beauséjour, et du service naval, au 11, square de l'Alboni, dans le 16e. L'ambassadeur Sugimura Yotaro (l'introducteur du judo en France,

vingt ans plus tôt, avec le professeur Kawaishi, un spécialiste du renseignement) est fortement ciblé en 1938. Les services d'écoute du contre-espionnage français, sous l'égide du colonel Cazin d'Honincthun, qui surveillent le téléphone (CARnot 38 73), mettent en évidence l'implication de l'avionneur Paul-Louis Weiller dans une affaire d'espionnage qui permettra au service japonais de se procurer un prototype du moteur de 650 CV Gnome et Rhône R-14-M qui équipera son chasseur Zéro. Le 10 février 1939, au moment où l'ingénieur Yotsumoto – un agent de l'attaché militaire japonais, le colonel Tsuchihashi Yûitsu – devait fournir au commandant d'un navire nippon mouillant à Marseille les plans issus de l'entreprise Gnome et Rhône, il est arrêté. Le scandale est étouffé, comme le racontera le patron du contre-espionnage, le colonel Paillole, dans ses mémoires *Services spéciaux 1935-1945* : « *In extremis*, nous intercepterons une valise pleine de documents secrets [elle devait être remise à un paquebot nippon faisant escale à Marseille]. Les plans récupérés, le lampiste porteur de la valise arrêté, les excuses de l'ambassadeur japonais enregistrées, la personnalité parisienne [Weiller] sera relaxée en dépit de nos véhémentes protestations : " Selon que vous serez puissant ou misérable..." »

D'autres affaires d'espionnage, comme celle des perles Mikimoto (→ **8, place Vendôme, 1er**), dénotent l'originalité des espions du pays du Soleil-Levant. Au lendemain de la défaite japonaise, ils redeviennent les alliés des Français. Le soleil rouge du drapeau japonais ne tient pas à s'auréoler de la faucille et du marteau. La guerre froide régit tout.

Ainsi, dans les années 1960, le SDECE intercepte les valises diplomatiques de l'ambassade nipponne, comme me le signale, vingt ans plus tard, Marcel Chaussée, opérationnel du Service 7 : « Au début, nous avions des informations intéressantes sur le Japon grâce à ces opérations. Mais, par la suite, les valises ne comprenaient plus que des informations sur le communisme. Les Japonais avaient compris que les services français interceptaient leurs communications et leurs valises... »

L'ambassade du Japon à Paris dans les années 1930.
© Roger-Viollet

Il faut bien dire que Tôkyô agence alors une formidable opération de renseignement économique grâce à son ministère aspirateur, le MITI. Mais l'aide des Occidentaux s'impose dans la traque antiterroriste que rend nécessaire, au cours de la décennie suivante, l'alliance de l'Armée rouge japonaise (Sekigun) avec les factions palestiniennes les plus militantes.

D'abord attaché à l'ambassade de Paris, Kanemoto Tonishori va organiser pendant vingt ans la traque de la Sekigun. Plus tard, il sera président d'Interpol (basé à Lyon) et même, au début du nouveau siècle, chef du renseignement du gouvernement Koizumi.

Autre preuve que l'ambassade nippone à Paris est un formidable tremplin pour les plus hauts postes du renseignement japonais : l'ancien attaché de Défense des années 1990, le général Shimohira Kôji, devient en novembre 2008 le grand patron du renseignement militaire à Tôkyô ! Amusante coïncidence, cet officier sert alors dans l'ambassade que dirige le très francophile Motono Moriyuki. Cet ambassadeur est le petit-fils de celui qui était sur écoute au début du siècle et qui fut le premier diplomate à découvrir, en 1905, Mata Hari, danseuse nue au musée Guimet... C'est bien connu : en diplomatie comme dans tous les arts, de l'espionnage ou de l'amour, de la poésie ou de l'art floral, les Nippons excellent par leur patience et leur persévérance.

Lisbonne, rue de

No 44 – Peu avant la Seconde Guerre mondiale, le mardi et le mercredi, à différentes heures de la journée, quelques jeunes gens bien mis grimpent quatre à quatre les escaliers qui mènent au troisième du 44, rue de Lisbonne, un immeuble moderne. Sur la porte, une plaque assez peu parlante : « Import-Export ». Ils sonnent. Une secrétaire d'un âge avancé leur ouvre et les conduit dans un bureau encombré de fauteuils en cuir grenat et d'étagères ployant sous les livres et les dossiers empilés. Derrière un vaste bureau recouvert de papiers et de journaux, un homme corpulent et de haute taille. C'est « Monsieur Lemoine ». Du moins est-ce le nom sous lequel ils connaissent celui qui leur donne une liasse de billets en échange du rapport sur tout ce qu'ils ont appris, grâce à des secrétaires, femmes de ménage, plantons et petites bonnes, dans les ambassades étrangères à Paris, en général du côté du 16e arrondissement.

Monsieur Lemoine a ainsi tissé une vaste toile d'araignée, en maître espion indépendant qu'il est. Car il revend ses informations. Ainsi, un renseignement glané sur l'ambassade de Russie intéressera celle du Japon. Et vice-versa. Et l'on peut revendre une troisième fois des informations – sur les deux premières – à une troisième ambassade, par exemple celle des États-Unis d'Amérique, qui ne possèdent pas encore de CIA (il faudra attendre dix ans), mais seulement quelques diplomates et un attaché militaire qui entretient son propre réseau.

Monsieur Lemoine se fait parfois appeler « Baron Kœnig ». Et ceux qui le connaissent sous ce nom disent que son vrai patronyme est Korff. Quoi ? un Allemand au service des nazis ? Pas du tout. Korff, qui s'appelle en réalité Stallmann, a été très célèbre à Berlin avant la guerre de 14-18, mais il a filé en Espagne, où, dit-on, il a révélé aux Français le rôle de la très érotique – mais très mauvaise espionne – Mata Hari. Depuis, sous le pseudonyme de « Rex », il fournit ses meilleures informations au service de renseignement du 2 bis, à un certain commandant Perrier qui, en fait, s'appelle Paul Paillole. On s'y perd ! Mais Lemoine a permis de recruter un espion chez Hitler, un officier du chiffre qui permettra aux Alliés de percer à jour les codes nazis pendant la guerre. Curieusement, cet Allemand, Hans-Thilo Schmidt, a accepté de travailler pour les Français, moyennant finance, dès 1931. Mais, deux ans plus tard, lorsque Adolf Hitler est arrivé au pouvoir, « H.E. », comme on l'appelle, décide de continuer à fournir des renseignements aux Français sans recevoir d'émoluments, manière de manifester sa haine des nazis. Grâce à lui, les services spéciaux polonais et français reconstitueront la machine à déchiffrer Enigma,

Les services français ont pu se procurer Enigma, cette machine à chiffrer allemande, grâce à leur agent « Rex » et à l'officier allemand Hans-Thilo Schmidt.
© Süddeutsche Zeitung / Rue des Archives

ce qui permettra aux Britaniques de gagner la bataille d'Angleterre en 1940-1941.

Le colonel Paillole raconte dans ses mémoires : « Le représentant français qui le premier prit contact avec Hans-Thilo Schmidt était l'agent recruteur numéro un du SR français, confirmé dans ce travail depuis des années ; un Allemand d'origine, naturalisé français, qui avait fait ses preuves pendant la guerre 1914-1918 et s'était marié avec une Française. Dès qu'une personne paraissait apte à être utilisée par le SR ou le service de contre-espionnage, on demandait à Lemoine – « Rex » – de prendre le premier contact pour sonder la personnalité de celui qui offrait ses services. Il le faisait très bien, avec un culot monstre, une autorité exceptionnelle. Il en imposait énormément, par sa connaissance approfondie de l'Allemagne dont il était issu, de la langue allemande et parce qu'il représentait l'état-major de l'armée française, mais aussi par sa prestance physique : il mesurait près de deux mètres, costaud avec des épaules de déménageur, et un visage expressif illuminé par des yeux bleus très clairs qui vous pénétraient. » (Paul Paillole, *L'Homme des services secrets*, Julliard, 1995).

Londres, rue de

No 43 – Dans les années 1960, France-Citerne est, en principe, une entreprise de construction de citernes en matière plastique avec un fort potentiel de marchés en Afrique, où il est bien naturel de vouloir conserver de l'eau. En réalité, c'est une « berlue », comme on dit dans le jargon du SDECE, une couverture pour les opérations spéciales du service imaginée par le colonel Morvan. Le chef de l'ensemble du dispositif, qui travaille étroitement avec les réseaux africains de Jacques Foccart, s'appelle Marcel Chaumien, alias Monsieur Armand. Cet ancien résistant aviateur de la France libre et dirigeant du service Action a structuré les interventions barbouzardes de France-Citerne en relation avec les compagnies aériennes UTA et Air-Afrique. Au moment des référendums sur l'indépendance africaine, ce vaste réseau joue un rôle-clé dans les opérations de déstabilisation de la Guinée de Sékou Touré, qui a osé dire non à la forme d'association avec la France prônée par le général de Gaulle.

Marcel Chaumien, alias Monsieur Armand, spécialiste de l'escadrille du SDECE puis des réseaux Foccart en Afrique, grâce à des agents dans le milieu aéronautique.
© Archives Faligot

No 48 – En face de France-Citerne a été créée une autre entreprise aux opérations tout aussi occultes : Barracuda. Cette société anonyme au capital de 4 millions de francs est, selon son objet social, chargée de « l'étude, de la réalisation et de la vente de toutes matières plastiques ou textiles synthétiques ou naturels et notamment tous les procédés de camouflage »... De camouflage, en effet, il est bien question, puisque Barracuda est dénoncée par des anciens du SDECE, ainsi que par des journalistes, comme une couverture de ce service, fondée par l'ingénieur Maurice Herscu à l'initiative de Jacques Foccart, l'éminence grise de De Gaulle pour les affaires africaines. Cela n'empêche pas que Béchir Ben Yahmed, directeur du magazine *Jeune Afrique*, soit condamné en appel pour avoir publié un article dans ce sens jugé diffamatoire (publication judiciaire dans *Le Monde* du 14 juin 1981). Ironie de l'histoire, c'est le même Ben Yahmed qui, quinze ans plus tard, publiera aux éditions Jeune Afrique les mémoires du même Jacques Foccart... Entre-temps, Barracuda s'était réinstallée rue de la Victoire, dans le 9e arrondissement.

→ **2, rue de l'Élysée, 8e**

Marbeuf, rue

No 33 – Le 24 avril 1982, après cinq mois d'une relative accalmie dans les attentats organisés par les services secrets syriens dans Paris, une Opel Kadett piégée explose devant les locaux du journal libanais *Al Watan al-Arabi*, tuant une personne et en blessant une soixantaine. En guise de riposte, le 27 avril, une équipe du service Action de la DGSE déployée à Madrid tire à plusieurs reprises sur le diplomate syrien Hassan Dayoub. Officiellement attaché culturel, celui-ci n'en dégaine pas moins et tire à son tour sur ses agresseurs, qui détalent. Selon la version qui circule dans les milieux proches de la « Piscine », ce Syrien avait téléguidé l'attentat de la rue Marbeuf, et l'on a voulu ainsi donner un avertissement aux services syriens... Alors, Madrid aussi, « nid d'espions » ?
À Paris, deux diplomates espions de l'ambassade de la République arabe syrienne (20, rue Vaneau, 7e), l'attaché militaire adjoint Hassan Ali et l'« attaché culturel » Michel Kasouha, seront expulsés. Quoi qu'il en soit, la justice française décidera, vingt-cinq ans plus tard, de demander au terroriste Carlos de répondre de ce crime, alors qu'il a déjà été condamné pour l'assassinat de deux policiers de la DST et de leur indicateur.

→ **9, rue Toullier, 5e**
→ **149, boulevard Saint-Germain, 6e**

Montaigne, avenue

No 53 – En mars 1973 habite, au dernier étage de l'immeuble, un nommé David Cross, que la police arrête alors qu'il se rend à la poste du 71, avenue des Champs-Élysées. Ce Palestinien réfugié en Syrie s'appelle en réalité Jamil Abdelhakim, et la DST lui trouve une relation avec un médecin britannique, Dianne Campbell LeFevre, née en Rhodésie (l'actuel Zimbabwe) en 1942, et un temps membre du Parti communiste britannique. Elle a, dit-on, sympathisé avec la cause palestinienne en soignant des fedayin blessés à Beyrouth, et elle a, par hasard, rencontré David Cross dans un bar parisien au début de 1973. Dans l'appartement de ce dernier, la DST trouve de nombreux plans d'ambassades arabes et celui de l'ambassade d'Israël, destinés sans aucun doute à préparer des attentats. Tout un réseau palestinien en Europe est ainsi démantelé.
Comment est-il tombé ? Selon la presse, le Dr Campbell LeFevre était en fait un agent secret du MI6 britannique et aurait ainsi servi de « taupe » dans les réseaux palestiniens. Cela explique qu'elle ait été renvoyée en Grande-Bretagne le 23 mars 1973, bizarrement comme David Cross lui-même, expulsé la veille vers Damas. En 2008, la mystérieuse Rhodésienne

est devenue une spécialiste de renom de la psychothérapie de groupe en Grande-Bretagne. Et de nouvelles informations me donnent à penser qu'elle était effectivement une simple infirmière militante lorsqu'elle a rencontré Cross et qu'elle a servi de poisson pilote pour les services secrets à son corps défendant.

Paul-Baudry, rue

N° 6 – La société informatique APSIDE a longtemps compté parmi ses dirigeants l'un des plus étonnants agents secrets issus de la Résistance, le colonel Jacques Zahm. Déporté à Auschwitz, survivant à une exécution par le Viêt-minh en Indochine, il a réalisé l'une des actions les plus étranges de la guerre d'Algérie : la création d'un faux Front de libération algérien pour discréditer le vrai FLN, avant de devenir chef adjoint du 11e bataillon de choc, attaché militaire en Grèce puis chef de poste du SDECE en République fédérale d'Allemagne. Par la suite, il participe à diverses opérations de soutien aux résistants afghans à l'occupant soviétique, de même qu'aux opposants iraniens au nouveau régime islamiste au début des années 1980. Il décède le 30 décembre 1988.
Sa plus grande réussite fut donc de manipuler un mouvement créé de toutes pièces pendant la guerre d'Algérie, avec le colonel Alain Gaigneron Jollimon de Marolles, le FAAD (Front algérien d'action démocratique), dont le journal est imprimé à Nogent-sur-Marne, en banlieue parisienne.
Rémi Kauffer, spécialiste de l'histoire de l'OAS, qui les a interviewés tous deux, résume ainsi cette étrange équipée : « En août 1960, Debré ordonne au service Action du SDECE de créer une organisation musulmane utilisant les "méthodes de la rébellion" pour s'imposer. Ce sera le FAAD, créé officiellement le 11 avril 1961 et qui regroupe des éléments dissidents du Mouvement national algérien (MNA) de Messali Hadj. Tenu à bout de bras par le SDECE et désavoué sans ambiguïté par Messali, le FAAD connaîtra quelques succès sur le terrain avant d'être lâché en octobre-novembre 1961, les gaullistes s'étant émus d'un possible rapprochement avec l'OAS. » (*OAS, Histoire d'une guerre franco-française*, éd. du Seuil, 2002).
Coordonnant, à l'époque, l'ensemble du renseignement au cabinet du Premier ministre Michel Debré, Constantin Melnik confirmera lors d'une interview le rôle de ce FAAD : « Il y a eu d'autres meurtres en métropole : les exécutions de militants du FLN par le FAAD, organisation prétendument concurrente des mouvements de libération, mais qui n'était, en réalité, qu'un faux nez du service Action. »

Ponthieu, rue de

N° 43 – Le club Chez Tania était réputé comme bar et cabaret montant dans les années 1960, en particulier chez les diplomates slaves et autres visiteurs des pays du bloc communiste d'Europe orientale. Les jeunes femmes y étaient avenantes et très gentilles, et l'on y parlait russe d'autant plus facilement que la patronne, Tatiana G., était née à Vladivostok, le 23 octobre 1922 – selon le K-bis de la chambre de commerce B 582 064 689, qui indique que le club a été fondé le 2 juillet 1958. Et surtout qu'elle était sergent de l'Armée rouge et épouse d'un membre de l'escadrille franco-soviétique Normandie-Niemen pendant la guerre. Les camarades soviétiques avaient toute raison de lui faire confiance pendant la guerre froide. Sauf que Tania était devenue une vraie citoyenne française, et qu'elle rendait des services à la Sécurité militaire et au SDECE pour recruter, grâce à ses hôtesses, des agents du bloc soviétique.

Rabelais, rue

N° 2 bis – Le Jockey Club, créé en 1834 pour l'avancement de la race chevaline, est l'un des cercles les plus huppés de France, et il compte de nombreux membres de la noblesse. C'est pourquoi, dans les années 1970, sous la présidence des ducs de Luyne puis de Brissac, il accueille de nombreux cadres dirigeants du SDECE. Le comte Alexandre de Marenches, patron de la « Piscine », a en effet tendance à choisir des hauts cadres de sang bleu. À commencer par le comte Alof de Louvencourt, membre du Jockey Club, et surtout inspecteur général des Finances chargé de vérifier les comptes du SDECE. Marenches, « l'aristocrate des services secrets », comme l'appellera la presse à sa mort en 1995, est également membre du très *british* Traveller's Club, sans doute par le biais de son mariage avec une Écossaise, Lilian Witchell, surnommée « la Castafiore » par le *Le Canard enchaîné*.

Surnommé « Porthos », le patron du SDECE Alexandre de Marenches est chargé par Georges Pompidou de nettoyer la « Piscine ». © AFP

Dans *L'Histoire secrète de la Ve République* (éd. La Découverte, 2006), Jean Guisnel résume ainsi l'état d'esprit du plus connu des dirigeants de la « Piscine », vu de l'étranger : « Viscéralement anticommuniste, et lisant souvent la marche du monde à travers ce seul prisme, Marenches avait été le premier à convaincre son ami Ronald Reagan de la nécessité de faire éjecter les Russes d'Afghanistan, avec le soutien de la Central Intelligence Agency (CIA). Sa proximité avec les États-Unis sera d'ailleurs l'une des marques de sa présence au SDECE, et il demeurera très lié jusqu'à la fin de sa vie à une partie de l'establishment de Washington, et notamment à George Bush père, son ancien homologue de Langley, le siège de la CIA. Ses nombreux voyages le tenaient souvent éloigné de Paris, permettant dans ces périodes à son directeur de cabinet, le jeune et efficace Michel Roussin, de prendre les commandes de la maison. Il n'appréciait rien tant que la fréquentation des grands de ce monde, avec lesquels il aimait traiter d'égal à égal, prétendant ensuite "faire bénéficier la France de ses relations". »

Rembrandt, rue

Près du parc Monceau, la DST a installé une antenne spéciale, une partie de ses sections terroristes (B2 et B3), quand, en mai 1980, une bombe endommage les locaux. À qui profite le crime ? Certains attribuent l'attentat – qui, heureusement, ne fait pas de victimes – à la mouvance de l'organisation Action directe. En réalité, beaucoup de services d'espionnage à Paris s'en réjouissent car ce sont aussi les locaux à partir desquels est organisée la surveillance de ces mêmes services étrangers – CIA comme KGB – dans l'arrondissement. Parmi les grands suspects figurent les Moukhabarat syriens qui ont, à l'époque, téléguidé aussi l'attentat de la rue Marbeuf. Il est vrai que l'on assistera, dans la première moitié des années 1980, à la sous-traitance de certains attentats, à l'instigation de quelques gouvernements du Proche-Orient, par des mercenaires du terrorisme, à commencer par les frères ennemis du parti Baas, en Syrie et en Irak.

Rome, rue de

Nº 15 – La pharmacie Bailly, à gauche de la gare Saint-Lazare, a deux entrées. La seconde donne dans la rue du Rocher. Leopold Trepper, le Grand Chef de l'Orchestre rouge, le sait. Mais Willy Berg, le responsable de la Gestapo chargé de garder ce prisonnier hors du commun, l'ignore. Le 13 septembre 1943, quand il rejoint son prisonnier à l'hôtel particulier de Neuilly où il est détenu, il se tord de douleur. Trepper propose de le mener à la pharmacie Bailly qu'il connaît et qui vend des remèdes miracles. C'est une officine immense avec, aux étages, des laboratoires. Ils s'y rendent en voiture.
Gilles Perrault, qui a révélé cet épisode dans son livre *L'Orchestre rouge* (éd. Fayard), raconte : « La voiture se range face à l'entrée principale. Trepper descend et tient la porte ouverte pour Berg. Celui-ci se soulève et dit en fronçant les sourcils : "Mais il y a plusieurs entrées, dans cette pharmacie...
– Bien sûr, mais vous venez avec moi." Berg hésite, puis s'affale de nouveau en murmurant : " Pensez-vous ! J'ai confiance en vous. Allez-y..." Le Grand Chef entre par la porte de la rue de Rome, sort par celle de la rue du Rocher et disparaît dans la foule. »
Naturellement, nous dit Perrault qui fera raconter l'épisode par Trepper lors de son enquête à Varsovie, ce dernier n'escomptait pas que Berg resterait dans la voiture. Il s'attendait à ce qu'il l'accompagnât et à devoir le mettre knock-out d'un bon direct... Reste un détail : Trepper connaissait parfaitement la pharmacie Bailly car il y avait une correspondante pour son réseau d'espionnage.

Royale, rue

Nº 2 – Donnant sur la place de la Concorde, le ministère de la Marine a été naturellement le centre du renseignement naval depuis sa création. Mais ce ministère est aussi une cible constante de l'espionnage étranger à Paris. On peut remonter loin : en 1890, le capitaine Borup, de l'ambassade américaine voisine, est pris en flagrant délit de corruption d'un employé du minisère, tandis qu'en 1901 le capitaine de vaisseau Gamble, de l'ambassade britannique, reçoit, grâce à un agent secret du ministère de la Marine, des lettres d'un quartier-maître de l'escadre de l'Atlantique contenant des informations techniques de la plus haute importance sur l'aménagement des torpilles à bord des croiseurs. Au lendemain de la Première Guerre mon-

(Ci-dessus) Les chefs du Service de renseignement français en 1938, dont le commandant Eugène Josset (à gauche), patron de la lutte contre les Soviétiques. © Archives Faligot

(Page de gauche) *L'Hermine rouge de Shanghai*, le livre qui révèle l'étonnante saga de Jean Cremet, agent secret dissident du communisme, et ami d'André Malraux. © Archives Faligot

diale, c'est le nouvel espionnage soviétique qui s'active par le biais de syndicalistes dit « correspondants ouvriers » (*rabcors* en russe), notamment avec les réseaux dirigés tour à tour par Jean Cremet, « l'Hermine rouge de Shanghai », le général « Muraille » et « Fantômas ».

Rue Royale, dans ces année 1920, le 2e Bureau de la rue Royale (ou FFM2) est dirigé par le capitaine Paul Chenouard. Il est divisé en quatre secteurs : Section A1, service courant chargé de recevoir et d'analyser les rapports des attachés militaires français à l'étranger et les échanges avec les attachés militaires étrangers en France ; Section A2, chargée des communications et du chiffre ; Section B, ou Service de recherche du renseignement (SR), notamment via les attachés navals et les opérations spéciales ; enfin, la Section C étudie, en temps réel, les marines étrangères et leurs mouvements. Si l'on excepte les nouveaux moyens technologiques (informatique, sous-marins, navires-espions, satellites), cette division du travail n'a pas considérablement changé au fil des décennies.

Mais le SR de la rue Royale a aussi sa part d'ombre avant la guerre mondiale. Le capitaine Chenouard est activement impliqué, en 1927, dans l'action contre les réseaux d'espionnage soviétiques montés par Cremet, de concert avec le commissaire Charles Faux-Pas-Bidet de la Sûreté et le commandant Josset du SR.

Plus que ceux des autres armes, ce service est étroitement lié, dans les années 1920 à 1940, à l'action anticommuniste, à l'extrême droite, et finalement participe en première ligne à la constitution du renseignement et de la police secrète sous Vichy, dans la mouvance de l'amiral Darlan. Le capitaine de vaisseau Guieu, chef du 2e Bureau de la Marine, est proche de la Cagoule, ce qui ne l'empêchera pas de faire arrêter le chef du service secret de cette même Cagoule, le Dr Martin. De même, le capitaine de vaisseau Rollin est chargé de gérer la Surveillance du territoire, avant de s'envoler pour Londres, car il était, en réalité, un agent du MI6. Même le jeune Jacques-Yves Cousteau qui évolue, palmes aux pieds, dans le renseignement naval des années 1940, est très influencé par son frère Pierre-Antoine, grand journaliste de la collaboration, comme le démontre Bernard Violet dans sa biographie de l'« homme au bonnet rouge » (*Cousteau, une biographie*, Fayard, 1993).

Heureusement, un petit nombre d'officiers du SR naval sauvent l'honneur de la Marine française en rejoignant la France libre. Tel est le cas du commandant Henri Trautmann, alias l'Amiral, qui deviendra après la guerre responsable du renseignement au SDECE, puis, jusqu'à sa retraite, chargé de l'instruction à cette même « Piscine ». D'autres marins aux noms prestigieux ont joué un rôle, tel le vice-amiral Yves de Kersauzon de Pennendreff, patron de la Direction du renseignerment militaire au tournant du XXIe siècle, décédé en 2001.

Saint-Florentin, rue

James Angleton organise le contre-espionnage de la CIA, rue Saint-Florentin, comme annexe de l'ambassade américaine à la fin des années 1940. Sombrant dans la paranoïa complète, après les révélations de divers « défecteurs » soviétiques, dont certains envoyés auprès des services de l'Ouest pour les intoxiquer, ce cultivateur d'orchidées en vient à suspecter nombre d'officiers de renseignement de son propre camp d'avoir trahi au profit de Moscou. Ainsi, au début des années 1960, le propre chef du Département Union soviétique à la CIA, David Murphy. Pour écarter celui-ci du centre de décision à Langley, il est posté comme chef de station de la CIA à Paris, après qu'Alexandre de Marenches, le patron du SDECE, a été averti qu'on soupçonnait cet Américain d'être une « taupe » du KGB... David C. Martin, journaliste de *Newsweek* et auteur de *CIA contre KGB* (Presses de la Renaissance, 1981), relate en ces mots cet épisode cocasse : « Murphy ne vit rien de suspect dans cette mutation, le poste de Paris étant particulièrement recherché. Avant d'entrer dans ses nouvelles fonctions, Murphy dut apprendre le français et fréquenter l'Institut du service à l'étranger – ce qui permit de le tenir à l'écart de toute opération pendant plusieurs mois et d'effectuer sur son compte une enquête en profondeur. "On ne l'aurait jamais laissé partir pour Paris si les enquêteurs ne l'avaient entièrement blanchi", dit un ancien officier. Et pourtant, Angleton s'empressa d'avertir la direction des services de renseignement français que le nouveau chef de l'antenne parisienne était un agent des Soviétiques. Cette calomnie compromettait dès le départ tout le travail que Murphy pouvait faire à Paris. »

→ 2, avenue Gabriel, 8e

Saint-Philippe-du-Roule, rue

No 10 – L'Hôtel Bradford, créé au début du XXe siècle, à 200 mètres des Champs-Élysées, voit régulièrement des hommes du service de renseignement polonais réserver l'une de ses cinquante chambres. C'est notamment le cas du commandant Talikowsky, lequel vient à Paris à l'été 1927 pour aider à renforcer l'opposition anticommuniste avec des réfugiés russes. Fin juin, accompagné du major Ilinski, l'attaché militaire adjoint de l'ambassade de Pologne, rue Saint-Dominique, il rencontre le général Koutiépov. Le chef d'état-major du grand-duc Nicolas va jouer un rôle clé dans la fédération des énergies contre la Russie des Soviets jusqu'à son enlèvement en plein Paris en 1930.

→ 27, rue Rousselet, 7e

Saussaies, rue des

No 11 – Dans la première moitié du XXe siècle s'installe à cette adresse la Sûreté générale, la « Surtanche », comme on dit en argot. À l'époque où elle est dirigée par Louis Ducloux, dans les années 1920, une centaine d'inspecteurs y animent les services centraux de police judiciaire, de renseignements généraux, de contre-espionnage et de police des frontières. Par homophonie, on les appelait aussi dans la presse satirique (déjà *Le Canard enchaîné* et d'autres), ainsi que dans les bas-fonds de Paris ou dans le mouvement ouvrier, les « chaussettes à clous » (pour les « Saussaies-t-à-cloux »). Des enquêteurs de la Sûreté font beaucoup parler d'eux dans de grandes affaires politico-judiciaires, dont certaines sont évoquées dans ce guide du fait de leur volet « espionnage » : le commissaire Colombo [*sic*] dans l'affaire Philippe Daudet (1923), du nom du fils du leader de l'Action française, Léon Daudet, assassiné dans un taxi ; l'inspecteur Bonny dans la rocambolesque affaire Seznec (1923) liée à un trafic de Cadillac pour le compte des services secrets soviétiques, mais aussi dans l'affaire Stavisky ; le commissaire Ducloux dans l'affaire Cremet, du nom du chef de l'espionnage de l'Armée rouge en France (1927) ou encore le commissaire Faux-Pas-Bidet, notamment dans l'enlèvement du général Koutiépov par le NKVD (1930). Et bien d'autres affaires qui ont émaillé la chronique des gazettes à sensation dans Paris.

Roger Wybot, patron du contre-espionnage de la France libre, créateur et directeur de la DST de 1945 à 1958, date à laquelle il est limogé par de Gaulle. © Rue des Archives / PVDE

Le 28 avril 1934, la Sûreté devient « nationale » au lieu de « générale ». La 1re section du Contrôle général de la surveillance du territoire se voit confier la répression des activités d'espionnage sur le sol français en prenant la suite du Service de surveillance des espions. C'est l'embryon de ce qui sera, après 1944, la Direction de la surveillance du territoire s'installant au no 13.

Entre-temps, dès le 10 août 1940, les immeubles de la Sûreté nationale du 11, rue des Saussaies et le 11, rue Cambacérès sont réquisitionnés pour y loger la Gestapo qui couvre la région parisienne. De nombreux résistants y seront interrogés, torturés et, dans certains cas, détenus. Tel est le cas de Leiba Domb, alias Leopold Trepper, animateur de l'Orchestre rouge, le célèbre réseau d'espionnage soviétique. De novembre 1942 à février 1943, il est détenu rue des Saussaies, dans une cellule spécialement aménagée, avant de se trouver transféré à Neuilly dans la villa du chef de la Gestapo, Karl Boemelburg. C'est que les nazis espèrent retourner le « Grand Chef » contre ses commanditaires du Kremlin.

Par ailleurs, dernier volet technique, a été créé à la même adresse, avant la guerre, sous l'égide de la Surveillance du territoire, le Groupement des contrôles radioélectriques (GCRE). Il fournira au gouvernement de Vichy des comptes rendus d'écoutes des radios internationales. En 1970, cet organisme dépendant du Premier ministre sera relié au SDECE et le travail d'écoutes, centralisé au mont Valérien.

No 13 – Après avoir été l'un des sièges du SD et de la Gestapo, avec son voisin, au no 11, ce bâtiment a été le siège de la DST à partir de 1944, à l'instigation de Roger Wybot, ex-responsable du contre-espionnage aux services secrets de la France libre. Au milieu des années 1960, la direction de la DST est assurée, au troisième étage, par le préfet Daniel Doustin et ses adjoints Auguste Sauzon et Marcel Chalet, tout près du secteur tchécoslovaque, malheureusement infiltré par le StB, le service de contre-espionnage de Prague. Au quatrième étage se trouvent, pour des raisons pratiques d'émissions radio, les Services techniques que dirige Édouard Chardon, à commencer par la Police des communications radioélectriques (la PCR, qui localisera et identifiera les radios libres à la fin des années 1970). À l'étage supérieur, sous les combles, Marc Péjou agence les archives, composées de fiches cartonnées en attendant, la décennie suivante, l'informatisation de la documentation.

Aux deux premiers étages s'activent les services actifs de manipulation, sectorisés selon les pays. Le secteur URSS – nom de code CARU – est dirigé par Désiré Parent et son adjoint Toto Guérin, lequel avait déjà sauvé les archives de la vieille Surveillance du territoire au moment de l'exode déclenché par l'occupation nazie. Au même étage logent les contre-espions qui luttent contre les agents allemands de l'Est (CARA), polonais (CAPO), hongrois (CAGY), ainsi qu'un service appelé à disparaître après l'indépendance de 1962, le Service actif sur l'Algérie dirigé par un commissaire pied-noir, Jean Baklouti.

À la fin des années 1970, les fichiers de la DST sont donc informatisés, sous la direction de

Rue des Saussaies, l'état-major de la Gestapo au grand complet. Au premier rang : Karl Döring, Karl Boemelburg, Hans Kieffer notamment. © Rue des Archives / PVDE

Marcel Chalet, devenu directeur à son tour. Quand celui-ci quittera ce poste en 1982, un million et demi de références auront été engrangées dans les ordinateurs. « Une bonne police est d'abord une bonne mémoire », écrit Victor Hugo dans *Les Misérables*...
En 1985, avec fichiers, armes et bagages, la DST a été transférée, pour vingt ans, rue Nélaton (15e), dans l'ancien immeuble de la compagnie pétrolière Elf.

Surène, rue de

No 15 – La rue de Surène débouche sur le 18, rue des Saussaies. Est-ce une bonne idée d'organiser une opération d'espionnage si près du siège de la Sûreté générale ? John Leather, loyal sujet de Sa Gracieuse Majesté britannique, ne semble pas s'en préoccuper. Il y a installé sa compagnie, la Blériot-Burndept, filiale de la Burndept de Londres, société de transmission sans fil (TSF). Ses employés William Fischer et Ernest Phillips sont manifestement des honorables correspondants de l'Intelligence Service. Lesquels ont recruté d'accortes jeunes femmes, Andrée Lefebvre, ex-maîtresse d'un officier anglais, et surtout Marthe Moreuil, une demoiselle qui n'a pas froid aux yeux. Ni ailleurs non plus, puisqu'elle pose nue pour des peintres de Montparnasse, mais surtout qu'elle pratique le parachutisme ! Alertés par un indicateur, les « chaussettes à clous » de la Sûreté n'ont pas eu à aller loin pour cueillir la jeune femme le 25 décembre 1925. « Joyeux Noël ! » Naïveté angélique ou ruse diabolique (espérant obtenir le soutien de l'ambassade de Grande-Bretagne ?), elle avoue immédiatement : « Eh bien ! oui ! Je suis une espionne. Je suis devenue l'agent de l'Angleterre par l'intermédiaire de MM. Leather, Philipps et Fischer qui m'ont chargée de recueillir des renseignements sur l'aviation militaire française. »
On comprend mieux l'anecdote du parachutisme : à Saint-Nazaire, elle avait fait sensation lors d'une démonstation, ce qui lui avait permis d'obtenir, les jours suivants, auprès d'ouvrières fascinées par son athlétique courage, les plans du nouvel hydravion *Richard*.
Aux enquêteurs de la Sûreté, elle sort même de son sac à main une « liste de commissions », *a shopping list*, comme on dit dans la langue de Shakespeare, ainsi libellée :
« Indiquez-nous :
1° Le nombre d'appareils en service et en réserve ;
2° Le numéro d'escadrille et son affectation ;
3° Les dimensions et la nature des terrains d'atterrissage ;

4° Les communications, les chemins de fer et les voies navigables autour des centres d'aviation ;
5° L'installation et les détails de l'emplacement des postes de TSF (Télégraphie sans fil) ;
6° Les photographies et les croquis. »
Preuve de bonne volonté – d'abord au profit des Anglais, puis des Français –, Marthe Moreuil révèle que sont cachés des documents dans la doublure de son manteau, des encres secrètes dans le double fond de sa valise, et même, pour les secrets les plus délicats, une sorte de soufflet incrusté dans son corset.
Pour une fois, même la station du MI6 à l'ambassade, que dirige le major T. Langdon, est mise en cause à la suite d'une plainte du Quai d'Orsay, c'est dire que les Français ne reviennent pas de cette entorse à l'Entente cordiale en matière de renseignement. Lors du procès devant la 11e chambre correctionnelle de la Seine, le 18 mai 1926, on en saura plus sur le *modus operandi* de Leather et de son adjoint Fischer :
« Attendu que Fischer, mis lui aussi au courant de l'entreprise (d'espionnage), ne tardait pas de son côté à manifester son activité et son zèle ; qu'ayant rencontré en avril, à Paris, au dancing "Fantasio", Marthe Moreuil, ancienne infirmière civile et militaire, alors modèle pour peintres, et tombée dans la galanterie, il fut frappé de son intelligence, de son savoir et de son charme ;
« Que, bien que marié, il se hâta d'en faire sa maîtresse attitrée et la prit en charge, bien qu'il gagnât à peine 800 francs par mois ; (...) Qu'obéissant aux suggestions de Fischer, elle s'inscrivit à un club aéronautique et à une école de parachutes ; qu'elle acepta de se rendre à Dunkerque où elle n'obtint, dit-elle, aucun renseignement... »
Ce qui ne fut pas le cas à Saint-Nazaire ni ensuite à Lorient où elle réussit à pénétrer dans le centre d'aviation de Gâvres, en se présentant comme parachutiste, et à récolter moult informations, puis à Versailles, Bordeaux, Rochefort, Mérignac, Marseille...
C'est donc une vaste moisson de renseignements qui est envoyée par Marthe à Jean Fontanon à l'adresse de la Lloyd Bank, 43, boulevard des Capucines (1er). « Fontanon », c'est bien sûr Leather, le chef de ce réseau. C'est pourquoi, en plus de fortes amendes, il sera condamné à trois ans de prison, ses deux acolytes Philipps et Fischer, à deux ans, mais Marthe Moreuil et sa complice Andrée Lefebvre, à seulement six mois de prison et 500 francs d'amende...
L'intérêt de cette affaire, c'est évidemment de souligner la ressemblance des techniques employées avec celle des « correspondants ouvriers », les *rabcors* du réseau d'espionnage communiste de Jean Cremet, qui s'active en cette année 1926 sur les mêmes terres que les Britanniques de l'Intelligence Service, avant d'être démantelé à son tour l'année suivante.

Vézelay, rue de

No 18 – Joseph Szen a établi à cette adresse l'Association des combattants hongrois (Magyar Harocsok Bajtarsi Közössege, MHBK) qui anime la lutte à la fois propagandiste et clandestine contre le régime communiste en Hongrie. Selon un rapport des Renseignements généraux de l'époque, en 1966, Szen publie deux journaux, *Hadak Utja* (Sur le chemin des guerriers) et *Nemzetör* (Défense de la Nation). On estime alors à 7 000 les membres du MHBK, dont 400 en région parisienne. Durant toute cette période, le problème des services français est d'empêcher des règlements de comptes entre ambassades communistes et mouvements anticommunistes que l'on tolère, mais dont on se méfie aussi, d'autant que des services étrangers, proches de la CIA, les manipulent. Dans le cas des groupes hongrois, on retrouve le BND (*Bundesnachrichtendienst*) ouest-allemand du général Gehlen, qui n'hésite pas à déployer ses antennes à Paris. Souvent, d'anciens officiers nazis, devenus officiers traitants du BND, retrouvent des Roumains, des Hongrois et d'autres anciens collabos du IIIe Reich recyclés...

9e ARRONDISSEMENT

Boudreau, rue

No 5 – Dans les années 1960, la société Soficom, dirigée par le commandant Guillermin, fait partie de ces « berlues », les couvertures du SDECE. En l'occurrence, celle-ci est liée, par des solidarités nées dans la Résistance, à Jacques Chaban-Delmas, le maire de Bordeaux, et au colonel Fourcaud, le légendaire officier russe blanc, officiellement limogé du SDECE depuis l'« affaire des fuites » de documents en direction du Viêt-minh pendant la guerre d'Indochine, mais en fait toujours aussi actif. Il le sera jusqu'à la fin de sa vie, présidant dans son petit bureau de l'hôtel des Invalides l'Amicale Action, des anciens des services secrets de la France libre, avec son journal *Gens de la lune*.

Clichy, rue de

No 21 – C'est au quatrième étage qu'habite Victor Hugo en 1876. Les RG de Paris le surveillent d'autant plus qu'il fait alors campagne pour l'amnistie des communards, ces révolutionnaires qui ont dirigé le soulèvement de Paris à la fois contre les Prussiens et contre le gouvernement français, insurrection populaire que celui-ci va sévèrement réprimer. Les RG ont infiltré son entourage : probablement, si l'on en croit les rapports qui constituent son dossier, son propre secrétaire, Eychaux, qui est l'indic des grandes oreilles de la Préfecture. Un inspecteur au nom poétique, Apollinaire, le suit comme son ombre. Mais qu'apprend-il au juste ? Que Victor Hugo a une vie sexuelle débridée, tout aussi débordante que sa vie mondaine, le poète organisant soir après soir des soupers rue de Clichy ? Exemple d'un rapport du 7 mars 1876 : « Avant-hier soir, dîner chez Victor Hugo. Une des vertus de M. Hugo est un formidable entêtement. Il consulte ses convives, il a l'air de leur demander leur avis, mais sa résolution est bien arrêtée à l'avance en dépit de toutes les objections sérieuses et raisonnables qu'on peut lui soumettre. » Mais les « blancs » (les rapports sans en-tête) des RG ne répondent pas à cette question essentielle : comment ce génie trouve-t-il le temps d'écrire ses romans-fleuves et ses poèmes océaniques ?

Haussmann, boulevard

No 30 – La Black Sea and Baltic Insurance, fondée en 1925, n'est pas seulement une compagnie d'assurances, mais une couverture des services soviétiques. Elle dispose à Paris, depuis 1957, de plusieurs autres bureaux, dont celui de la rue d'Argenson, dans le 8e, où se trouve aussi – quelle coïncidence ! – une antenne de la DST. Mais qui espionne qui ?

No 89 – Précédemment domiciliée sur les Champs-Élysées, la Simex, dirigée par Alfred Corbin, s'installe boulevard Haussmann à l'automne 1942, dans un appartement bourgeois du troisième étage, bizarrement situé au-dessus d'un service d'approvisionnement nazi. Comme elle négocie avec les Allemands, cette entreprise qui a une filiale à Bruxelles, la Simexco, n'est-elle pas la meilleure couverture pour l'Orchestre rouge, lié au service de renseignement militaire soviétique, que dirigent Harry Robinson et Leopold Trepper ?

Le Polonais Leopold Trepper, chef, avec Harry Robinson, de l'Orchestre rouge, sous couverture de l'entreprise Simex.
DR

No 138 – Depuis 1974, c'est le bureau parisien de la Ligue des États arabes, appelée plus simplement la « Ligue arabe », au statut quasi diplomatique. En son sein travaille également le représentant officiel de l'Organisation de libération de la Palestine (OLP). Le drame se produit en plein été, le 3 août 1978 : ce délégué, Ezzedine Kalak, et son bras droit, Adnan Hammad, sont assassinés. Kalak était une « cible molle » (*soft target*) pour les tueurs du groupe dissident palestinien, le Fatah, conseil révolutionnaire d'Abou Nidal. L'esthète diplomate aimait à se promener sur les quais de Paris, de bouquiniste en bouquiniste, pour acheter des cartes postales anciennes concernant la Palestine... Ce 3 août, il se rend à son bureau au-dessus d'un café où il reconnaît un étudiant tunisien, qu'il salue d'un signe de la main. Le jeune homme se lève et le suit, et c'est en arrivant à l'étage que Kalak comprend le danger. Tandis qu'il se barricade dans son bureau, le jeune Kayid Hussein lui tire dessus en hurlant « Espèce de traître ! » comme il l'a fait quelques jours plus tôt, à Londres, en assassinant un autre représentant de l'OLP, Saïd Hammami. Ezzedine Kalak vient ainsi allonger la liste des représentants palestiniens modérés abattus dans Paris. Certains lieront son assassinat à celui d'Henri Curiel, le militant tiers-mondiste tué trois mois plus tôt (→ **4, rue Rollin, 5e**). Pourquoi ? Ces deux hommes, le Palestinien Kalak et le Juif égyptien Curiel, essayaient de jouer un rôle comme intermédiaires pour d'éventuelles négociations israélo-palestiniennes. Les ultras du groupe Abou Nidal sont considérés par les centrales de renseignement occidentales comme manipulés tour à tour par les services secrets syriens, irakiens, et même par le Mossad. Tous ces gens qu'une paix juste au Proche-Orient indispose...

L'entrée « cachée » de l'église Saint-Louis-d'Antin, rue du Havre.
DR

Havre, rue du

No 4 – Église Saint-Louis-d'Antin, années 1960. Une barbouze du KDS (le KGB bulgare) y pénètre d'un pas alerte par l'entrée ordinaire, sous l'enseigne du magasin Prénatal. « Que va faire un officier de l'ambassade de l'avenue Rapp, fervent partisan du marxisme-léninisme, dans une église catholique ? » Voilà la question que se posent les « filocheurs » de la DST qui commencent à faire le pied de grue tandis que l'espion ressort, sans qu'ils le sachent, par le porche de la rue Caumartin. Nouvelles questions : a-t-il simplement voulu semer ses poursuivants ? Laissé un message codé dans une boîte à lettres morte, deux colonnes derrière le bénitier ? Ou bien le

bougre a-t-il établi un contact avec l'un de ses agents au sortir du confessionnal ?
C'est à la suite de cet épisode et de quelques autres, tout aussi désobligeants pour les Français, que le commissaire Charles Modat, chef des filatures à la DST, assisté du commissaire Désiré Parent, a mis au point un système élaboré basé sur un répertoire alphabétique des lieux à double entrée qu'utilisent les agents de l'Est dans Paris : bistrots, musées, églises, etc. L'église Saint-Louis-d'Antin, la plus fréquentée de Paris, est parfois sous la surveillance d'agents spéciaux de nos jours, mais pour d'autres raisons. Témoin la conférence donnée, le 29 décembre 2007, dans son Espace Georges-Bernanos sur l'aide de l'Église dans la Chine en détresse. Le genre de film-conférence qui attire naturellement des agents du Département chargé du travail de front uni, le service de renseignement politique chinois, incrusté dans l'ambassade de l'avenue George-V, avec pour objectif d'espionner et d'identifier ces Européens et Chinois qui pourraient jouer un rôle dans le soutien à l'« Église du silence ».

Joubert, rue

No 37 – La Société de transports routiers, installée par MM. Lauer et Hart dès l'Occupation, est une formidable couverture des services secrets nazis. Vers 1930, l'Autrichien Peter Hart et son acolyte avaient déjà créé une « Société de nettoiement des administrations publiques », rue Saint-Denis, qui serait dissoute avec la guerre. On imagine la masse d'informations recueillies par les espionnes nazies, femmes de ménage balayant le soir dans les administrations françaises...
Un directeur français, Pierre Froissart, lui-même recruté comme agent allemand, les a aidés à développer les Transports routiers, qui s'installeront par la suite au 65-67, avenue des Champs-Élysées.

Londres, rue de

No 6 – Au début des années 1950, la maison d'édition Dominique Wapler est en pointe dans la publication de livres résolument hostiles au communisme, en liaison avec les services spéciaux anglo-américains. Déjà en 1941, à New York, Wapler a publié *Sans patrie ni frontières* de Jan Valtin, remarquable témoignage d'un transfuge du Komintern (l'Internationale communiste) dont le vrai nom est Richard Krebs. L'ouvrage a d'abord été publié en anglais à l'instigation du service de renseignement naval des États-Unis (Office of Naval Intelligence), puis à nouveau par Wapler en France en 1947, et il est devenu, avec la guerre froide, un best-seller. En 1952, Dominique Wapler publie *Le rideau tombe. Histoire des socialistes en Europe orientale*, préfacé par le travailliste britannique Denis Healey, groupant des textes de dirigeants tchèques, hongrois et polonais de l'émigration anticommuniste. Ces textes sont en réalité diffusés par une section de propagande du Foreign Office, l'Information Research Department. L'IRD est animé par des agents des services spéciaux de Sa Majesté, et il fait appel à de grandes plumes de la gauche anticommuniste, tels l'ancien agent secret du Komintern Arthur Koestler ou encore George Orwell. Il publie également un livre de David Rousset sur les camps de concentration soviétiques, diffusé aussi, comme plusieurs autres de ses textes, par l'éditeur libertaire René Lefeuvre et ses *Cahiers Spartacus.*
Publiant de nombreux romans, Wapler, éditeur militant, publie en 1971 un recueil de textes sous le titre *Soljenitsyne accuse*. Chevalier de l'ordre souverain de Malte, un an député de la Seine sous l'étiquette UNR-UDT (Union pour la Nouvelle République-Union démocratique du travail), Wapler aura publié des textes qui ont diffusé les idées ayant contribué à faire tomber le mur de Berlin, un événement qui se produit trois mois avant sa disparition le 26 février 1990.

Opéra, place de l'

Nº 5 – Le Café de la Paix, face à l'Opéra de Paris, est évidemment un lieu de rencontres multiples assidûment fréquenté par les agents secrets de tous poils. Peu après 13 heures, le 16 mai 1969, des fonctionnaires de la DST arrêtent Hans Voelkner à sa terrasse. L'homme de la Sécurité d'État d'Allemagne de l'Est, le HVA, détient de faux papiers au nom de Richter. Depuis plusieurs semaines, il a cherché à reprendre contact avec Marthe Danilo, une employée du ministère des Affaires étrangères français. Le cursus de cette dernière a attiré l'attention des enquêteurs dans la mesure où, après avoir vainement tenté de se faire embaucher par l'EDF, puis par l'OCDE, elle a, en octobre 1965, présenté avec succès sa candi-

C'est au Café de la Paix que la DST a interpellé l'agent secret est-allemand Hans Voelkner.
© Keystone-France

Hans Voelkner, fils d'agents de l'Orchestre rouge, l'un des as de l'espionnage est-allemand du HVA. Son patron, Markus Wolf, le fera échanger après son emprisonnement en France.
DR

dature au Quai d'Orsay, où elle est affectée au service du Chiffre.
Or, Voelkner ignore que, depuis le 3 avril 1969, Marthe Danilo ainsi qu'une de ses amies, Simone Léman, ont été interpellées. L'arrestation de Voelkner est la conséquence de leur interrogatoire. Informé par Jean Rochet, patron de la DST, le ministre de l'Intérieur Raymond Marcellin a donné son feu vert.
Arrêté à son tour, Voelkner admet qu'il a en partie échoué dans sa mission. Il n'a obtenu, par l'intermédiaire de Simone Léman, que quelques documents politiques ainsi que des annuaires internes du ministère des Affaires étrangères. Reste un mystère qui prouve bien l'importance de l'espion, qui n'était pas un simple pion sur l'échiquier : pendant cinq ans, Markus Wolf, le grand patron du HVA est-allemand, va tenter de faire libérer son officier, le lieutenant-colonel Voelkner.
Après une réunion au Quai d'Orsay, le 6 janvier 1971, regroupant non seulement Jean Rochet, mais tous les chefs du renseignement français, Paris refuse d'abord toute sorte d'« échange ». Finalement, celui-ci aura lieu le 6 septembre 1974 grâce à l'écrivain Gilles Perrault, qui a naguère retracé l'épopée de ses parents au service du réseau de renseignement militaire soviétique dans la Résistance à l'ouest.
L'auteur de *L'Orchestre rouge* me racontera plus tard : « J'allais voir Voelkner tous les quinze jours à la centrale de Melun. Puis j'ai essayé de "machiner" un échange. Je suis allé voir Maurice Schumann, ainsi que des gens à Berlin. Finalement, on l'a échangé avec des Allemands de l'Ouest, avec en contrepartie des avantages procurés aux Français par les gens du BND. C'était un échange triangulaire. »
Un échange comme dans le Berlin des livres de John Le Carré et que restituera Gilles Perrault en 2008, dans le détail cette fois, dans son livre de témoignages : *Checkpoint Charlie* (éd. Fayard).

Provence, rue de

Nº 122 – Maisons closes et services secrets font bon ménage. Le One Two Two, 122, rue de Provence, en fut la preuve vivante. Fabienne Jamet, la patronne de cet établissement de luxe, le reconnaîtra après la guerre : l'arrivée des Allemands en juin 1940 fut une époque endiablée et enviable pour la plus célèbre « maison » parisienne, tout comme pour Le Sphinx, sa concurrente. Elle le confessera dans le film d'André Halimi *Chantons sous l'Occupation* : « Vous savez, avant de partir, M. Radecke, du 2e Bureau allemand, m'avait dit : "Vous nous regretterez", et c'est vrai que je les ai regrettés... »
Son mari, Marcel Jamet, dit « Fraisette », a acheté en 1926 cet ancien hôtel du maréchal Murat, à deux pas du Printemps et de la gare Saint-Lazare. Sa réussite est complète, comme en témoigne le fait que Jamet est le seul à rouler en Cadillac sous l'Occupation, si l'on excepte l'homme de lettres et cinéaste Sacha Guitry.

Le secret de son succès ? Une formidable mise en scène pour les soixante filles – sans compter les quarante autres employés – qui évoluent dans ce haut lieu de la prostitution, sur cinq étages avec pergola ; son grand salon circulaire, ses jardins en trompe-l'œil, ses colonnades grecques. Et des chambres somptueuses déclinées selon les fantasmes érotiques des clients : les chambres « Corsaire » pour ceux qui veulent se lancer à l'abordage tel Surcouf ; la chambre « Exploration polaire » pour qui veut grimper aux rideaux dans un igloo ; la chambre « Empire » pour qui veut monter à la hussarde dans le style Napoléon ; la suite « Inquisition » pour les sadomasos qui aiment se faire tisonner dans un environnement moyenâgeux, sans parler du wagon cahotant de l'Orient-Express pour cet autre qui rêve d'un voyage dans les bras d'un sosie de Marlene Dietrich.

Marlene, justement, avait l'habitude de venir avant-guerre au One Two Two, avec ses amis Humphrey Bogart, Katharine Hepburn et, *natürlich*, Jean Gabin ! Tout ce beau monde déjeunait dans le restaurant d'un bœuf à la ficelle servi par des soubrettes cul nu, vêtues d'un seul petit tablier à ourlets, avant de monter avec « ces dames » (y compris Marlene) dans les suites royales. Mais, en 1940, cette fine équipe a rejoint les États-Unis et affiche sa résistance aux nazis. La Dietrich chantera « Lili Marlene » et Gabin combattra dans les FNFL (Forces navales françaises libres).

Même l'acteur Michel Simon, qui continue sous l'Occupation de fréquenter les « p'tites femmes » du 122, rue de Provence, fait de la résistance. Mais, dans son cas, personne ne le sait : il travaille secrètement pour le renseignement communiste, lui qui fut l'un des fondateurs du Parti communiste suisse.

Or, ce que redoute l'Abwehr, le contre-espionnage militaire des Allemands, c'est que le One Two Two serve de cachette à certains résistants et, plus grave encore, que des officiers du IIIe Reich fassent des confidences sur l'oreiller. C'est pourquoi, fin 1940, un officier de la section III-F (contre-espionnage), le capitaine « Richard », est chargé de surveiller l'établissement Jamet. Il s'agit, en fait, du *Sonderführer* Richard Christmann. Ses investigations sont immédiatement couronnées de succès. Grâce à une sous-maîtresse du One Two Two et à une prostituée noire, Richard apprend

Une pensionnaire de la célèbre maison close parisienne sous contrôle de l'Abwehr, dans le film de Christian Gion *One Two Two, 122 rue de Provence* (1978).

qu'un lieutenant-colonel de l'organisation Todt, chargée de construire le mur de l'Atlantique, est un client régulier. Plus grave : il se balade sans prendre de précautions avec des plans du formidable ouvrage militaire.
Richard Christmann obtient qu'une des filles recopie ces plans, une fois l'officier vert-de-gris... grisé et endormi. Les croquis de la jeune putain qui craint à tout moment le réveil de son client sont approximatifs. Mais, une fois transmis à l'Abwehr, ces dessins prouvent que les dangers de fuites sont bien réels au sein de l'état-major de l'armée allemande. Ce sera d'autant plus vrai qu'avec le temps les Jamet, comprenant qu'il vaut mieux tourner casaque, planqueront quelques résistants. Heureuse conséquence : les filles du One Two Two ne seront pas tondues à la Libération. L'arrivée des Américains en 1944 fera encore les belles heures du 122, rue de Provence, jusqu'à la fermeture des « maisons », en 1946, suite à la loi Marthe Richard, du nom d'une ancienne prostituée et espionne de la guerre de 14-18, rivale de la célèbre Mata Hari...
L'opération de surveillance du One Two Two par la Sécurité militaire allemande concerne les officiers. Mais les simples soldats de la Wehrmacht ont reçu, dès l'été 1940, un document du haut commandement de la Wehrmacht (à l'hôtel Majestic) donnant la liste des bordels « sous contrôle allemand » qu'il est possible de fréquenter : 4, rue de Hanovre (métro Opéra) ; 56, rue Beauregard (Strasbourg-Saint-Denis) ; 43, rue de la Lune (Montmartre) ; 4, rue Blondel (Strasbourg-Saint-Denis) ; 24, rue Saint-Placide (Sèvres-Babylone) ; 29, rue de Pétrograd (Place-Clichy) ; 13, rue de Rochechouart (Cadet) ; 4, cité Pigalle (Pigalle) ; 29, rue Saint-Lazare (Trinité) ; 7, rue de la Grange-Batelière (Montmartre) ; 14, rue de Montyon (Montmartre) ; 11, rue Jarry (Gare-de-l'Est) ; 106, avenue de Suffren (La Motte-Picquet) et 76, boulevard de La Chapelle (Barbès-Rochechouart).

→ **31, boulevard Edgar-Quinet, 14e**

Rochechouart, boulevard de

No 55 – Le savant russe Anatoli Fedosseïev disparaît au Carlton's Hôtel le 30 mai 1971. Les Britanniques du MI6 ont organisé la disparition de ce transfuge à la demande, de longue date, de la CIA. C'est l'exemple parfait d'une opération triangulaire dans laquelle la capitale française sert de lieu d'exfiltration d'un adversaire des services du pacte de Varsovie.
Né en 1910 à Saint-Pétersbourg, Fedosseïev est l'un des plus grands savants soviétiques dans le domaine des projets spatiaux Soyouz et Luna. Il a construit un transporteur spatial qui fait pâlir d'envie les chercheurs de la NASA. C'est pourquoi la CIA a eu des visées sur ce scientifique de renom, contrôlé par la Division T (Technologies) du KGB. Elle a décelé son point faible : même si, officiellement, Anatoli Fedosseïev se présente comme un communiste moulé dans l'acier stalinien, l'homme est juif et s'inquiète des procès aux relents antisémites qui se tiennent en URSS.
Fin 1969, alors qu'il est en déplacement, un scientifique américain le « tamponne ». Il acceptera, après bien des palabres, de collaborer avec les États-Unis. Comme souvent, pour brouiller les pistes, la CIA repasse le « bébé » à une agence sœur. En l'occurence, les « cousins » britanniques du MI6. Martin Nicholson et Patrick Jackson, premier et deuxième secrétaires à l'ambassade de Moscou, assurent secrètement le contact. Puis, le 25 mai 1971, Anatoli Fedosseïev s'installe au Carlton's Hôtel à Paris avec toute une suite, scientifiques et gorilles du KGB. Il est venu présenter au salon aéronautique du Bourget son étonnante automobile lunaire : la Lunkhod.
C'est en France que le MI6 a choisi de le faire disparaître. Alexandre de Marenches, patron du SDECE, a été sollicité pour aider à la manœuvre, ce qui implique d'obtenir la collaboration française. « Porthos », comme on le surnomme, se garde bien de prévenir le ministre des Affaires étrangères, Maurice Schumann, le Quai d'Orsay étant considéré comme

une pépinière de « philosoviétiques ». Pas plus que le préfet Rochet, de la DST, dont la paranoïa anticommuniste risque de faire capoter l'opération.

Le soir du salon, Fedosseïev remonte le boulevard vers Pigalle. Les night-clubs et les sex-shops amusent ses filocheurs du KGB. Profitant de leur distraction, il se jette dans une cabine téléphonique et appelle un numéro à Paris. C'est la station du MI6 à l'ambassade britannique. Un code préconvenu lui fait comprendre que sa disparition est prévue pour le lendemain.

En effet, dès potron-minet, le dimanche de Pentecôte, le savant russe fausse compagnie à ses anges gardiens du KGB et s'engouffre dans une Rover dont le moteur ronronne devant l'hôtel parisien.

Tandis qu'accompagné de deux agents anglais Fedosseïev file en train vers le Pas-de-Calais, l'ambassadeur soviétique Valerian Zorine tempête et exige une entrevue avec le Président Giscard d'Estaing. Le Quai d'Orsay, une fois de plus, doit faire contre mauvaise fortune bon cœur. À l'évidence, Marenches a la ligne directe avec l'Élysée, et s'entend mieux avec ses homologues anglo-américains qu'avec la DST. Pour parfaire la diversion, il a même fait décoller un avion de l'escadrille spéciale du SDECE pour que les Soviétiques, qui surveillent ces mouvements, croient Fedosseïev parti directement aux États-Unis...

Scribe, rue

Nº 1 – D'un hôtel l'autre. L'Hôtel Scribe se dresse en face du très *british* magasin de vêtements Old England, qui fait le coin de la rue et du 12, boulevard des Capucines avec ses costumes et ses maximes depuis 1867 : « Quality First » et « Sincerity and Confidence ». C'est bien naturel : la Vieille Angleterre est très présente dans ce quartier de l'Opéra, avec la tradition des espions de l'Intelligence Service.

C'est là, en effet, que s'est déroulé un épisode de la diplomatie secrète en 1919, au moment du Congrès de Versailles, où les vainqueurs de l'Allemagne se partagent le monde et entrouvrent la porte vers la liberté à certains peuples opprimés sous l'égide du Président américain Woodrow Wilson se disant favorable aux droits des petites nations. Des chefs de l'Armée républicaine irlandaise (IRA) et de son gouvernement provisoire espèrent obtenir une reconnaissance internationale dans le concert des nations. La « délégation du gouvernement élu de la République irlandaise » est conduite par d'habiles diplomates : Sean T. Ó Céallaígh, futur président de l'État libre d'Irlande, et George Gavan Duffy. Le Secret Intelligence Service, ou MI6, est à l'affût en la personne du commandant Field Robinson, installé non loin, rue Joubert, avec son chef, Ernest Boyce. Ces agents secrets suivent les Irlandais comme leurs ombres et découvrent que ces derniers s'entretiennent avec des nationalistes égyptiens, indiens, coréens et même l'Annamite Nguyên Ai Quôc – plus connu, plus tard, sous le nom de Hô Chi Minh, président du Viêt-Nam communiste...

Quelques mois plus tard, les Anglais obtiennent du gouvernement français que les Irlandais qui se sont, entre-temps, installés au Grand Hôtel, soient expulsés. Ils vont se réfugier en Italie pour poursuivre leur propagande en faveur de l'indépendance. De son côté, Field Robinson, alias Robbie, retourne en Grande-Bretagne, pour revenir en 1929 comme employé de la Société française pour le commerce des tabacs, filiale de la Tobacco Company Ltd, rue Mogador, décidément toujours dans le même quartier. Entre-temps, l'Irlande est devenue à moitié indépendante et Dublin prône la neutralité dans le conflit qui s'annonce.

Dès 1940, l'Hôtel Scribe devient le lieu de résidence d'une antenne importante du Sichersheitdienst, le service secret SS, dirigé par Helmut Knochen en France. Revoici l'Intelligence Service ! Fait hallucinant, dans les combles de l'hôtel, en 1943, le réseau « Jade-Amicol » du MI6 a réussi à incruster un émetteur d'autant plus difficile à

Tour à tour résidence des services anglais et nazis, l'Hôtel Scribe quelques jours avant l'insurrection de Paris en 1944.
© Roger-Viollet

déceler que les triangulations des voitures-gonios de la Gestapo ne peuvent s'autodétecter. Quand bien même ils auraient identifié ce lieu, les gestapistes savent que certains techniciens radio anglais, arrêtés et retournés par les Allemands, émettent en direction de la Grande-Bretagne pour intoxiquer les services spéciaux de Sa Majesté.

10e

ARRONDISSEMENT

Bonne-Nouvelle, boulevard de

No 38 – Le Théâtre du Gymnase-Marie-Bell – aujourd'hui simplement Théâtre du Gymnase – a joui d'un lien très spécial avec le monde du renseignement. La grande actrice Marie Bell (de son vrai nom Marie Bellon), inoubliable Phèdre au théâtre ou « veuve » du colonel Chabert à l'écran, a été une correspondante plus qu'honorable des services secrets.

Son frère Raoul Bellon est, pendant la Seconde Guerre mondiale, un agent très actif dans le contre-espionnage du colonel Paul Paillole à Marseille, sous couvert du service des « Travaux ruraux ». Il recrute même le commissaire Blémant, de la DST, qui sombrera, après la guerre, dans le grand banditisme et sera abattu dans une guerre des gangs sur fond de trafic d'héroïne. Mais Bellon a permis à sa sœur d'entrer en contact avec un des adjoints de Paillole, le colonel Maurice Dumont, qui devient en 1949 chef du contre-espionnage du SDECE puis patron de la recherche du renseignement de cette même « Piscine ». Durant la guerre, déjà, Marie Bell fournit d'importants renseignements et continue par la suite, quand Dumont cherche des informations sur l'URSS au temps de Khrouchtchev, grâce à ses tournées théâtrales où elle joue sur place *Phèdre* et *Britannicus* en 1961. Par amitié, le colonel Dumont, lorsqu'il prend sa retraite au milieu des années 1960, accepte de devenir administrateur du Théâtre du Gymnase, avant de retourner dans sa ville natale d'Épinal, comme imprimeur des célèbres images.

L'actrice Marie Bell, honorable correspondante des services spéciaux français, triomphe dans le rôle de Phèdre en 1949.
© Rue des Archives / Agip

Denain, boulevard de

No 12 – En face de la gare du Nord, l'Hôtel Terminus vit, en ce début décembre 1931, à l'heure hindoue. Il est très surveillé, à la fois par l'Intelligence Service britannique et par des inspecteurs des RG parisiens. Un petit homme chétif et binoclard, vêtu seulement d'un drapé à l'indienne, est l'objet de leur attention. Le fichier ouvert par les RG s'intitule « Gandhi », agitateur hindou. Le 6 décembre, un inspecteur en mission spéciale note scrupuleusement : « Contrairement à ses habitudes et par suite du froid et de la pluie, Gandhi n'a pu effectuer sa promenade quotidienne de 5h30 à 6h30. Le soir, il a dîné d'un repas frugal composé de carottes crues, de fruits et de lait de chèvre. Il est ressorti à 20h15. »

Les RG suivent le Mahatma comme son ombre. Quand il rend visite à des correspondants, quand il va à la gare de Lyon pour quitter Paris et rallier la Suisse. Mais, dans toutes les informations recueillies, il manque l'essentiel : quelle est son attitude envers l'Empire britannique ? En quoi consiste sa théorie de la non-violence qui va chambouler ce dernier ?

Faubourg-Poissonnière, rue du

Nº 6 – La « Société commerciale de l'océan Indien » fait officiellement dans l'immobilier pendant la Seconde Guerre mondiale. C'est, en fait, l'entreprise d'un des truands de la collaboration, Mendel Szkolnikoff, alias Monsieur Michel, qui travaille avec la Gestapo, mais fournit aussi d'autres intérêts allemands tels ceux du service Otto de l'ingénieur Brandl, ou encore la Kriegsmarine Nachforschung, rue Saint-Florentin. Acheteur, avant la guerre, de marchandises soldées, notamment de vêtements, il se constitue une fortune en les revendant à l'armée allemande, tout en livrant, sous haute protection de la Gestapo, des informations sur les résistants. Szkolnikoff habite au 99, rue de Presbourg, dans le 16e.

En juin 1945, deux mois après la fin de la guerre, la Garde civile retrouve le cadavre de « Monsieur Michel » en Espagne. Selon les rumeurs qui circulent dans le monde du renseignement, il a été exécuté par quatre membres de la Direction générale des études et de la recherche (DGER, ancêtre de la DGSE), dont l'un des proches collaborateurs du colonel Passy, l'ancien chef des services secrets de la France libre. Contrairement à lui, l'autre collaborateur des services spéciaux allemands, Rudy de Merode, semble, à la même époque, couler des jours heureux en Espagne, même si la DGER l'a localisé.

Maubeuge, rue de

Nº 112 – La gare du Nord... Que d'histoires de barbouzes se sont nouées sur ses quais, dans sa salle des pas perdus, sa salle d'attente ou les trains en partance vers de multiples aventures secrètes ! Pour Philippe Aubanton, sa carrière d'agent secret aurait pû s'arrêter ici, le dimanche 3 mars 1991... On est alors en pleine expérimentation du plan Vigipirate, qui a pour but de prévenir des attentats terroristes, redoutés à cause de la guerre du Golfe survenue après l'annexion du Koweït par le dictateur irakien Saddam Hussein. En réalité, malgré la paranoïa ambiante – on interdit même certaines chansons arabes sur les radios ! –, aucun attentat n'aura lieu du fait de

La gare du Nord, quartier privilégié par les réseaux indiens, pakistanais et sri lankais. © AFP

ce conflit. À moins que... La police vient d'interpeller ce terroriste avec un engin explosif non amorcé sur le toit de sa voiture, comme on aurait mis ses skis sur la galerie pour partir à Megève. Et voilà qu'enquête faite le prétendu terroriste Aubanton, Lillois de 33 ans, est un cadre de la DGSE en mission... Quand on l'emmène au poste, il affirme qu'il s'agit d'un exercice pour voir s'il était capable de passer à travers les mailles du filet Vigipirate... Le colonel Eugène Camlanne, chef de la Sécurité de la DGSE, a dû se déplacer en personne pour récupérer son agent au talent digne du feuilleton *Max la menace*...

Mais la République est bonne fille. Preuve qu'on n'en a pas voulu à cet officier, il a poursuivi une carrière sans accroc, comme le montre le *Journal officiel* qui, à l'occasion d'un décret du 7 novembre 2001, signale que cet excellent militaire a été élevé au rang de lieutenant-colonel. Il ne semble pas, dans la foulée des attentats du World Trade Center, avoir tenté de faire sauter la tour Montparnasse... à titre d'exercice ! En tout cas cette fois, il n'a pas été pris la main dans le sac !

Petites-Écuries, rue des

No 28 – Le 29 mars 1988, Dulcie September, représentante à Paris de l'African National Congress (ANC) sud-africain, est assassinée à cette adresse de cinq balles de calibre 22 tirées avec un pistolet muni d'un silencieux. Ce sera le dernier attentat de cette importance perpétré par les services spéciaux sud-africains en Europe.

Dans une France de la cohabitation, entre François Mitterrand président et Jacques Chirac Premier ministre, se pose la question : les tueurs de la militante antiapartheid ont-ils bénéficié de complicités de la part de la police, des services spéciaux ou de barbouzes qui ont repris du poil de la bête dans l'entourage de Charles Pasqua, le ministre de l'Intérieur ? D'autant qu'un an plus tôt s'est déjà produit le meurtre de l'opposant algérien Ali-André Mécili, dans une configuration comparable (→ **74, boulevard Saint-Michel, 6e**).

La presse réagit vite et s'intéresse à l'équipe qui a tué la militante sud-africaine. D'abord, le meurtre est survenu juste après qu'une bombe a été désamorcée devant le local bruxellois de l'ANC. Or, le représentant de l'organisation en Belgique a échappé à un assassinat copie conforme du meurtre de September. Quelques jours plus tard, un trafiquant d'armes sud-africain, très lié au DMI (Directorate of Military Intelligence), Dirk François Stoffberg, est mis en cause par deux quotidiens : *Le Monde* et *L'Humanité*.

Mais il faut attendre la libération de Nelson Mandela, le chef charismatique de l'ANC, et la fin de l'apartheid pour que la piste des tueurs soit relancée. Les travaux de la commission

« Vérité et Réconciliation » [TRC], présidée par l'archevêque Desmond Tutu, prix Nobel de la paix, livrent des faits nouveaux sur l'assassinat de Paris, tandis que d'anciens membres des services spéciaux révèlent ce qu'ils ont fait en échange d'une éventuelle amnistie.

Entre autres révélations, on apprend que le successeur de Dulcie September, Samuel Khunyeli, alias Solly Smith, était une taupe de la police sud-africaine ; il a aidé à freiner l'enquête policière et surtout calmé les ardeurs des activistes antiapartheid français qui voulaient faire pression pour obtenir la vérité. Le journal *Sunday* [17-18 janvier 1998], rendant compte des travaux de la TRC, précise que se confirme la piste des renseignements militaires dans l'assassinat, tout comme dans les autres attentats européens de 1988. On signale le rôle de deux suspects, suite aux enquêtes de la police française : le major sud-africain Joseph Klue et un Français, Richard R., alias Sanders, un proche du célèbre mercenaire Bob Denard. Surtout, on ne l'apprendra qu'à l'été 1998, Dirk Stoffberg – avant d'être lui-même assassiné en 1994 – aurait révélé à Jacques Pauw, un journaliste sud-africain, qu'il avait bien participé au meurtre de Dulcie September, sur le plan logistique, grâce à son réseau d'agents basé en Suisse.

Le coordinateur des opérations, le colonel Eugen De Kock, surnommé l'« Ange de la mort », a pour sa part été condamné deux fois à la réclusion à perpétuité pour avoir supervisé l'unité spéciale chargée de liquider les opposants à l'apartheid, le Vlaakplas. Interrogé par la TRC en octobre 1998, De Kock expliquera que « l'assassinat de September était une opération du CCB » [Bureau de coopération civile, qui dépendait de l'armée]. Surtout, il précisera que « les deux hommes qui ont appuyé sur la détente [dans l'affaire September] étaient des membres de la garde présidentielle comorienne », autrement dit des mercenaires de l'« affreux » Bob Denard.

→ **16, rue Bachaumont, 2e**

Roubaix, place de

C'est l'adresse officielle de la gare du Nord. Le quartier Gare du Nord-La Chapelle est appelé le « Petit Jaffna », du nom de la capitale du nord du Sri Lanka où, jusqu'en janvier 2009, le mouvement de libération des Tigres tamouls [LTTE, Liberation Tigers for Tamil Eelam] a tenu tête à l'armée du gouvernement de Colombo, après trente ans de guérilla. Auprès du « Grand Tigre », le dirigeant Velupillai Prabhakaran, se trouve l'homme le plus recherché, dont une fiche d'Interpol signale qu'il est « passé maître dans l'art des déguisements ». Au point qu'en 2004 certains croient l'avoir vu tour à tour à Jaffna, dans la province indienne du Tamil Nadu, parmi les Tamouls de Malaisie ou encore avec ceux du quartier de la gare du Nord à Paris, où se trouvent de nombreux petits commerces et restaurants sri lankais, souvent rackettés par les Tigres.

De son vrai nom Sivasankaran, né en 1962, Pottu Amman a organisé des réseaux d'espions dans la totalité de la société, y compris à Colombo, s'illustrant à maintes reprises en faisant assassiner plusieurs présidents et ministres du gouvernement cingalais, et surtout le Premier ministre indien Rajiv Gandhi en 1991, ce qui lui vaut un mandat d'arrêt international. Selon le témoignage d'un fondateur du LTTE, que l'auteur a interviewé au Sri Lanka, Pottu Amman a toujours manifesté une grande admiration pour les services de renseignement français, de sorte qu'il a bâti son propre Tiger Organisation Security Intelligence Service [TOSIS] sur ce modèle. En face, répliquant à cette orientation, en 1998, le conseiller à la sécurité de la Présidence sri lankaise, Merril Gunaratne, a demandé à la DGSE française de l'aider à former ses deux services de renseignement, l'extérieur DFI et l'interne DII [Directorate of Foreign Intelligence et Directorate of Internal Intelligence]. Mais, en réalité, c'est le renseignement militaire du général Kapila Hendavithrana qui a porté les coups les plus sévères aux Tigres tamouls et va permettre de

provoquer sa défaite militaire de 2009. Reste un mystère : où est passé Pottu Amman, l'homme aux mille visages ? A-t-il été démis et remplacé par un nouveau chef, Ratnam Master, en 2008 ?
Rôde-t-il encore du côté du Petit Jaffna de la gare du Nord ? Ces questions ont-elles trouvé leur réponse lors de l'offensive de l'armée cingalaise contre les Tigres tamouls en mai 2009 ? Au cours de celle-ci, Pottu Amman aurait été tué par les forces de Colombo, au côté du Tigre suprême Prabhakaran, alors que la guérilla avait cessé les combats après trente ans de lutte séparatiste... Mais, quelques jours plus tard, l'état-major de l'armée annonce qu'il n'est plus sûr que le chef des espions tigres soit vraiment mort. Une fois de plus, le mystère demeure !

Pottu Amman, chef des services secrets des Tigres tamouls et assassin de Rajiv Gandhi, est-il vraiment mort au Sri Lanka en mai 2009 ? © Archives Faligot

11e

ARRONDISSEMENT

Charonne, rue de

En 1932, la baronne Lydia Stahl transforme sa somptueuse villa de la rue de Charonne en maison de rendez-vous pour ses amants, et même bientôt des clients triés sur le volet. Elle s'adjoint des collaboratrices pour le bon plaisir de ces messieurs : Madeleine Mermet, ex-institutrice en Algérie ; Riva Davidovici, ex-dentiste roumaine ; la Polonaise Clara Berkowicz ou l'Eurasienne Chantal Salman.

S'agit-il d'une maison de passe classique ? Pas du tout. La vie tourmentée de Lydia Stahl explique de quoi il retourne. Née Lydia Chkalov en 1885, à Rostov, elle a épousé vingt ans plus tard le très riche baron Stahl, qui possède de vastes domaines en Crimée.

La révolution bolchevique de 1917 ruine le baron, qui s'exile aux États-Unis. Lydia, qui lui a donné un fils, le suit et s'inscrit au département Beaux-arts à l'université de Columbia. En 1918, son fils meurt ; elle rompt alors avec le baron et devient parisienne. Passionnée par les langues, elle s'inscrit à l'Institut des langues orientales (aujourd'hui Inalco) et apprend le mandarin (→ **2, rue de Lille, 7e**).

C'est alors que le général Vladimir Krivitsky, l'un des patrons du renseignement de l'Armée rouge (Razvedoupr ou GRU, comme on dit encore de nos jours), jette son dévolu sur elle : on la recrute d'autant plus facilement comme espionne qu'elle est constamment en manque d'argent. Recruter des Russes blancs représente, pour les Rouges, le nec plus ultra. On pense que le contre-espionnage et la Sûreté n'y verront que du feu. En effet, quand, en 1927, le grand réseau d'espionnage de Jean Cremet, dont elle fait partie, est démantelé, elle échappe à la sagacité des policiers de la « Surtanche ». Dans leurs archives, elle demeure la mystérieuse « Olga ». Pour les enquêteurs, c'est un détail quand on considère l'étendue du désastre : un si vaste réseau, une pieuvre géante qui étend ses tentacules dans les ports militaires, les arsenaux, les usines d'armement, les centres de recherche. Tout en renouant les fils des réseaux, Lydia poursuit aussi des études, qui pourraient s'avérer utiles pour d'autres missions. Elle se réinscrit aux Langues Orientales.

C'est alors qu'elle monte, sous l'égide du chef des services russes à Paris, Boris Ratchevsky, sa fameuse maison de la rue de Charonne. Les invités ont été bien choisis : son amant, Louis Marin, travaille au ministère de la Guerre, de même que le colonel Oscar Demoulin, responsable de la revue *Armée et Démocratie*, l'ingénieur Albert Aubry, le professeur Reich, chef du service de recherche biologique du même ministère... L'une des espionnes agents de liaison qui travaillent pour la baronne est la mystérieuse « Cilly » ; cette magnifique jeune femme, qui s'est enfuie de Londres après avoir échappé à une rafle de Scotland Yard, effectue désormais des liaisons clandestines à Paris. Les inspecteurs de la rue des Saussaies la suivent sans arriver à l'identifier. Seule une photo sans nom figure dans leurs archives...

En revanche, en décembre 1933, une des filles du réseau Stahl, Ingrid Bostrom, est arrêtée

Femme aux multiples liaisons à Londres et à Paris, la ténébreuse « Cilly », agent du Komintern, ne fut jamais identifiée par le contre-espionnage français.

par la police finlandaise. Elle craque, passe aux aveux, et les policiers transmettent les informations aux Français. C'est le début du démantèlement du réseau en France. En juillet 1934, la totalité du groupe d'espionnes travaillant pour le GRU est sous les verrous, à l'exception de la ténébreuse Cilly. La baronne Stahl se morfond à la prison pour femmes de la Petite-Roquette. Le procès révèle l'incroyable ascendant – y compris sexuel – de Lydia Stahl sur tous ses agents.
En juin 1940, les Allemands ouvrent les portes de sa cellule. Stupéfaction : la baronne était, depuis longtemps, une espionne à double face, travaillant aussi pour le compte de l'Abwehr, le renseignement de l'armée allemande. À 55 ans, la voici qui repart pour de nouvelles missions. À Berlin, le patron de l'Abwehr, l'amiral Canaris, l'envoie en Roumanie, en Pologne, en Norvège, en URSS occupée...
Qu'est devenue l'insubmersible Lydia Stahl ? Dans les années 1950, le contre-espionnage français la détecte encore en Argentine. La belle espionne russe a abandonné les valses de la rue de Charonne pour le tango ! Et Cilly, sa complice de toujours, a disparu dans les limbes de l'Histoire.

No 12 – C'est son petit hôtel familial que regagne l'Albanais Sadiq Premtaj, ce dimanche 6 mai 1951, vers 23 heures. Il rentre du cinéma, et pourtant il serait bien en peine de se rappeler le film qu'il a vu parmi ceux qui triomphent, ces années-là, sur les écrans : *Le Passe-muraille* avec Bourvil ? *Le Petit Monde de Don Camillo* avec Fernandel ? Ou *Un tramway nommé Désir* avec Marlon Brando ? Il aurait du mal à s'en souvenir, Sadiq, après ce qui lui est arrivé...
Voici : tandis qu'il gravit l'escalier pour regagner sa chambre, une masse sombre se précipite sur lui avec une hachette. Il recule par réflexe. Son instinct le protège comme au temps de la résistance dans son Albanie natale.
La lame vengeresse glisse sur le côté et lui râpe le cuir chevelu. Pissant le sang, il s'agrippe à l'imperméable de son agresseur en hurlant

Sadiq Premtaj, le « Trotsky albanais », réfugié à Paris et futur employé de la Fnac grâce à son ami Max Théret, échappe de peu à un assassinat en 1951.

« Police ! Police ! ». Détalant comme un lapin, le tueur a tourné la tête vers sa victime un bref instant et, là, Sadiq l'a reconnu.
« C'était Djemal Chami ! racontera le réfugié politique à ses amis sur son lit d'hôpital. Enver Hoxha et Mehmet Shehu l'ont envoyé ici pour me tuer, pour me faire le même coup qu'à Trotsky. » Trotsky, assassiné sur instruction de Staline onze ans plus tôt, est la référence de Sadiq Premtaj, l'opposant numéro un au fondateur du Parti du travail d'Albanie, Enver Hoxha. Résistant historique pendant l'occupation sous le nom de « Djepi », il représente pour le dictateur de Tirana une véritable menace alors qu'il tente d'unifier tous les opposants de gauche en exil. C'est pourquoi le Sigurimi, le service secret d'Hoxha, a été chargé de liquider Premtaj à coups de hachette, comme Trotsky, jadis, à coups de piolet. C'est son représentant à l'ambassade d'Albanie, Llambi Pecini, qui a été chargé de coordonner l'attentat et qui fait partir le tueur par le premier avion vers Prague. À l'époque, les Albanais n'ont pas encore effectué une scission anti-Moscou en rejoignant le camp chinois... Mais, comme le notent les camarades trotskystes français du malheureux Albanais dans leur journal *La Vérité*, cette tentative d'assassinat dans Paris n'est pas un hasard, au moment où l'on fusille à tour de bras à Tirana.
Dès sa sortie de l'hôpital, Sadiq Premtaj va faire une demande à la police pour posséder un port d'arme. Car il l'a échappé belle. Mais il ne regagnera jamais l'Albanie. Toute sa vie, il restera un militant trotskyste en France, où Max Théret, bientôt patron de la Fnac, lui procurera dans cette entreprise culturelle un emploi de comptable. Il mourra à Paris de sa belle mort en 1990, alors qu'entre-temps, à Tirana, Enver Hoxha aura abattu à coups de revolver son cher compagnon d'armes le Premier ministre Mehmet Shehu et disparu à son tour, laissant derrière lui le communisme s'effondrer.

N° 149 – Le 23 février 1999, alors qu'il ouvre la porte de son appartement, Dragoslav Rajkovic s'effondre, victime d'un malaise selon les uns, étouffé par des tueurs selon les autres. Ce leader du Comité de défense pour l'intégrité du territoire serbe n'aurait-il pas été assassiné par des tueurs du Kosovo, alors qu'au même moment ont lieu des négociations à Rambouillet sur l'avenir de cette province yougoslave qui revendique sa forte identité, avec le soutien de l'Albanie ? Des pourparlers au terme desquels la délégation serbe va rentrer à Belgrade furieuse qu'on essaie de valoriser les positions du mouvement nationaliste kosovar, l'UÇK, justifiant l'offensive que va lancer l'OTAN contre le maître de Belgrade, Milosevic, et soutenir militairement l'autonomie – sinon l'indépendance à terme – du Kosovo.
Le rapport du médecin légiste est formel : Rajkovic a été étouffé. La DST enquête aux côtés de la Brigade criminelle, et toutes deux conviennent qu'il s'agit d'un règlement de comptes politique. Accrédité comme journaliste, il avait été, trois jours avant sa mort, le principal organisateur d'un rassemblement de 1 700 personnes place du Trocadéro réclamant le maintien du Kosovo au sein de la République fédérale de Yougoslavie. Victime d'extrémistes kosovars ou des services secrets albanais ? Le lendemain du drame, c'est au tour d'un autre responsable du même Comité, Dragon Djuric, de perdre le contrôle de sa voiture, un accident dans lequel sa petite fille est tuée. Un troisième militant est menacé. Puis, le 8 avril 1999, ce sera au tour d'un industriel serbe, Nebjsa Stojkovic, d'échapper de peu à un tir de six balles de 6,35 par deux individus qui l'ont agressé à son domicile à Strasbourg.

Roquette, rue de la

N° 80 – Dimanche 26 août 1973. Songeur, le Dr Outel Bono s'installe dans sa DS, garée rue de la Roquette. Il joue la partie la plus serrée de sa vie. Ce médecin tchadien, tête de file populaire de l'opposition démocratique, va enfin retourner au pays après des négociations

complexes avec les Français. Une 2CV moutarde s'arrête net à sa hauteur et un homme fait feu avec un calibre 9 mm. Le Dr Bono mourra de deux balles dans la tête. Avec lui périt la chance d'une relève du régime de François Tombalbaye, le dictateur tchadien.
Le mystère semble total. La veuve du Dr Bono, Nadine, une enseignante française, est prise en charge par un singulier personnage : le colonel Henri Bayonne, ancien du BCRA (Bureau central de renseignements et d'action) de la France libre, qui a longtemps dirigé une entreprise de maçonnerie en République centrafricaine et a continué de cheminer avec les services spéciaux. Grâce à l'ancien ministre du Plan tchadien, Dinguibaï, membre comme lui de la Grande Loge nationale de France, le colonel avait rencontré Outel Bono. Et Dinguibaï avait suggéré que le docteur, homme intègre, fréquemment victime de la répression au Tchad, était une carte à garder en réserve, en cas d'alternance voulue par la France.
Bayonne se croit autorisé à parler au nom d'« amis bien placés ». Bono peut sortir son pays de l'impasse, créer une vraie démocratie. L'intéressé hésite car l'idée d'être porté au pouvoir par un coup de force, même dans une optique libérale, ne l'enchante guère. Il accepte enfin, pourvu qu'une véritable consultation populaire et des réformes en profondeur ratifient sa démarche. On distribue, dans les mois qui suivent, son programme au Tchad. Une conférence de presse est prévue pour annoncer son départ. Mais, une semaine avant la date fixée, le Dr Outel Bono est assassiné. Ne croirait-on pas à un mauvais remake du scénario de l'affaire Ben Barka, survenue quelque dix ans plus tôt (→ **151, boulevard Saint-Germain, 6e**) ?
Nadine Bono, épaulée par l'avocat communiste Me Pierre Kaldor, se battra bec et ongles pour que la lumière soit faite sur ce crime. Sans obtenir gain de cause devant la justice française, qui s'emploiera efficacement à étouffer l'affaire, close par un non-lieu en avril 1982, même si Nadine Bono tentera de la faire rouvrir en 2008.

Pendant ce temps, la détérioration de la situation au Tchad va permettre d'en connaître le fin mot. En avril 1974, Hissène Habré, responsable de la 2e armée du Frolinat (Front de libération nationale du Tchad) et « honorable correspondant » du SDECE à ses heures, fait enlever, dans la province du Tibesti, plusieurs Européens, dont l'archéologue Françoise Claustre. L'affaire fait grand bruit, relayée dans les médias français grâce aux photographes Raymond Depardon et Marie-Laure de Decker, une intime du nouveau Président Giscard d'Estaing. En juillet, le capitaine Galopin, également lié au SDECE, tente de négocier leur libération, mais se trouve à son tour retenu en captivité. Au cours d'interrogatoires musclés menés par Hissène Habré en personne, il confesse, entre autres, l'organisation du meurtre d'Outel Bono, abattu par un ancien agent secret du nom de Jacques Bocquel, alias Léon Hardy. Le même Bocquel avouera plus tard, sur procès-verbal de police, avoir effectué les repérages pour le kidnapping raté d'Abba Siddick, autre opposant tchadien, en 1970 à Paris.

Dans les sables du Tibesti, la prise d'otages s'éternise. Le chef rebelle a exigé comme rançon une livraison d'armes. En avril 1975, la situation s'emballe. Le 12, Galopin est pendu, Hissène Habré lui administre le coup de grâce... Le 13, le général Félix Malloum renverse Tombalbaye, qui est tué lors du coup d'État.

Épilogue : habituel négociateur des missions délicates, Stéphane Hessel, l'ancien chef de la section Renseignements du BCRA, est envoyé auprès d'Hissène Habré et tente d'obtenir la libération de Françoise Claustre. Celle-ci interviendra le 30 janvier 1977, non sans qu'Hissène Habré reçoive ses armes dans des conditions encore mal élucidées. Si le meurtre de la rue de la Roquette n'est qu'un des nombreux épisodes sanglants de l'histoire de la présence française au Tchad, il a, pour une fois, ensanglanté le pavé parisien.

Hissène Habré, chef du Front de libération nationale du Tchad, agent du SDECE puis président de son pays avant d'être renversé en 1990 par l'actuel Président, Idriss Déby.
© AFP

Sedaine, rue

No 45 – Créé en avril 1979, le journal *Gai Pied*, fondé par Jean Le Bitoux et Guy Hocquenghem, s'installe à cette adresse. Des journalistes issus des Groupes de libération homosexuels organisent une diffusion remarquée dans deux mille kiosques à travers tout le pays. C'est le début d'une grande réussite journalistique et, surtout, d'une reconnaissance qui va aller croissant des droits civils pour les gays et lesbiennes de France. À l'époque, les milieux homosexuels sont surveillés à la fois par la Brigade mondaine de la police et par les RG. Les services secrets n'hésitent pas à faire chanter certains d'entre eux pour les obliger à travailler comme indicateurs. C'était aussi vrai à la DST, même du temps où son patron, Roger Wybot, invitait Roger Peyrefitte rue des Saussaies pour le féliciter d'avoir publié son roman *Les Amitiés particulières*.

Avec l'arrivée des socialistes au pouvoir en 1981, tout semble changer. En particulier, le ministre de l'Intérieur Gaston Defferre demande au commissaire Marcel Morin, le tombeur de la French Connection à Marseille et patron de la Brigade des stupéfiants et du proxénétisme (BSP), l'ex-Brigade mondaine, de cesser le fichage des homosexuels selon la tradition inaugurée par son ancienne sous-section, la Brigade de pédérastie.

Toutefois, dans les mois qui suivent, une cellule spéciale des RG ira, nuitamment, voler le fichier des abonnés de *Gai Pied* afin d'introduire des données biographiques supplémentaires sur leurs « blancs », les rapports sans en-tête réalisés par ces services. Et l'histoire montre qu'en 2008 un ministre de l'Intérieur – au motif de la lutte contre les pédophiles – a encore jugé utile de proposer un système de fichage policier dans lequel les orientations sexuelles seraient indiquées...

12e

ARRONDISSEMENT

Grande-Pinte, passage de la (disparu aujourd'hui)

No 14 – « Pour vivre heureux, vivons cachés. » On pourrait croire que le Breton Jean Cremet a choisi ce petit nid d'amour pour y couler des jours tranquilles avec ses deux maîtresses et secrétaires, les sœurs Louise et Madeleine Clarac, après avoir habité au 54, rue Myrrha (18e) en 1925 et, l'année suivante, au 4, rue de Dunkerque (10e). Or, en 1927, les responsables du contre-espionnage s'apprêtent à démanteler le premier grand réseau d'espionnage de l'Armée rouge (GRU) en France, dirigé par… le trio du passage de la Grande-Pinte !

Conseiller municipal du 14e arrondissement, secrétaire général adjoint du Parti communiste, ancien responsable fédéral du département breton de la Loire-Inférieure, comme on appelait alors le Pays nantais, le « Petit Rouquin » a cumulé les fonctions importantes. Mais il a surtout organisé, dans l'ombre, un vaste réseau d'espionnage grâce à des correspondants ouvriers dans les arsenaux et tous les établissements de la Défense nationale. Ces *rabcors*, comme on les appelle en russe, envoient leurs rapports secrets à diverses boîtes à lettres que relève Louise. Comme, par exemple, dans le 18e arrondissement : « Louise, chez Mme Chevaux, 151, rue Lamarck » et « Renée, chez Defrence, 6, rue Ernestine ». Manifestement, le système Cremet jouit de nombreuses complicités et solidarités, qui tiennent beaucoup au pacifisme militant généré par la boucherie de la Première Guerre mondiale.

Quand, en avril 1927, des dizaines d'espions du réseau sont arrêtés, la Sûreté espère cueillir Cremet passage de la Grande-Pinte. Mais il s'est envolé avec ses deux « secrétaires ». On le croit réfugié dans l'ambassade d'URSS, qui est encerclée par la police. En réalité, il est déjà parti, en direction de Moscou, vers d'autres aventures. Pour se moquer de la police, lors des manifestations, les syndicalistes lancent aux gardiens de la paix en pèlerine : « As-tu vu Cremet ? » On en fera même une chanson. Il est passé par ici, il repassera par là… Cette traque ratée est l'un des plus gros échecs du contre-espionnage français de l'entre-deux-guerres. Jean Cremet va vivre, sous le pseudonyme de Gabriel Peyrot, une seconde vie pleine d'aventures et de liaisons amoureuses au cours de la guerre d'Espagne et de la Résistance en France, comme le révèle le livre que j'ai écrit avec Rémi Kauffer, *L'Hermine rouge de Shanghai* (éd. Les Portes du Large, 2004).

Le Breton Jean Cremet crée des réseaux d'espionnage communistes en France avant de fuir en URSS, de s'opposer à Staline et de simuler sa propre mort en Chine pour lui échapper.
© Archives Faligot

13e ARRONDISSEMENT

Auguste-Blanqui, boulevard

No 109 – En 1951, c'est l'adresse du grand maître Kawaishi Mikinosuke, septième dan et importateur du judo en France. Le lieutenant de vaisseau Le Prieur, de retour de l'Empire du Soleil-Levant, a ouvert le premier dojo avant la guerre de 1914. Cependant, c'est en 1922 que Kawaishi-san s'établit en France, où il va populariser cet art martial. Appliquant une méthode novatrice adaptée à la psychologie française – avec, par exemple, les ceintures de couleur qui n'existent pas au Japon –, il fonde un dojo à Paris, où, lorsqu'il quittera la France en 1943, auront été formés une centaine de judokas. De retour au pays, il participe à l'instruction des commandos de la Kempeitai, la Gestapo japonaise, et de ceux du service Action de l'école d'espionnage militaire de Nakano, quartier du nord-ouest de Tôkyô où ont été formés des centaines d'officiers de renseignement. À Nakano, les « guerriers de l'ombre » apprennent les méthodes du renseignement acquises pendant la guerre russo-japonaise, étudient les techniques d'espionnage étrangères et potassent les livres de Lawrence d'Arabie, approfondissent leurs études religieuses – bouddhisme et shintoïsme – et les arts martiaux des invisibles ninjas. Kawaishi-san leur enseigne le noble art du judo.
Aussi, lorsqu'il reviendra à Paris en 1948 pour reprendre son enseignement à but beaucoup plus pacifique, le contre-espionnage français le classera-t-il parmi les tout premiers agents secrets nippons à surveiller.

Kawaishi Mikinosuke, importateur du judo en France, est surveillé par la DST du fait de son rôle auprès de la Kempeitai, la Gestapo japonaise, pendant la Seconde Guerre mondiale.
© Pascal Faligot

Glacière, rue de la

No 9 – Une antenne du renseignement chinois, le Guoanbu, s'est développée à la suite de la tragédie de la place Tiananmen, lorsque, en 1989, l'Armée populaire de libération a lancé ses chars contre les étudiants révoltés de Pékin. Elle se trouve au sein du Service de l'Éducation, au 9, rue de la Glacière. Le plus connu de ses acteurs, Bai Zhangde, alors chauffeur et deuxième secrétaire, a failli être expulsé en 1990 à cause du harcèlement qu'il imposait aux étudiants démocrates réfugiés dans tout le pays. Il a tiré sa révérence et s'en est allé… Avant de faire un retour remarqué à Paris, désormais comme conseiller d'ambassade et patron du même service, voyageant

Zhou Enlai, ici en uniforme de l'académie militaire de Huangpu, crée le PC chinois en France. De retour en Chine en 1924, il aura la haute main sur les services secrets maoïstes.
© AFP

sur tout le territoire – de Brest à Lyon, de Marseille à Strasbourg – au contact de personnalités politiques et de responsables du monde éducatif. Ce qui lui vaut, comme à beaucoup d'autres barbouzes chinoises, une surveillance de la Direction centrale de la sécurité intérieure (DCRI).

Après 1989, les services chinois n'ont pas cessé d'envoyer des cadres à Paris et dans le reste de la France, pour épier les dissidents, dont ceux de la Maison de la Démocratie subventionnée par Pierre Bergé. Les allées et venues de certains de leurs chefs ne passent pas inaperçues. Celles, par exemple, de Liu Wen, chef du Bureau des affaires criminelles du Gonganbu, la sécurité publique chinoise, et patron du Bureau national pour les liaisons avec Interpol. Séjournant une demi-douzaine de fois en France afin de superviser la traque aux « criminels » que sont les dissidents, il change souvent d'identité au passage des frontières, ce qui, puisqu'il jouit d'un statut officiel de policier international, intrigue les policiers français de la Police de l'air et des frontières et des RG.

Godefroy, rue

Nº 17 – Le 13e arrondissement est déjà, en juillet 1922, un petit « Chinatown ». Les inspecteurs de la Sûreté montent des planques au 17, rue Godefroy, aux Gobelins, du côté de la place d'Italie. Au deuxième étage habite un jeune homme au port altier, qui se fait passer pour un gentleman de Hong Kong au passeport britannique, « Mr Stephen Knight ». Il s'agit en réalité d'un militant de la première heure du Parti communiste chinois, bien que fils de mandarin du Zhejiang, province au sud-ouest de Shanghai. Il s'appelle Zhou Enlai (ce qui signifie « Venu de la grâce dans le clan des Zhou »). Ayant rompu avec sa famille, il a bourlingué au Japon avant de se rendre en Europe. En novembre 1920, Zhou, qui se fait aussi appeler « Wu Hao », est arrivé à Marseille à bord du *Bordeaux* des Messageries maritimes. Doué d'un sens inné de la clandestinité, il a organisé pendant deux ans des cellules du mouvement communiste chinois en France, en Belgique et en Allemagne. Les gens de la Sûreté ont réussi une première fois à arrêter Zhou sans connaître sa véritable identité, après l'occupation de la légation de Chine à Paris par les « étudiants ouvriers » chinois. Les policiers ont décidé de le convoyer sur

Marseille pour l'expulser à destination de la Chine, mais voilà qu'il a sauté du train en rase campagne, échappant aux pandores qui en avaient la garde, et qu'il court toujours. Le « mandarin révolutionnaire » est déjà un roi de l'évasion…

Entouré de fidèles camarades, doués pour l'action de l'ombre, il va créer le premier service secret communiste de l'Empire du Milieu. En plein Paris ! Pour monter ce « service de travail spécial » (Tewu gongzuo jigou), il s'adjoint le nommé Nie Rongzhen, un gars du Sichuan tout comme Deng Xiaoping, futur président de la Chine résidant également en France. Recruté par Zhou pour son esprit scientifique, le camarade Nie se passionne pour les problèmes de codes et les émissions de radio TSF. Il est ingénieur au Creusot et chez Renault, et lui aussi maréchal de la Chine rouge et l'un des pères de la bombe atomique… Pour l'heure, le contre-espionnage de la rue des Saussaies les surveille parce qu'ils sont les chantres de la subversion maoïste. Bientôt, ces ombres chinoises quitteront le territoire pour étendre l'action de leur service secret, avec un autre spécialiste de la France nommé Kang Sheng, futur chef des services secrets de Mao. Ils agiront alors dans la concession française de la Ville de Shanghai. Shanghai, surnommée le « Paris de l'Orient »…

Ivry, avenue d'

Nos 20-22 – Le Chinatown parisien est le lieu de fréquents règlements de comptes entre gangs rivaux de la mafia chinoise, les triades, et les nouvelles bandes issues de Chine populaire, Wenzhou, Teochew et compagnie. La police a vu, au fil des ans, l'un des grands distributeurs dans le domaine alimentaire accroître son rayonnement à partir d'un trafic initial d'héroïne et de bonnes relations avec l'ambassade de Chine.

Le 4 mars 1985, dans un appartement au 24e étage de la tour Tôkyô, a été commis un meurtre retentissant. Quatre personnes sont retrouvées une balle dans la nuque : un nommé Try Meng Huot et son épouse, Mme Chov Kui, et le frère de celle-ci, Chov Man.

Try Meng Huot n'est pas n'importe qui : c'est un ancien Khmer rouge, d'origine chinoise, qui a fui le Cambodge avec sa famille. En dépit de l'avis défavorable émis par la DST à son arrivée, ce chimiste a pu obtenir la nationalité française. Depuis, comme nombre d'exilés politiques, il a fourni au service de contre-espionnage des informations sur le petit monde des Cambodgiens de Paris – les pro-Khmers rouges, les dissidents des KR comme lui, les nationalistes anticommunistes et royalistes favorables au prince Norodom Sihanouk, les provietnamiens qui ont pris le pouvoir à Phnom Penh depuis la chute de Pol Pot et de ses sbires en 1979.

Le passé de M. Try – il a été directeur adjoint d'un camp de rééducation au Cambodge – lui a peut-être valu de tomber sous le coup d'une main vengeresse. D'autres rumeurs circulent : il aurait été l'amant d'une ancienne et perverse dirigeante de l'Angkar – naguère toute-puissante organisation Khmer rouge –, qu'on a vue récemment passer par Paris… La police se penche aussi sur un

Le Cambodgien Try Meng Huot et ses proches ont-ils été assassinés par les services secrets de Pol Pot et de ses Khmers rouges infiltrés en France ?
© Archives Faligot

meurtre perpétré par les triades alors que M. Try s'apprêtait à lancer un trafic d'ivoire via l'Afrique... Pendant ce temps, la station de la CIA à Paris s'intéresse de près à l'affaire. De ses collègues de la DST, elle a obtenu des éléments autrement plus précis : Try Meng Huot n'a pas rompu avec les Khmers rouges, mais ces derniers le soupçonnaient d'être un agent double au profit du service secret vietnamien. Et les espions chinois, liés aux Khmers rouges, l'auraient fait abattre en utilisant des tueurs de la mafia... Un beau casse-tête et un beau quadrille de barbouzes aux yeux bridés ! Les gens de la DST, constatant que Zhu Guanghai, chef local du Guoanbu, le service secret chinois, s'active beaucoup autour de la tour Tôkyô, sont remarquablement informés. Une délégation d'entre eux, menée par le directeur adjoint Raymond Nart, n'a-t-elle pas été invitée à Pékin, six mois plus tôt, par le truchement de l'attaché militaire, le colonel supérieur Wang Naicheng ? Histoire de papoter entre homologues en dégustant des nids d'hirondelle.

Il est vrai qu'à l'époque ils ont toujours un ennemi commun : l'URSS, où, en ce mois de mars 1985, tandis que la tour Tôkyô dégouline d'hémoglobine, un nommé Mikhaïl Gorbatchev va prendre la direction du Parti communiste d'Union soviétique. Et, pour Deng Xiaoping et ses barbouzes de la Cité interdite, la perspective d'une soi-disant démocratisation du communisme est une très mauvaise idée...

Les « tontons flingueurs » de la CIA, de la DGSE et du Guoanbu chinois enquêtent sur les mystères de la tour Tôkyô, où a été tué Monsieur Try, et se soupçonnent mutuellement.

Jules-Breton, rue

Nº 4 – Dans une annexe située derrière l'Hôpital des gardiens de la paix se trouve un laboratoire clandestin dans lequel des techniciens fabriquent, en mai 1968 et les quelques années qui suivent, toutes sortes de micros et systèmes de sonorisation (nom de code : « Orion », comme « oreillons ») pour les enquêteurs des Renseignements généraux de la préfecture de police de Paris, les RGPP, dont le siège se trouve aussi dans le 13e arrondissement, au 122, rue du Château-des-Rentiers. Objectif ? Lutter contre les « menées révolutionnaires » des gauchistes. Cibles ? Divers militants et intellectuels, à commencer par Jean-Paul Sartre, Simone de Beauvoir, Jean-Edern Hallier et les collaborateurs de *L'Idiot international*, Jean-Luc Godard, ou l'actrice Marie-France Pisier, belle-sœur de Bernard Kouchner, lequel est fiché pour la première fois par les RG pour avoir soigné un manifestant blessé sur une barricade de Mai 68 au Quartier latin.

Santé, rue de la

Nº 127 – Au sein de l'hôpital Sainte-Anne pour les aliénés, le couvent des sœurs de la Sainte-Agonie, une branche des lazaristes, abrite entre ses murs l'état-major du réseau Jade-Amicol des services secrets britanniques. Sous l'Occupation, en effet, neuf nonnes et leur mère supérieure, Henriette Frede, servent de courriers pour le réseau dirigé par le colonel Arnould, alias Claude Ollivier. Un émetteur-récepteur a été caché dans la sacristie de la chapelle, et Jade-Amicol possède des émetteurs de sous-réseaux dans Paris, comme celui de l'Hôtel Scribe, pourtant le quartier général de l'un des services allemands.

Sur instruction de Londres, Arnould sera chargé de prendre contact avec l'amiral Canaris, le patron de l'Abwehr en visite à Paris, pour tenter d'établir un système de communication avec les officiers généraux allemands conjurés contre Hitler. Il est même question d'offrir à Canaris une possibilité de faire défection... Cette négociation a-t-elle été connue de la Gestapo ? En tout cas, quelque temps après, Canaris sera arrêté et exécuté, pendu à un croc de boucher... L'Abwehr sera dissoute et intégrée dans le SD, le service secret SS.

Lié aux services secrets du Vatican, le colonel Arnould organisera, à la Libération, la protection des cardinaux Suhard et Feltin, gravement compromis dans la collaboration. De même, un peu plus tard, le patron de Jade-Amicol jouera un rôle d'interface pour parvenir à un concordat entre le gouvernement français socialiste de Guy Mollet, en 1956, et le pape Pie XII. En 1958, il jouera naturellement un rôle dans la loi Debré sur l'enseignement confessionnel. Mais son flirt avec le gaullisme ne sera que de courte durée : pendant la guerre d'Algérie, cet ancien agent secret des Anglais rejoint l'OAS qui tente d'assassiner le Général... Les nonnes de la Sainte-Agonie ont peut-être regretté alors d'avoir hébergé ce drôle de paroissien.

L'amiral Wilhelm Canaris, chef de l'Abwehr, service de renseignement militaire nazi, a-t-il vraiment envisagé de faire défection grâce au colonel Arnould, du couvent de la Sainte-Agonie ?
© TopFoto / Roger-Viollet

14e ARRONDISSEMENT

Alésia, rue d'

No 177 – Le 8 décembre 1972, le Mossad, service secret israélien, monte un attentat contre Mohamed al-Hamchari, représentant de l'Organisation de libération de la Palestine (OLP), au moyen une bombe télécommandée qui explose au moment où il décroche son téléphone. Grièvement blessé, il va mourir un mois plus tard. Cet épisode de la guerre secrète entre agents secrets israéliens et Palestiniens fait l'objet d'une scène dans le film de Steven Spielberg *Munich*.
→ **5, rue Copernic, 16e**

Delambre, rue

C'est, par excellence, le quartier des Bretons de Paris. Aussi, dans les années 1970, la DST y organise-t-elle des opérations de surveillance très poussées pour détecter ceux qu'elle soupçonne d'être des sympathisants ou activistes du Front de libération de la Bretagne. Des inspecteurs des RG se fondent parmi les habitués du bar Ty Jos, où l'on applaudit les chanteurs Gilles Servat ou Glenmor. Le téléphone de la Mission bretonne est sur écoute permanente et, suite à des informations concernant la vie privée de l'un de ses prêtres, on tentera, en vain, de recruter celui-ci comme informateur au sein de la mouvance bretonne. Mais ce genre d'opération a parfois des effets boomerang. Non seulement sont écoutés le journal *La Bretagne à Paris*, mais aussi l'écrivain Paul Guimard qui vient d'écrire *Les Choses de la vie*, Morvan Lebesque du *Canard enchaîné*, auteur de *Comment peut-on être breton* ?, ou encore Armel Calvé, président de l'Amicale des Bretons des Lilas. C'est là que cela se corse, si l'on peut dire, car Calvé est... inspecteur divisionnaire des Renseignements généraux de la Préfecture de Paris (RGPP) ! Son patron, Raymond Cham, jadis lui-même de la DST, va voir ses anciens collègues de la rue des Saussaies et interdit qu'on touche à un cheveu de ce policier breton qui, par surcroît, publie un petit journal, *An Teodeg*, « Le Bavard ».

Edgar-Quinet, boulevard

No 31 – Le Sphinx (DANton 95 72) est, avant la guerre, la maison close de luxe la plus célèbre de Paris, avec le One Two Two et le Chabanais. Le contre-espionnage a ses entrées dans cet établissement dirigé par Charles Martel, que fréquentent assidûment personnalités politiques et diplomates étrangers. Ainsi, ce premier secrétaire de l'ambassade du Japon qui s'est entiché d'une des filles, la rouquine Sonia, surnommée « Fleur de lotus ». C'est sans doute son compatriote, le peintre Foujita, client régulier, qui lui a donné l'adresse. À son tour, il fera passer presque toute la gent masculine nippone au Sphinx. Pour le grand peintre, l'égérie est Kiki de Montparnasse. Ici, point de mousmés en kimono, mais des petites Françaises en porte-jarretelles. À chacun son exotisme. L'autre attrait de ce lupanar, c'est qu'on y croise des vedettes du show-business : Mistinguett,

Le repos de l'espion, c'est aussi le Sphinx, que les nazis vont investir. *Achtung* ! Les pensionnaires (ici en 1935) recueillent parfois elles aussi des secrets sur l'oreiller. © Roger-Viollet

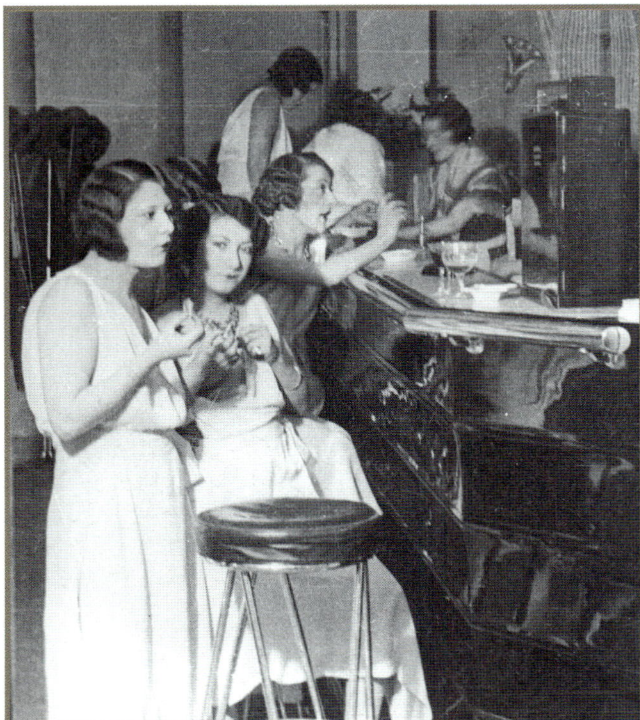

Un « dangereux anarchiste » du nom de Georges Brassens et sa logeuse, Mme Planche, sont surveillés par les RG. © Studio Lipnitzki / Roger-Viollet

par exemple, indicatrice de police et du contre-espionnage depuis la guerre de 14-18. Ou encore Joséphine Baker, qui va, lors de la guerre suivante, devenir la correspondante du capitaine Jacques Abtey, du 2e Bureau…

Florimont, impasse

No 9 – Les RG enquêtent sur un suspect anarchiste qui habite chez une certaine Mme Planche. On a ouvert un dossier (No 470-109), le 27 juillet 1949, parce que ce quidam a signé un article dans le journal de la Fédération anarchiste, *Le Libertaire*. Il s'appelle Georges Brassens. Voici ce qu'écrit monsieur l'inspecteur : « Brassens se dit homme de lettres et collabore occasionnellement à divers journaux et revues. Bien que l'enquête présente n'ait pu apporter de précisions sur ses relations exactes avec les milieux de la Fédération anarchiste, il est permis d'affirmer que Brassens fréquente les militants en vue de ce groupement dont il partage les opinions. Il est connu des services de la direction des RG comme militant anarchiste. Dans les milieux artistiques, M. Brassens est considéré comme un "anarchiste intellectuel" et ses chansons sont inspirées des théories libertaires. »

Marie-Rose, rue

No 4 – Une maison très surveillée par l'Okhrana, la police secrète du Tsar, car Vladimir Ilitch Oulianov, dit Lénine, y habite au deuxième étage, dans 48 m², de 1909 à 1911. L'Okhrana a mis au service de la surveillance des socialistes russes, et surtout de la minorité bolchevique, un grand nombre d'agents à Paris. Elle a réussi à infiltrer la filière de distribution du journal *Vperiod* (« En avant ! ») et rétribue des informateurs dans le milieu de la presse française. C'est notamment le cas de Raymond Recouly, du *Figaro*, comme le prouvera l'ouverture des archives après la révolution. Victor Serge en rend compte dans son livre *Ce que tout révolutionnaire doit savoir de la répression*. À l'instigation du Parti communiste français, ce lieu est devenu, dans les années 1950, un petit musée sur la vie de Lénine, de sorte que la DST le surveillait comme lieu de rencontre possible entre agents du KGB, tout comme elle surveillera à Pornic (Loire-Atlantique) la petite villa du 5, rue Mondésir, où Lénine passait ses vacances en 1911, piloté par le Nantais Jean Cremet, qui fut chargé de créer par la suite le premier réseau d'espionnage de l'Armée rouge à Paris.

Avant la Première Guerre mondiale, la police secrète épiait les faits et gestes d'un certain Vladimir Ilitch Oulianov, aussi connu sous le nom de « Lénine ».
© Gilles Targat

Ces allers et retours entre la rue Marie-Rose et Pornic ont permis d'identifier un mouchard de l'Okhrana qui a infiltré la direction bolchevique en exil. Voici comment : quelques semaines avant les vacances à Pornic, un spécialiste de la sécurité du parti bolchevique est sur la brèche. Cet ancien tailleur lituanien, qui a pour nom Iossip Piatnitsky, s'est juré d'identifier le traître car de nombreuses arrestations viennent de se produire en cascade. Grâce à une filature bien organisée dans Paris, Piatnitsky découvre que Jitomirsky, médecin à Versailles et membre de la direction bolchevique, est à l'origine des coups d'éclat de la police tsariste en Russie et notamment des arrestations d'agents de liaison et de diffuseurs du journal clandestin.

Toute l'année suivante, on se méfie du mouchard sans réussir à le confondre. Aussi, en juillet 1912, tandis que se prépare un congrès à Prague pour donner naissance au Parti ouvrier social-démocrate révolutionnaire (POSDR), on entoure l'événement d'un luxe de précautions. Lénine quitte la France dans le plus grand secret. Et, lorsque Jitomirsky se présente à son appartement parisien, rue Marie-Rose, Nadejda Kroupskaïa, la compagne de Lénine, lui dit de son air le plus innocent :

« Mais, camarade, il y a un conclave secret à Pornic. Vladimir Ilitch y est déjà parti ! » Et c'est ainsi que, le soir même, le traître prend le train pour la Bretagne… dans le sens opposé à la direction qu'a empruntée Lénine. Non seulement il n'a pas pu informer ses maîtres de l'Okhrana sur les tenants et aboutissants du nouveau congrès, mais encore s'est-il lui-même dénoncé comme mouchard.

Montparnasse, boulevard du

No 9 ter – Dans les années 1930, la Galerie Myrbor, tenue par Mmes Bucher et Cuttoli, est déjà fort réputée. En 1937 et 1938, elle expose les artistes majeurs du XXe siècle : Pablo Picasso, Man Ray, Jean Lurçat, Yves Tanguy, Miró, Kandinsky… Mais ces dames savent-elles, à l'époque, que leur galerie a aussi servi de couverture aux activités des réseaux d'espionnage de l'Armée rouge, à celles de Vassili Soukhomline, et surtout à Harry Robinson, ancien adjoint de Jean Cremet jusqu'en 1927, l'un des chefs de l'Orchestre rouge arrêté par les nazis pendant l'Occupation, et le formateur d'un formidable réseau d'agents d'influence dans la classe politique française ?
De nos jours, la galerie de peinture Jeanne-Bucher, 53, rue de Seine (6e), reste l'une des plus dynamiques de la capitale, et la saga du Komintern tout comme les épisodes de la guerre froide sont bien loin.

Raymond-Losserand, rue

No 224 – Avant la Seconde Guerre mondiale, cette rue ne porte pas encore le nom d'un résistant communiste, fusillé en 1942. Elle s'appelle rue de Vanves. Le 11 juillet 1938, vers 6 heures du soir, un homme sort de l'atelier que lui a prêté un peintre surréaliste. Il s'appelle Rudolf Klement : c'est l'ancien secrétaire de Léon Trotsky, fondateur de la IVe Internationale, exilé au Mexique où son pire ennemi, Staline, va le faire assassiner deux ans plus tard.
C'est la dernière fois qu'on verra vivant le militant allemand. Huit jours plus tard, ses camarades du Parti ouvrier internationaliste, sans nouvelles de lui, demandent à leur avocat de porter plainte pour enlèvement. Les soupçons se portent évidemment vers les services de Staline, le NKVD, très actif à Paris, comme on l'a vu notamment lors de l'enlèvement des généraux Koutiépov (1930) et Miller (1937).
Or, le 24 août, on repêche dans la Seine, du côté de Meudon, le tronc d'un homme décapité qui a été tué d'un coup de stylet au cœur. Comme dans les affaires précédentes concernant l'ambassade d'URSS, la police semble piétiner, tandis que la presse procommuniste lance des pistes qui sèment le trouble, indiquant qu'il pourrait s'agir d'un ex-garçon boucher du nom de Pierre Madiec, qui avait disparu… Or, à la mi-septembre, ayant vu qu'on parlait de lui, ce dernier se présente aux gendarmes pour dire qu'il est bien vivant, qu'il y a eu confusion… D'autant que les camarades de Klement ont identifié ses restes. Et cela n'a pas été facile. Quand Jeanne Martin des Pallières, l'ex-compagne de Léon Sédov, le fils de Trotsky, demande à voir le cadavre pour l'identifier, la police préfère lui montrer des photos pour la ménager… La presse prétendra qu'elle n'a pas reconnu le corps sans tête, alors qu'elle a dit le contraire, d'après ce qu'elle a pu en voir sur les clichés. Et ainsi de suite. Aussi l'affaire Klement restera-t-elle une énigme. Toutefois, trente ans plus tard, Léo Malet, l'écrivain des romans policiers de Paris, publie une enquête dans le magazine *Le Crapouillot* (octobre 1970). Il pointe un élément qui n'a jamais été étudié à l'époque par la police : les milieux trotskystes parisiens, animés par Leon Sédov, Rudolf Klement et Jeanne Martin des Pallières, ont été infiltrés par un étrange personnage du nom de Jacques Mornard. Ce dernier, ayant réussi à s'insinuer dans l'entourage de Léon Trotsky à Mexico, va l'assassiner le 20 août 1940 à coups de piolet, et il sera emprisonné au Mexique. On découvrira

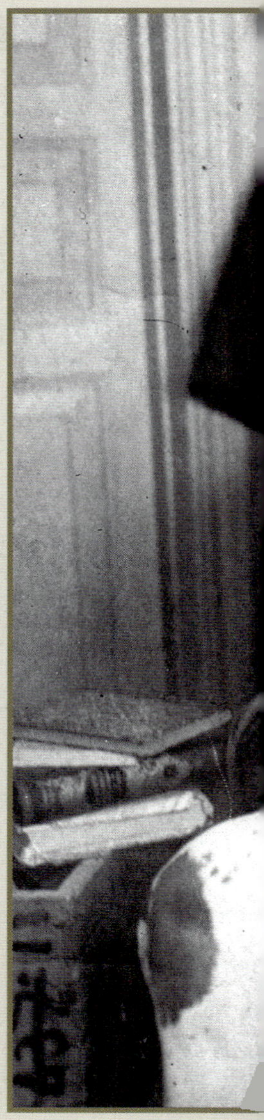

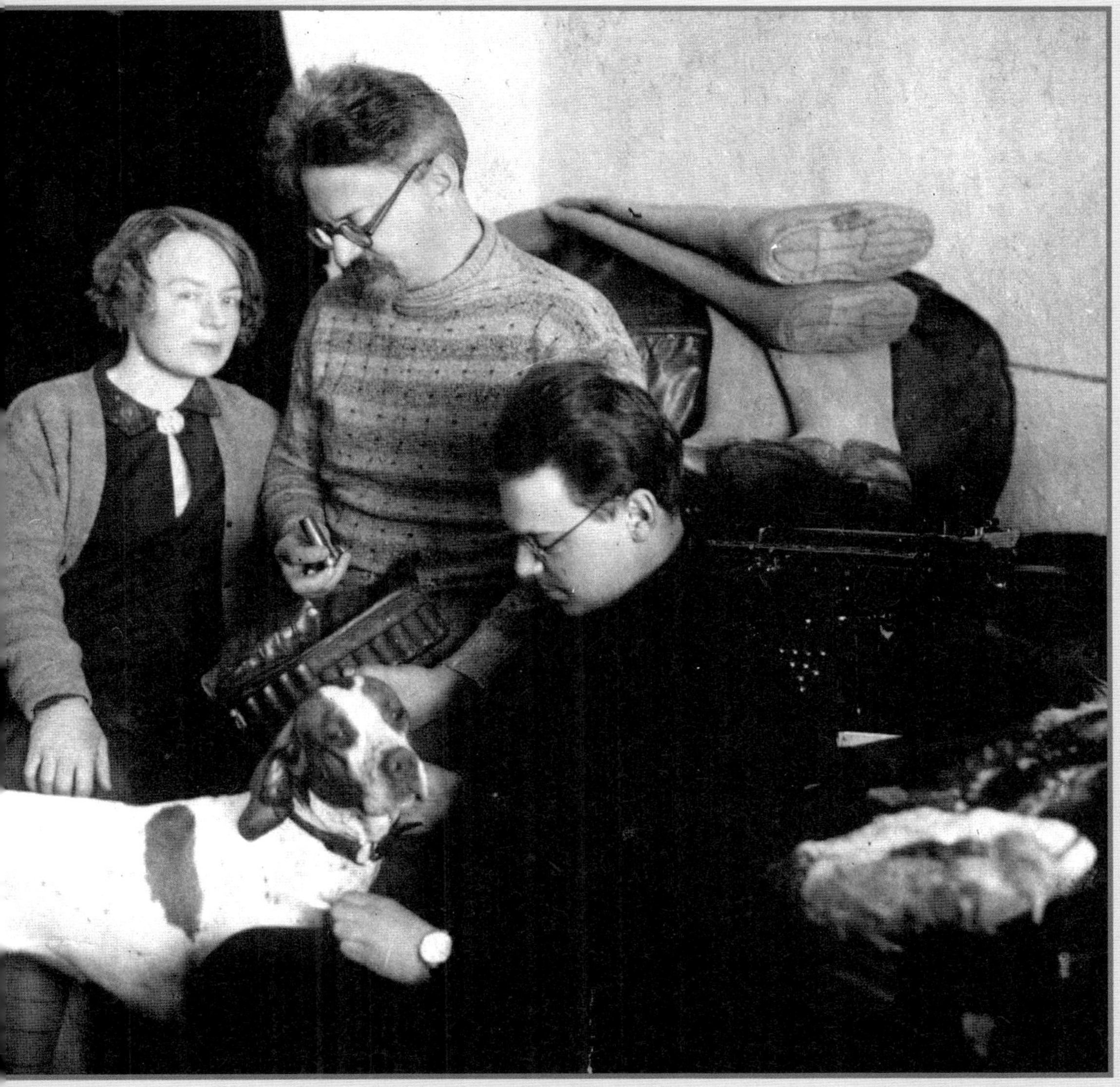

après la guerre que ce tueur du NKVD s'appelle en réalité Ramón Mercader del Río. Par la suite, il se réfugiera dans le Cuba de Fidel Castro, où l'on annoncera sa mort en 1969. Pendant ce temps, à Paris, sa sœur, Montserrat Mercader, était la concierge de l'ambassade de Cuba à Paris.

→ 51, rue de la Faisanderie, 16e

Exilé d'URSS par son rival Staline, Trotsky se trouve à Paris avec sa femme Natalia et leur fils, Léon Sédov, en 1930. Ce dernier y est assassiné en 1938 et Trotsky, à Mexico, en 1940.

15e

ARRONDISSEMENT

Blomet, rue

N° 125 bis – C'est, pendant la guerre froide, le siège de l'organisation NTS à Paris – l'Union nationale du travail (*Natsiolno Troudoboï Soyouz*) fondée en 1930. Les « Solidaristes », comme on les appelle aussi, se sont juré de renverser le communisme russe, tout comme l'organisation ROVS du général Koutiépov, kidnappé en plein Paris cette année-là (**→ 27, rue Rousselet, 7e**). L'Organisation Gehlen, précurseur du service secret BND, en République fédérale d'Allemagne et la CIA parrainent le NTS dans les années 1950. En revanche, le SDECE français reste sur ses gardes. La section française du NTS, contre espèces sonnantes et trébuchantes, ne fournit que des renseignements démonétisés, extraits de coupures de presse soviétiques. « Les gens du NTS ne sont pas sérieux ! » dit-on volontiers à la section russe du SDECE que dirige le colonel Joseph Lochard. Ce n'est pas l'avis de Pierre Faillant de Villemarest, membre du SDECE jusqu'en 1950, qui entretient des rapports privilégiés avec des leaders du NTS en France, Michel Slavinsky et Vladimir Stolypine. Finalement, le SDECE choisit de recruter au compte-gouttes des hommes du NTS. Ainsi Evguéni Sinitzine, alias Garanine, ex-officier de l'Armée rouge puis de l'armée Vlassov chapeautée par les nazis, qui après la guerre s'est enfui au Maroc, où il est embauché par le SDECE.

Pierre Faillant de Villemarest (1922-2008), résistant du Vercors, ancien du SDECE et de l'OAS, journaliste militant et historien des services secrets communistes. © Archives Faligot

Croix-Nivert, rue de la

N° 202 – Le Bureau pour le développement de la production agricole (BDPA) est dirigé de 1968 à 1972 par le colonel Roger Barberot. Cet ancien résistant, gaulliste de gauche, y organise ces années-là une formidable opération de renseignement en direction de Cuba. À l'époque, les services français identifient ce pays comme l'une des sources du gauchisme, notamment avec la création de la Tricontinentale, organisation révolutionnaire tiers-mondiste basée à Cuba, dont l'une des figures de proue est le dirigeant marocain Mehdi Ben Barka, kidnappé à Paris en 1965 (**→ 151, boulevard Saint-Germain, 6e**). Pour monter ces opérations cubaines, Barberot s'associe avec la Martmair, une société qui effectue des ventes d'armes, dirigée par l'un des responsables des réseaux de Jacques Foccart, Gilbert Beaujolin. Ensemble, Barberot et Beaujolin se rendent à Cuba sous couvert de missions agricoles. Mais, à leur retour, leur mission d'espionnage est dévoilée.

Docteur-Roux, rue du

N° 25 – L'Institut Pasteur, inauguré en 1888, n'a pas été immunisé contre certaines opérations d'espionnage visant à se procurer les secrets de diverses recherches. Voici une histoire qui fait froid dans le dos. Elle a lieu en 1937, alors qu'une société secrète essaie de déstabiliser le gouvernement de Front populaire pour le remplacer par un État fasciste calqué sur le modèle italien. Et pour cause : ce sont les services secrets de Mussolini qui financent cette organisation clandestine, composée de nombreux officiers de l'armée française, nommée « la Cagoule ».

Le 2e Bureau de la Cagoule, dirigé par Aristide Corre, a monté un laboratoire chargé de mettre au point des « traitements spéciaux » pour liquider les ennemis. Or, ce chef est un centralien qui effectue un stage à l'Institut Pasteur. La

Cagoule caresse un rêve démoniaque : s'emparer de bacilles tétanique et botulique pour se lancer dans la guerre bactériologique, ce qui s'avère impossible à réaliser sans se faire prendre. Corre imagine alors de faire livrer des échantillons grâce à un intermédiaire représentant un hôpital et muni de faux bons de commande.

Le pseudo-commissionnaire, un nommé Royer-Collard, se présente à l'Institut le 10 mars 1937, soi-disant pour l'hôpital de la Pitié. Subodorant l'arnaque, les professeurs René Legroux et Lominsky lui remettent alors des bacilles bidons. Et la police est avertie…

Il faudra attendre la fin de la guerre pour avoir le fin mot de l'histoire. En janvier 1945 s'ouvre à Rome le procès du colonel Santo Emanuele, patron du contre-espionnage au sein du Servizio Informazione Militari (SIM), le service de renseignement militaire de Mussolini à l'époque des faits. Par lui, on apprendra que c'est ce service qui, derrière la Cagoule, espérait bien obtenir les secrets de l'arme absolue dans la guerre bactériologique.

Lowendal, avenue de

No 22 – L'attaché militaire de la légation de Chine, le général Tang Che, y réside à la fin des années 1930, comme en témoigne l'annuaire téléphonique de 1939. Il représente en France le service de renseignement militaire de la Chine nationaliste, théoriquement alliée avec les Français contre les Japonais. Mais l'histoire est plus complexe qu'il n'y paraît car le Kuomintang, le parti nationaliste de Chiang Kai-shek, entretient de bonnes relations avec les nazis, et, si Tang Che est chargé de liaison avec le général Gauché, patron du 2e Bureau, la surveillance prouve qu'il échange aussi des rapports avec les barbouzes japonaises à Paris. Cependant, comme en témoignent aussi les archives du Service historique de l'armée de terre à Vincennes, il rencontre, en mars 1938, le général Henri Dentz, chef d'état-major adjoint, pour lui demander l'aide de la France, car face aux Nippons la Chine se soulève.

Comme l'avenue de Lowendal commence avenue de Tourville, le chef de l'espionnage chinois à Paris vit à deux pas du fameux 2 bis, la centrale du contre-espionnage français. S'y trouve également le groupe NEMO, chargé des écoutes. Mais il y a fort à parier que la surveillance de son téléphone (SUFfren 29 35) donne bien du tracas aux services français, qui manquent de locuteurs en mandarin. Ils seraient pourtant fort intéressés par les conversations du général Tang avec des agents potentiels français du service secret de Chiang Kai-shek. Un vrai casse-tête chinois pour les as du 2 bis !

Nélaton, rue

No 7 – Immeuble du ministère de l'Intérieur, il a abrité jusqu'en 2007 le quartier général de la Direction de la Surveillance du territoire (DST). Car le règne éphémère de Rémy Pautrat à la tête de la DST a surtout été marqué par la mutation géographique de la Surveillance du

territoire. On transfère meubles et dossiers du 13, rue des Saussaies au 7 de la rue Nélaton. Adieu la vieille bâtisse à cinq étages qui fut tour à tour le cœur de la vieille Sûreté d'antan, le QG de la Gestapo parisienne, puis, à partir de 1944, la ruche où s'activaient enquêteurs et contre-espions de la DST sous l'égide de Roger Wybot, ancien patron du contre-espionnage de la France libre à Londres !

Le ministère de l'Intérieur a décidé en effet de regrouper des services dans un vaste bâtiment qui fut jadis le siège de la compagnie pétrolière Elf. Aux 13e, 14e et 15e étages, une DST rénovée, où l'on accède par un ascenceur spécial, installe son service central. La direction est au 13e, les quatre sous-directions étant regroupées, ainsi que les salles d'archives et du chiffre, aux autres étages.

Le quartier général de la DST (Direction de la surveillance du territoire) rue Nélaton jusqu'en 2007, de nos jours absorbée dans la DCRI (Direction centrale du renseignement intérieur). © AFP

Le directeur adjoint, Michel Olas, spécialiste des Soviétiques, et les trois sous-directeurs, Guy Ségura, un pied-noir qui dirigea le Service de contre-espionnage de Metz, Raymond Nart, le spécialiste du contre-espionnage proprement dit et, enfin, Jean-Pierre Brut, ancien de la Brigade mondaine, épinglé dans l'affaire des micros du *Canard enchaîné*, qui dirige les services techniques : voilà les hommes qui ont assuré le transfert dans le plus grand ordre et la plus grande discrétion.

Au sein de la sous-direction B, la division chargée du terrorisme a pris de l'ampleur, tandis qu'une petite dernière, la « protection du patrimoine », amorce son essor. Enfin, c'est l'avantage de certains locaux plus spacieux que sous les combles de la rue des Saussaies, le parc d'ordinateurs de la section informatique, en pleine expansion, pourra assurer une liaison plus efficace avec le centre de Boullay-les-Troux (Essonne) ou les Brigades de surveillance du territoire (BST) de province. Cette entrée incontestable dans la modernité immobilière et technique accompagne une image nouvelle de la DST aux yeux des Français, de même qu'un rôle plus gratifiant au regard des fonctionnaires de la Surveillance du territoire eux-mêmes.

Le 7, rue Nélaton est aussi, comme c'est bien normal, le siège de l'Association des anciens de la Direction de la surveillance du territoire (AADST), fondée en 1989 et présidée par le commissaire honoraire Jean-Pierre Brut. Elle rassemble environ cinq cents membres autour de quelques figures légendaires du contre-espionnage français de la guerre froide, comme Jean-Paul Mauriat ou Marcel Chalet.

Pourtant, en 2008, la DST et les RG déménagent à Levallois-Perret (Hauts-de-Seine) et fusionnent pour former la Direction centrale du renseignement intérieur (DCRI), dirigée par un ancien commissaire des RG qui a commencé sa carrière à Brest, Bernard Squarcini, homme de confiance du Président Sarkozy. Pour la DST, l'époque « Nélaton » aura été marquée par la lutte impitoyable contre les services secrets arabes et iraniens et le terrorisme en provenance du Moyen-Orient et du Maghreb.

Saint-Charles, rue

No 101 – Un militant de la guérilla croate est gravement blessé par balles, le 16 juillet 1975. Dane Sarak, alias Ante, fait partie de l'organisation des Oustachies qui combat pour l'indépendance au sein de la Fédération yougoslave. Pour la DST, il ne fait aucun doute qu'il s'agit d'une action du service secret de Tito, le SDB (Sluzba Drzavne Bezbednosti), bien implanté à Paris et déjà responsable d'une série de meurtres d'opposants. Elle découvre aussi un vaste arsenal dans l'appartement de ce militant et note que l'agression dont il a été victime survient trois semaines après une tentative d'assassinat du consul de Yougoslavie à Lyon.

16e

ARRONDISSEMENT

Ankara, rue d'

No 17 – Comme on s'en douterait, c'est dans cette rue qu'est installée l'ambassade de Turquie ! Au cours des années 1970, plusieurs de ses diplomates sont victimes d'attentats, qui viennent dramatiquement rappeler qu'on a occulté le drame arménien. Ainsi, le 24 octobre 1975, l'assassinat de l'ambassadeur de Turquie Ismaïl Erez et de son chauffeur est revendiqué par un « Commando des justiciers du génocide arménien ». Quatre ans plus tard, le 22 décembre 1979, c'est au tour de Yilmaz Copian, conseiller de presse de l'ambassade turque, d'être assassiné sur les Champs-Élysées par un « groupe de résistance arménien ». On assure, dans les milieux spécialisés, que ce dernier était un représentant du MIT – Milli Istihbarat Teskilati –, autrement dit l'Organisation nationale de renseignement turque. Tout comme Resat Morali et Ari Tecelli, abattus près de la place de la Bastille

À partir des années 1980, les responsables mitterrandiens du renseignement – notamment dans l'entourage du ministre de l'Intérieur Gaston Defferre, maire de Marseille, où vit une importante population d'origine arménienne – vont négocier avec l'Armée secrète de la libération de l'Arménie afin que des attentats ne se produisent plus sur le sol français. Mais le MIT fait face, en Europe, à un nouvel adversaire, tout aussi redoutable : l'aile la plus radicale du mouvement kurde, le Parti des travailleurs du Kurdistan (PKK).

Avenue-Foch, square de l'

No 5 bis – L'ambassade de Hongrie, comme toutes les grandes représentations communistes, a couvert des activités de renseignement importantes, dans le cadre de la division du travail avec les autres services du pacte de Varsovie. Naturellement, en 1956, les purges qui ont suivi le soulèvement de Budapest ont affecté le petit monde de l'ÁVH (Államvédelmi Hatóság), le service secret hongrois. Tel a été le cas de Péter Mod, ancien chef de la section des cadres (sécurité) de la Main-d'œuvre immigrée (MOI) dans la Résistance en France, qui fut

L'hôtel de la princesse de Lamballe est devenu l'ambassade de Turquie, d'où le service secret MIT, tout en surveillant Kurdes et Arméniens, fait campagne pour l'entrée de son pays en Europe. © Albert Harlingue / Roger-Viollet

Madame Claude menait ses call-girls à la baguette, de concert avec les services secrets. Le shah d'Iran et John F. Kennedy appréciaient bien la maison, bientôt harcelée par le fisc. © AFP

victime des purges au moment du procès Rajk, ce qui ne l'a pas empêché de terminer sa carrière comme diplomate auprès de l'Unesco, sous l'œil de la DST, qui estimait dans les années 1980 qu'il jouait toujours un rôle dans le renseignement. Outre une pléiade d'agents de l'AVH officiellement conseillers et secrétaires d'ambassade, certains s'activent sous couverture journalistique, comme fonctionnaires de la compagnie aérienne Malev, l'agence de voyages Irusz, la Fédération mondiale hongroise, etc. L'une des fonctions des agents de l'AVH est, naturellement, de surveiller les groupes anticommunistes hongrois, assez actifs, telle l'Association des combattants hongrois.

→ 18, rue de Vézelay, 8e

Boulainvilliers, rue de

No 68 – C'est, dans les années 1960 et 1970, le domicile de Fernande Grudet, donc le quartier général de « Madame Claude », le pseudonyme sous lequel cette Angevine – condisciple de Claude Pompidou au collège des Visitandines – a monté le plus sélect des réseaux de galanterie tarifée avec la protection des services secrets. Cette ancienne jeune résistante s'est d'abord retrouvée, à 25 ans, dans le sérail du roi égyptien érotomane Farouk et, comme elle l'a raconté à l'auteur au cours d'une interview pour *Penthouse*, elle a gardé un souvenir impérissable de la fabuleuse collection de jouets sexuels de Sa Majesté, qui sera renversée par Gamal Abdel Nasser, lui-même ancien agent des services secrets nazis pendant la Seconde Guerre mondiale.

Montée à Paris, elle prépare des soirées épicées pour les têtes couronnées, des diplomates de haut vol et des personnalités de premier plan : le shah d'Iran, la femme du dictateur indonésien Soekarno, le général Oufkir, âme damnée du roi du Maroc Hassan II, et même John Fitzgerald Kennedy. De passage à Paris, toutes et tous rendent visite à « Claude de Marignan », comme on la surnomme, ou bien louent les services de ses pensionnaires. Ce qui explique évidemment que le SDECE, par le biais de sa base Bison (parfois surnommée « Baisons »), apprécie ses services, et les informations stratégiques que soutirent ses filles. Cela n'empêchera pas Madame Claude de tomber sous les coups du fisc, de s'exiler à l'étranger, et de céder un temps son empire à l'une de ses proches collaboratrices, Catherine Virgitti, alias Virginie.

→ 129, rue de Grenelle, 7e

Cimarosa, rue

No 6 – L'ambassade d'Argentine est devenue, à la fin des années 1970, la couverture d'une vaste entreprise menée par les services de renseignement, autant pour traquer les opposants à la junte que pour alimenter celle-ci en armes nouvelles qui vont lui permettre de se lancer dans la guerre des Malouines. En juillet 1977, l'ambassadeur Tomás de Anchorena, un proche du dictateur Jorge Videla, a également mis en place le Centro argentino de difusión, avenue Henri-Martin à Paris.

En théorie, il s'agit d'un service destiné à organiser la propagande en faveur de la dictature argentine dans sa lutte contre la « subversion marxiste », en particulier contre la guérilla de l'Armée révolutionnaire du peuple (ERP), liée à la IVe Internationale (trotskyste), et celle des Montoneros, qui se réclament des dirigeants populistes des années 1950, Juan et Evita Perón. L'un des responsables de cette opération et de la propagande de la junte à Buenos Aires est alors le capitaine Carlos Corti, un proche de l'amiral Eduardo Massera, chef de la flotte, et l'un des organisateurs de la répression féroce de l'opposition.

Or, cette structure en recouvre une seconde, secrète : le Centro Piloto Paris (CPP), établi avec l'aide d'un ami de Corti, le capitaine de corvette Alfredo Astiz, et des hommes du renseignement naval chargés d'espionner et d'infiltrer les milieux des réfugiés politiques argentins en France. Le CPP a d'abord été dirigé par le capitaine Jorge Eduardo Acosta (dit « le Tigre »), aidé du capitaine Jorge Perren (dit « le Puma »), en liaison avec le capitaine de corvette Enrique Yon (dit « le Cobra »), adjoint de l'attaché naval à l'ambassade. Acosta a été le responsable du renseignement d'une unité spéciale basée à l'École supérieure de mécanique de la marine (ESMA), au nord de Buenos Aires, qui, au plus fort de la répression contre la gauche, a été l'un des lieux de détention où l'on a le plus torturé et fait disparaître des milliers d'hommes et de femmes. Son adjoint Astiz, l'« Ange de la mort », s'est illustré dans les « escadrons de la mort » argentins, et notamment dans la disparition, en décembre 1977, de deux religieuses françaises, Alice Domon et Léonie Duquet. Cela ne l'empêche pas de venir à Paris, sous la fausse identité d'Alberto Escudero, pour infiltrer le Centre argentin d'information et de solidarité (CAIS). Il est identifié par la presse, très active à dénoncer les agissements des barbouzes latino-américaines, tel le réseau monté par le capitaine Yon, (comme le dévoilera François Gèze dans son article « Un tortionnaire en poste à Paris », paru dans *Libération* du 13 octobre 1980).

De son ambassade, la junte argentine organisait en plein Paris enlèvements, assassinats et trafic d'armes pour la guerre des Malouines. DR

C'est aussi l'époque où Elena Holmberg, attachée culturelle près l'ambassade d'Argentine à Paris, s'indigne d'apprendre ce que font les espions argentins, en particulier leurs tentatives d'acheter des agents doubles parmi les réfugiés. Elle aurait même dénoncé le rôle d'Astiz et de l'amiral Massera. On la renvoie rapidement à Buenos Aires, où, le 20 décembre 1978, après avoir piloté des journalistes de *Paris-Match* dans la ville, elle est enlevée et assassinée. On retrouvera son corps le 11 janvier suivant et, à Paris, la DST engage une enquête pour comprendre l'origine de ce meurtre. Le CPP est aussi mis en cause dans l'enlèvement, le 24 mai 1980, de Montero Ruiz, l'ancien maire de Buenos Aires réfugié à Paris, et dans l'assassinat, le 4 juin, de son gendre, le cinéaste Jorge Cedrón, frère de Juan Cedrón, du célèbre groupe musical Cuarteto Cedrón.

Contrairement à ce qui sera dit dans les milieux de gauche, le CPP n'a pas disparu au moment de la fin du septennat de Valéry Giscard d'Estaing, en 1981. Malgré l'alternance, les Argentins continuent d'être actifs. Simplement, avec la gauche au pouvoir à Paris, la structure s'occupe aussi désormais d'achats d'armements navals. Et les agents de contre-espionnage d'au moins quatre services français et anglais suivent le capitaine Corti comme son ombre... Grâce aux écoutes téléphoniques et aux filatures, on sait que Corti s'apprête à acheter d'autres Exocet sur le marché noir. Le MI6 décide alors d'infiltrer la filière. On a recours à un vieil agent, Anthony Divall ; cet ancien de la marine et du MI6 depuis 1945 avait, notamment, intoxiqué l'IRA dans les années 1970. Il envoie à la mission Corti un ex-marine américain qui prétend lui livrer, à Hambourg, 30 Exocet à 1 million de livres sterling l'unité. La rencontre a lieu après le 4 mai, date à laquelle un missile a coulé le *Sheffield*, destroyer de la flotte britannique pendant la guerre des Malouines. Le capitaine Corti est aux anges. Mais les transactions vont s'éterniser. L'objectif est ainsi atteint : pendant qu'il négocie avec Divall, Corti perd un temps fou et n'établit pas de contact avec de vrais trafiquants d'armes. Enfin, la DGSE fournit au chef de station du MI6, Alexis Forter, une information décisive : selon l'équipe de Dassault, bloquée en Argentine, les Super-Étendard ont quitté la base Espora au Río Grande, pour être transférés, notamment, à Río Gallegos, à 50 kilomètres de la frontière chilienne...

Grâce à ces informations, dans un double jeu dont les Français ont le secret, les SAS britanniques vont détruire au sol les Super-Étendard argentins équipés d'Exocet.

→ **35-39, rue du Faubourg-Saint-Honoré, 8e**

Colonel-Bonnet, avenue du

No 11 bis – Pendant une vingtaine d'années après la Seconde Guerre mondiale, Constantin Evseievitch Istomin a transformé son appartement en lieu de rencontre des anciens Russes blancs et des nouveaux opposants au régime soviétique, notamment ceux du NTS (Narodno Troudovoï Soyouz, ou Union nationale du travail). Il recueille des informations sur les pays situés au-delà du rideau de fer et les communique à de hautes personnalités britanniques et françaises qui partagent son anticommunisme viscéral. Ce qui le rend moins sympathique aux yeux des émigrés russes à l'Ouest, c'est qu'il les épie, eux aussi, et communique des renseignements sur ses petits camarades aux services secrets de trois pays dont il est l'honorable correspondant : le SDECE et la DST français, le MI6 britannique et le BND ouest-allemand.

Copernic, rue

No 5 – C'est un commando du groupe palestinien Septembre noir qui assassine, le 13 novembre 1972, le journaliste syrien Khor Kannou dans son appartement parisien. Alors qu'on était en pleine guerre de l'ombre entre le Mossad et le Rasd, le service secret palestinien, Kannou, correspondant de l'hebdomadaire libanais *Aljamhour Al Jabib*, avait été désigné par ce dernier comme agent des Renseignements généraux jordaniens aux tueurs de l'organisation. Les services du roi Hussein collaboraient en sous-main avec les Israéliens à la suite du soulèvement organisé en Jordanie deux ans plus tôt, en septembre 1970, par les Palestiniens. À cause de la répression jordanienne, ce massacre avait été appelé « le septembre noir », d'où le nom de l'organisation qui a pris en otages, en 1972, des athlètes israéliens aux Jeux olympiques de Munich. Les forces spéciales ouest-allemandes donneront finalement l'assaut, et l'on comptera en tout onze sportifs tués. Afin de les venger, le Mossad recevra en retour le feu vert du Premier

L'attentat contre la synagogue de la rue Copernic, le 3 octobre 1980. Le crime ne paie pas : trente ans plus tard, le responsable palestinien est arrêté au Canada où il est devenu professeur de sociologie...
© Keystone-France

ministre d'Israël, Mme Golda Meir, pour assassiner les cerveaux présumés de la prise d'otages. Cette spirale sans fin de la violence a inspiré à Steven Spielberg, en 2005, son film *Munich*.

→ 177, rue d'Alésia, 14e

No 24 – Le conflit du Moyen-Orient continue de faire des ravages rue Copernic. La synagogue qui se trouve à cette adresse est la cible, le 3 octobre 1980, d'un attentat à la moto piégée faisant quatre morts et vingt blessés. Cette attaque antijuive est d'abord attribuée à un commando d'extrême droite, la presse se faisant l'écho de pistes menant aux milieux ultras en Italie et en Espagne. Or, il s'agit, là encore, d'un attentat palestinien, vraisemblablement inspiré par les Moukhabarat syriens, actifs dans Paris à l'époque. Vingt-huit ans plus tard, en novembre 2008, Hassan Diab, professeur de sociologie à l'université d'Ottawa, est arrêté au Canada, et les autorités françaises demandent l'extradition de celui qu'elles considèrent comme l'homme ayant fabriqué la bombe dans le cadre d'une opération d'un groupe hostile à l'OLP, le Front populaire de libération de la Palestine-Opérations spéciales (FPLP-OS) dirigé par Wadi Haddad. À l'époque, le Premier ministre Raymond Barre a beaucoup choqué en condamnant « un attentat odieux qui voulait frapper les Juifs se trouvant dans cette synagogue et qui avait frappé des Français innocents traversant la rue Copernic ».

Desbordes-Valmore, rue

No 11 – En 1943, Fräulein Engel, visage poupin, yeux bleus et cheveux blonds, vient chaque jour travailler dans cet étrange immeuble. Âgée de 25 ans, cette Berlinoise est une « souris grise » : elle a été secrétaire de la Section VI (renseignement) du SD (le Sicherheitsdienst, service secret nazi) à Paris, mais elle est désormais instructrice dans l'école radio nazie camouflée dans cette rue au nom de la grande poétesse romantique. Des agents secrets y sont formés avant d'être parachutés derrière les lignes ennemies, par exemple au Maghreb, en liaison avec les hommes de l'Abwehr, tel l'instructeur radio Kurt Goller. Des ressortissants des pays celtes y sont également formés, comme Joseph Gourlet, alias Josse, domicilié à Saint-Brieuc, et qui, en tant qu'agent de la Section VI, a suivi des cours dans cette école d'octobre 1943 à avril 1944.
Un autre centre d'instruction radio similaire se trouve au 77, rue de l'Assomption, dans le même arrondissement, animé par Greulsberg, alias Grün, et par un certain « Monsieur Rousseau », agent secret allemand dont la véritable identité n'a pas été percée à jour...

Émile-Augier, boulevard

Le 18 janvier 1982, le colonel Charles Ray est assassiné. Attaché militaire adjoint de l'ambassade des États-Unis, il représente la Defense Intelligence Agency, dont la mission consiste avant tout à mener les contacts avec la Défense française et les transactions concernant l'armement. Son meurtre n'est pas revendiqué, mais il survient deux mois après une attaque contre le numéro 2 de l'ambassade, Christian Chapman, qui échappe de justesse à la mort devant son appartement parisien. Trois mois plus tard, le deuxième secrétaire de l'ambassade israélienne, Yacov Barsimantov, est assassiné à son tour – avec la même arme que celle qui a abattu Charles Ray... On découvrira plus tard que tous deux ont été assassinés par les Fractions armées révolutionnaires libanaises.

→ Avenue Ferdinand-Buisson, 16e

Le colonel Charles Ray, assassiné à Paris le 18 janvier 1982 par les FARL (Fractions armées révolutionnaires libanaises) – à l'instigation des services iraniens ? © AFP

Faisanderie, rue de la

Pendant la guerre froide, c'est, par excellence, la rue des barbouzes du pacte de Varsovie, où les limiers de la DST ont fort à faire, d'autant qu'ils doivent protéger, au no 16, les bureaux de la Propriété industrielle, belle cible pour la section technique du KGB et les services satellites du bloc communiste.

No 49 – La représentation commerciale d'URSS sert évidemment de couverture au KGB. S'y trouvent aussi des appartements utilisés par les diplomates soviétiques *bona fide* autant que par leurs agents des organes spéciaux. C'est ici qu'a habité le transfuge du KGB le colonel Vladimir Vétrov, alias Farewell, lors de son séjour en France. Accompagné de son épouse et de leur jeune fils, il a également habité 18, boulevard Suchet (16e), autre dépendance de l'ambassade soviétique.

→ 40-50, boulevard Lannes, 16e

No 51 – Ambassade de Cuba. Dans les années 1960, la CIA, aidée par la DST, a réussi a soudoyer la concierge et à pénétrer dans le bureau de l'ambassadeur Harold Gramatges, pour installer des microphones. Cette concierge n'est pas n'importe qui : il s'agit de Montserrat Mercader, la maîtresse d'Epstein, le commissaire politique des Francs-tireurs et partisans de la main-d'œuvre immigrée (FTP-MOI) pendant la résistance à l'occupation nazie en France. Et son frère n'est autre que Ramón Mercader, l'homme qui a assassiné Trotsky à Mexico en 1940, à l'instigation de Staline. Vingt ans plus tard, en mai 1960, Ramón Mercader a été libéré et a rejoint Cuba. Fait héros de l'Union soviétique, il sera conseiller du KGB auprès des Cubains, effectuant la navette entre La Havane et Moscou.

Cela suffirait à expliquer l'emploi de Montserrat Mercader à Paris. Toutefois, la concierge de l'ambassade cubaine aurait été recrutée par Robert Xoual, de la Section E2 (manipulations) de la DST. C'est un autre inspecteur, Brenas, qui assure la mise en place d'un micro dans le

Ramón Mercader à sa sortie de prison, le 6 mai 1960, vingt ans après avoir assassiné Trotsky. En 1960, sa sœur est concierge à l'ambassade parisienne de Cuba, pays où Ramón se réfugie.

plafond, au-dessus du bureau de l'ambassadeur. Or, par inadvertance, du plâtre est tombé sur le bureau. Gramatges est furieux : les barbouzes cubaines, dirigées par le premier conseiller de l'ambassade, chef de la DGI (Dirección general de inteligencia), nettoient la pièce, mais ne détectent pas le matériel de sonorisation. Résultat : la DST peut écouter le diplomate cubain quelques semaines avant qu'il ne rencontre le général de Gaulle. Ce dernier n'appréciera pas d'apprendre qu'il en lit les comptes-rendus après leur premier destinataire : la CIA !

No 54 – Ambassade de Yougoslavie. Longtemps dissidents du bloc de l'Est, par suite du conflit politique entre Tito et Staline, les Yougoslaves flinguent eux aussi à tout-va leurs propres dissidents au sein de la fédération, opposants croates ou bosniaques. Des règlements de comptes qui préfigurent, dans le microcosme parisien, les sanglantes guerres civiles des années 1990.

C'est le SDB (Sluzba Drzavne Bezbednosti), service de sécurité d'État, qui organise, à partir de l'ambassade, notamment dans les années 1970, une série d'assassinats d'opposants croates : à Nice, le 7 août 1972, Stafan Koulic, abattu de trois balles et, le 28 août 1976, Yvan Tsukor, tué dans l'explosion de sa voiture. Ce dernier dirigeait l'association des Croates unis de France (Ujedinjeni Hrvatski Francuske).

En région parisienne : le 16 octobre 1978, le journaliste Bruno Busic est assassiné par le SDB à Belleville. La dépouille de cet ancien journaliste du « Printemps croate », ancien étudiant à la Sorbonne, sera rapatriée vingt et un ans plus tard, à l'indépendance de la Croatie. Entre-temps, le 19 octobre 1981, Mate Kolic, qui avait émigré en France dès 1958, a été assassiné à son tour dans l'explosion de sa voiture à Cachan (Val-de-Marne), tandis que Dane Sarak, autre militant de la cause croate, a été grièvement blessé à Paris.

→ **101, rue Saint-Charles, 15e**

No 70 – La banque soviétique à Paris, la Banque commerciale pour l'Europe du Nord (BCEN), y a son siège. Dans les années 1950, la DST a réussi à obtenir le droit d'y pratiquer une perquisition. C'est du jamais vu. Dès cette époque, les filières financières du Parti communiste français (PCF) sont éventées, de même que le financement d'opérations spéciales des services de renseignement, comme en témoignera l'ouverture des archives soviétiques après 1991.

En 1952, la brigade financière de la DST, que vient de créer le commissaire Jean-Paul Mauriat, a donc reçu mandat d'effectuer une perquisition à la BCEN, banque alimentée à 98 % par des capitaux de la Gosbank, la banque d'État soviétique. Une semaine durant, sous l'œil flegmatique de son directeur, Charles Hilsum, les enquêteurs de la DST photographient par milliers les documents comptables, et apprennent comment fonctionne le circuit financier communiste.

Lorsque les archives du comité central du Parti communiste de l'Union soviétique (PCUS) ont été, après l'effondrement de cette dernière, partiellement ouvertes, les historiens ont eu la preuve que, dans les années 1950, les fonds soviétiques parvenaient aux partis communistes d'Europe occidentale grâce au Fonds syndi-

cal international d'aide aux organisations ouvrières auprès du Conseil des syndicats roumains, une société-écran qui distribuait des subventions. En 1954, sous Nikita Khrouchtchev, le PCUS achemina 5 millions de dollars au PCF. Cependant, dix ans plus tard, en 1964, cette somme se voit réduite à 2 millions et restera à ce niveau pendant toute l'ère Brejnev (1964-1982). Le PCF demeure toutefois, à l'époque, le deuxième parti le mieux subventionné d'Europe, après le Parti communiste italien (PCI).
Le système d'approvisionnement en roubles convertis a varié. Une filière habituelle a donc été celle de la BCEN, dirigée à Paris dans les années 1970 par l'ancien député Guy de Boysson et, surtout, l'homme charnière, le vice-PDG Vladimir Ponomarev, cousin de Boris Ponomarev, chargé des liaisons du PCUS avec les partis frères.
Un autre conduit sera révélé après la chute de l'URSS : des émissaires du 5e département (chargé de la France) du 1er directoire du KGB convoyaient des sommes dans des valises à double-fond. En cas de sommes très importantes (comme en période électorale), le 14e département, spécialiste des opérations ultrasensibles, se chargeait de transférer l'argent de Moscou.

Ferdinand-Buisson, avenue

Près de la porte de Saint-Cloud, samedi 3 avril 1982, la famille Barsimantov – le couple et ses enfants, une fillette de 8 ans et un adolescent de 15 ans – revient d'une petite promenade au bois de Boulogne. Alors qu'ils s'approchent de l'ascenseur, surgit une jeune femme d'une vingtaine d'années, petite et trapue, qui fait feu sur le père, Yacov Barsimantov, en vraie professionnelle : une balle dans la tête, la seconde dans la poitrine. Une course s'engage immédiatement car Avi, le fils, a pris la tueuse en chasse. Celle-ci se retourne, sort son arme et hurle : « Arrête-toi ou je tire ! » Puis elle disparaît.

Le Libanais Georges Ibrahim Abdallah, des FARL, condamné à vie pour l'assassinat de l'Américain Charles Ray et de l'Israélien Yacov Barsimantov. Il est toujours en prison en 2009.
© AFP

Le Samu tente, pendant une heure, de ranimer le deuxième secrétaire de l'ambassade d'Israël. En vain. Dans un précédent poste à Bruxelles, Barsimantov s'est occupé des communications et du chiffre, ce qui fait dire qu'il appartient au Mossad. Quoi qu'il en soit, une organisation inconnue revendique le meurtre au Liban. L'enquête établira que c'est le même revolver 7,65 qui a été utilisé, quelques mois plus tôt, pour l'assassinat de l'attaché militaire adjoint américain Charles Ray. On apprendra par la suite que ce sont les Fractions armées révolutionnaires libanaises (FARL), dirigées par Georges Ibrahim Abdallah, qui ont lancé cette campagne d'assassinats avec l'aide du groupe français Action directe.
→ **Boulevard Émile-Augier, 16e**

Flandrin, boulevard

No 13 – Sous l'Occupation, c'est le siège camouflé d'une école de formation des agents secrets du Sicherheitsdienst (SD), police secrète du parti nazi, et notamment de sa section VI, chargée de l'espionnage. C'est ainsi qu'un instructeur, Rei, alias Gauthier, formera des agents qui sont chargés, après le débarquement de Normandie, en juin 1944, de harceler les Alliés derrière leurs lignes alors qu'ils progressent pour faire barrage aux renforts que la Wehrmacht veut envoyer de Bretagne et libérer Paris deux mois plus tard.

Foch, avenue

No 84 – C'est le quartier général du Sicherheitsdienst (SD), dont le grand chef, Karl Boemelburg, habite, à Neuilly, une villa avec des caves aménagées en cellules où il fera notamment enfermer Leopold Trepper, le « Grand Chef » de l'Orchestre rouge... Lors de la chute du réseau Prosper du Special Operations Executive (SOE), Suttill, Norman, Maud Laurent et Andrée Borrel sont interrogés avenue Foch, ainsi que d'autres membres du réseau, comme le poète suisse Armel Guerne ou le Français Jacques Bureau. Ce dernier y sera interné un temps avec quelques officiers anglais du SOE, comme George Starr, avant d'être ramené à Fresnes.
Fin juin 1943, Jean Moulin, l'envoyé de De Gaulle, le chef du Conseil national de la Résistance, semble avoir subi un ou deux interrogatoires avenue Foch. Mais il mourra, supplicié, à la villa Boemelburg de Neuilly.
Identifié le 18 mars 1944 à la prison de Rennes à cause de sa mèche blanche qu'il ne pouvait plus teindre en noir, Pierre Brossolette est transféré deux jours plus tard avenue Foch pour interrogatoire, et interné à Fresnes. Brossolette est l'un des responsables du Bureau central de renseignements et d'action (BCRA) et chargé de liaison avec la section RF (République française) du SOE britannique. Cet ancien socialiste est donc à la fois un politique et un spécialiste du renseignement de la France libre.
Arrêté le 21 mars au métro Passy, Edward Yeo-Thomas, dit « Shelley », ou encore « le Lapin blanc », officier britannique du SOE, est, lui aussi, interné à Fresnes.

L'immeuble de la Gestapo, 84, avenue Foch, d'où le chef résistant Pierre Brossolette s'est défenestré le 22 mars 1944. © Rue des Archives / Tal

Toute la matinée du 22, les deux hommes sont interrogés avenue Foch. On enferme Brossolette dans une chambre de bonne du 5e étage : parvenant à se traîner jusqu'au rebord de la fenêtre, il l'enjambe et se jette dans le vide. Yeo-Thomas, quant à lui, est déporté. Il survit à la déportation puis meurt en 1964.

Franqueville, rue de

No 19 – L'OCDE (Organisation de coopération et de développement économiques) est aussi une pépinière de fonctionnaires-espions. Dans les années 1970, les Britanniques, particulièrement férus de renseignement économique, y ont installé, sous couverture, un as du MI6, Nigel Clive. Après avoir fait ses classes à l'antenne de ce service à Athènes, Clive se retrouve à Jérusalem, qu'il doit quitter dare-dare quand il est menacé par la Haganah, l'armée secrète juive. Il monte ensuite des opérations contre les Français en Tunisie, puis dans l'Algérie indépendante, avant de se retrouver chef de l'Information Research Department au Foreign Office, une couverture des opérations de guerre psychologique. En 1970, le voici qui s'installe au Quartier latin et devient conseiller au secrétaire général de l'OCDE, à l'évidence un poste stratégique pour les services des trente pays, pour la plupart occidentaux, qui ont une délégation auprès de l'Organisation.

Général-Balfourier, avenue du

No 4 – Une autre école camouflée du service de renseignement nazi pendant l'Occupation. On y enseigne aux agents la météo et les techniques de codage.

→ **13, boulevard Flandrin, 16e**

Général-Dubail, avenue du

No 5 – Le 29 janvier 1944, un agent du service de contre-espionnage de la Résistance (le Service S de la Direction nationale du mouvement des prisonniers de guerre) identifie à cette adresse « Rudy de Merode » et les numéros d'immatriculation de ses voitures (433 RMI et 8811 RL) qui y sont stationnées. C'est dire que cet auxiliaire des services spéciaux nazis ne passe pas inaperçu.

Né en Moselle en 1905, étudiant à Strasbourg, Frédéric Martin – c'est son vrai nom – a été recruté de bonne heure, en 1928, par l'Abwehr. Six ans plus tard, infiltré, en tant qu'ingénieur, dans le service de construction de la ligne Maginot (qui doit, théoriquement, empêcher les troupes allemandes d'envahir la France), il communique des plans de ce système de défense à ses commanditaires. Cet acte d'espionnage lui vaudra d'être arrêté et condamné à dix ans de prison pour intelligence avec une puissance étrangère.

Quand cette « puissance » domine Paris, il est libéré et continue d'agir à son service, d'abord à partir de l'Hôtel Lutetia, où s'installent les chefs de l'Abwehr. D'un côté, sous l'appellation de « prince de Merode », il monte un service d'espionnage avec une trentaine d'agents au service du colonel Wilhelm Radecke de l'Abwehr. De l'autre, à l'instar de Bonny, Lafont et autres éléments de la Gestapo française, il se livre à de multiples trafics économiques que permet l'Occupation, à commencer par la spoliation de propriétaires juifs qu'il a fait déporter.

Début 1944, peu après qu'il a été « logé » par le contre-espionnage français et clandestin, il part pour l'Espagne, à la demande de l'Abwehr. Dès la Libération, la nouvelle Direction générale des études et recherches (DGER), ancêtre de la DGSE, pour qui il est la figure emblématique de l'architraître, va se mettre en chasse pour le retrouver. Et le faire passer de vie à trépas. Comme, dans les années 1950, Rudy de Merode vit toujours au nord de Madrid, sans avoir été inquiété, tout porte à croire qu'entre-temps il avait décidé d'informer de temps à autre le service secret – devenu le SDECE – sur les réseaux d'anciens collabos en échange de sa sauvegarde.

Henri-Martin, avenue

Cauteas de Faucamberge est un ancien résistant, et aussi un honorable correspondant du SDECE, très proche du colonel Pierre Fourcaud, cet étonnant officier de renseignement d'origine russe que l'on soupçonne d'avoir appartenu à la Cagoule avant la guerre. Faucamberge est lui-même un ancien cagoulard qui a tenté d'établir une liaison avec les officiers allemands de l'Abwehr, le capitaine de corvette Gibhart et le capitaine Bucholz. De concert avec un troisième cagoulard, Gabriel Jantet, et avec l'OSS (Office of Strategic Services, ancêtre de la CIA), il espère générer une paix séparée avec une Allemagne débarrassée d'Adolf Hitler, après l'attentat organisé en juillet 1944 contre le Führer.

Il jouera, dans les années 1950, un rôle important dans l'alliance entre les milieux politiques français et israéliens qui va déboucher sur l'armement, y compris nucléaire, d'Israël par la France. Son principal interlocuteur pour la mission d'achat d'armes israéliennes à Paris est alors Shimon Peres, qui sera élu président de l'État hébreu en 2007.

Iéna, avenue d'

Nº 4 – La République islamique d'Iran n'a pas repris l'ancienne ambassade impériale de la rue Fortuny (17e), dirigée dans les années 1970 par l'ambassadeur Hassan Pakravan, en même temps général de la SAVAK, le service secret du shah déchu en 1979.

Une fois la victoire de l'ayatollah Khomeini et des mollahs consommée, Paris devient la terre d'exil des anciens partisans du shah, mais aussi de groupes et d'individus qui ont participé à la révolution avant d'êtres écartés du pouvoir, tels les Moudjahidine du Peuple. Comme le nouveau service secret, la Savama, a reçu ordre de liquider les opposants, l'ambassade de l'avenue d'Iéna va devenir le centre de drames couvant dans le Paris des années 1980. C'est ainsi qu'en décembre 1982, l'attaché culturel Majid Karchenas sera expulsé, comme agent de la Savama, dont le chef est réputé opérer à partir du Comité culturel iranien du Quartier latin.

→ **6, rue Jean Bart, 6e**

Nº 54 – Au croisement avec la rue Georges-Bizet, l'ambassade d'Égype est une cible de choix des services français pendant la guerre

Le 23 janvier 1979, des fidèles de l'Ayatollah Khomeini occupent l'ambassade iranienne. Le service secret du shah, la Savak, sera remplacé par la Vevak islamique.
© Keystone-France

d'Algérie. En 1960, le Service 7 du SDECE, chargé des opérations spéciales, a fait une découverte hallucinante en ouvrant la valise diplomatique égyptienne à Orly. Dans un rapport « top secret », le chef du service de renseignement égyptien à Londres, Zacharria Ouftigouma, se félicite d'avoir réussi à intercepter... la valise diplomatique française en Grande-Bretagne ! C'en est trop. Le colonel Morvan et ses « plombiers » du Service 7 décident de placer des micros dans l'enceinte diplomatique de l'avenue d'Iéna. Roger Espitallié, alias Vendaux ou Roger Dolan, réussit à se faire enfermer dans l'ambassade toute une nuit, grâce à un portier qu'il a recruté. Il parvient à poser les micros, mais se demande s'il va pouvoir sortir de la gueule du loup.

Toutefois, cet ancien résistant du BCRA est un dur à cuire : pendant la guerre, capturé par les Allemands, il a réussi à s'évader. Le Service 7 respire : de même parvient-il à s'extraire de l'ambassade de celui qu'on appelle « le Hitler du Nil », Gamal Abdel Nasser, à qui les Français reprochent d'aider le FLN algérien. Non seulement Espitallié a « microté » les lieux, mais il a aussi recruté deux agents, dont un gardien à l'intérieur de l'ambassade. Ce qui lui permet de sortir des documents soigneusement rangés dans le coffre-fort des diplomates égyptiens.

Mais le triomphe du SDECE n'est que momentané. Le Moukhabarat, le service secret égyptien, va se venger cruellement. La femme d'Espitallié, Janine, ne sait même pas que son mari est un agent secret (elle le croit représentant de commerce) lorsque trois « Nord-Africains » débarquent chez eux, rue du Renard, et se jettent sur elle, la dénudent et la tailladent à coups de rasoir. Ensanglantée, un œil arraché, la malheureuse trouve la force d'appeler de l'aide au téléphone une fois ses agresseurs partis.

Ce sont des espions égyptiens qui se sont ainsi vengés. Ils iront même jusqu'à menacer le chef d'Espitallié, Marcel Le Roy-Finville, et sa famille. C'est le branle-bas de combat dans les services spéciaux. Espitallié ne s'en remettra jamais vraiment. Mis sur la touche car grillé, il se traînera aux archives de la « Piscine », avant de prendre sa retraite en 1969. Sa femme sombrera dans la folie. Leur fils se suicidera en voiture...

Outre cet épilogue affreux, l'affaire oblige la Sécurité du SDECE, que dirige Georges Lionnet, à se demander si une taupe a livré aux SR de Nasser les informations sur le Service 7. Point de taupe, mais une maladresse tragique de la DST qui a, quelque temps plus tôt, arrêté deux représentants du Moukhabarat, dont Loufti, l'attaché militaire. Quand on leur dit, lors de leur garde à vue, que le SDECE détient la preuve de leurs liens avec le FLN métropolitain, ils nient. Un inspecteur de la DST leur agite alors sous le nez le document censé être bien à l'abri dans leur coffre-fort ! Les barbouzes égyptiennes ont été expulsées. Mais plusieurs de leurs collègues sont revenus...

Iéna, place d'

No 6 – C'est en 1889 que l'industriel lyonnais Émile Guimet a inauguré, à Paris, le musée d'art asiatique qui porte son nom. S'y déroule, le 13 mars 1905, une représentation plutôt coquine. Une danseuse javanaise évolue presque nue, les bras cerclés de bracelets, sous l'œil connaisseur de l'ambassadeur japonais Motono Ichiro, de son collègue allemand et d'un petit public trié sur le volet, assemblé dans la bibliothèque du second étage transformée en temple hindou. Tout ce beau monde est loin de se douter que cette danseuse qui se fait appeler Mata Hari (« l'œil du jour » en malais) est en réalité une certaine Margaretha Geertruida Zelle. Cette Hollandaise sera bientôt la coqueluche du tout-Paris, surtout quand elle triomphera aux Folies-Bergère.

Mais, alors que la guerre de 14-18 va éclater, elle deviendra « H21 », une sorte de naïve agent double au profit, tour à tour, de l'espionnage allemand du IIIb et du 2e Bureau français. Détectée par le commissaire Priolet, de la

C'est au musée Guimet que la mystérieuse Mata Hari danse pour la première fois à Paris, pour la plus grande joie de l'ambassadeur japonais Motono.
© LL / Roger-Viollet

De nombreuses égéries copient Mata Hari, mais toutes ne finiront pas fusillées au château de Vincennes...
© Pascal Faligot

Sûreté, et le commandant Ladoux, du contre-espionnage, elle finira fusillée dans les fossés du château de Vincennes, le 15 octobre 1917, sorte de victime expiatoire qui symbolise la chasse aux espionnes pendant la Grande Guerre. Figure de proue du couple inséparable que forment secret d'alcôve et secret de l'espionnage, Mata Hari aura une gloire posthume qu'elle n'aurait pu imaginer. En témoignent les milliers de livres la concernant ainsi que plusieurs films où on la verra incarnée à l'écran aussi bien par Marlene Dietrich (1931), Greta Garbo (1932), Zsa Zsa Gabor (1972), Sylvia Kristel (1985), sans oublier Ludmilla Tchérina dans *La Fille de Mata Hari*, en 1955, et même Jeanne Moreau en 1964.

Jean-Giraudoux, rue

No 33 – Ancienne ambassade d'Uruguay. En 1973 est sorti le film de Costa-Gavras, *État de siège.* Yves Montand y joue le rôle de l'agent – bien réel – de la CIA Dan Mitrione, kidnappé en Uruguay par le mouvement de guérilla urbaine créé par Raúl Sendic, les Tupamaros. Il en résulte un état de siège, la prise de pouvoir par les militaires, l'assassinat de Mitrione, et une répression implacable. Un an plus tard, le 19 décembre 1974, l'attaché militaire à l'ambassade d'Uruguay à Paris, le colonel Ramón Trabal, est assassiné. Les policiers chargés de l'enquête remontent la piste à la suite de la revendication envoyée à l'Agence France-Presse par la « Brigade internationale Raúl Sendic » : il s'agit d'une vengeance organisée par des gauchistes uruguayens liés à l'organisation de guérilla urbaine Tupamaros, dont Sendic, le fondateur, est emprisonné. Expert de la lutte contre-subversive, Trabal a constitué une cible de choix dans un pays dont l'opinion publique a été sensibilisée, grâce au film de Costa-Gavras, à la situation dramatique qui sévit à Montevideo. Cependant, les enquêteurs réaliseront que ce meurtre est lié à celui de l'ambassadeur de Bolivie à Paris, Joaquín Zenteno Anaya, assassiné à son tour le 11 mai 1976, ainsi qu'à d'autres tentatives d'assassinat contre les chefs des services secrets iraniens et espagnols dans les ambassades de la capitale. En réalité, en sont responsables, sous des dénominations variables, les « Brigades internationales », aux origines maoïstes et apparentées aux NAPAP (Noyaux armés pour l'autonomie populaire). Toutefois, ce groupe disparaît en 1976, lorsque son chef se suicide d'un coup de fusil devant Notre-Dame de Paris.

→ 27 bis, avenue Kléber, 16e

Kléber, avenue

No 27 bis – Beaucoup d'ambassades des dictatures d'Amérique latine des années 1960 et 1970 regorgent de barbouzes moustachues. Pour celle de Bolivie, c'est l'ambassadeur lui-même, qui a derrière lui une carrière d'officier de renseignement et d'ami de la CIA. C'est ce qui va le perdre. Le 11 mai 1976, Joaquín Zenteno Anaya est assassiné par la « Brigade internationale Che Guevara ». La signature a un sens : c'est Anaya qui a dirigé, en Bolivie, la traque pour capturer le révolutionnaire argentin Ernesto « Che » Guevara, en 1967. Bizarrement, des historiens latino-américains évoquent une cause particulière de sa mort : il aurait été victime du plan « Condor » – de liquidation des opposants par les services secrets des dictatures latinos, unifiées en une brigade de la mort commune. Selon eux, Señor Anaya aurait ainsi payé son opposition au dictateur Hugo Banzer en Bolivie, assassiné par l'inévitable conglomérat de fascistes italiens et d'anciens de l'OAS réfugiés en Espagne, sorte d'« Orchestre noir » sorti de sa boîte, à l'époque, chaque fois qu'une enquête de police judiciaire s'ensable. En réalité, ce sont les mêmes tueurs, issus de l'extrême gauche française, qui ont, à quelque temps de là, tenté d'abattre le chef d'antenne de la Savak, la police secrète du shah d'Iran, ainsi que l'attaché militaire espagnol, et réussi à tuer l'attaché militaire d'Uruguay.

→ 33, rue Jean-Giraudoux, 16e

Lannes, boulevard

No 33 – De 1959 à 1966, le bâtiment élevé porte Dauphine est le « Palais de l'OTAN ». L'organisation vide évidemment les lieux à partir du moment où le général de Gaulle refuse de voir la France en rejoindre le commandement intégré. C'est là qu'a été arrêté, quatre ans plus tôt, l'un des membres du service de presse : Georges Pâques. Encore une affaire qui n'est pas de nature à réjouir l'homme du 18 juin.
Que s'est-il passé ? Mai 1962 : des experts en contre-espionnage, de la DST et du SDECE, quittent Paris et s'envolent pour les États-Unis. Les Américains de la CIA vont leur présenter un nouveau transfuge du KGB, Anatoli Golytsine, que les Français appellent « Martel » ou « Viru ». C'est un petit homme sec et nerveux, qui, pendant des semaines, crache tout ce qu'il sait des infiltrations soviétiques en France. Bien qu'il ne connaisse aucun nom, Martel est affirmatif : premièrement, divers ministères sont infiltrés, et un Français influent travaille à l'OTAN pour le KGB. Ensuite, des fonctionnaires gaullistes de premier

Inauguration des bâtiments du nouveau palais de l'OTAN, porte Dauphine, le 15 décembre 1959. Les nations membres de l'Alliance Atlantique sont les cibles de choix du KGB.
© Rue des Archives / Agip

plan, y compris dans l'entourage du Général, informent Moscou. Enfin, un réseau d'agents soviétiques dénommé « Saphir » fonctionne au SDECE. La plus précise des informations concerne la fuite de documents de l'OTAN, à Paris, directement en direction de la résidence du KGB de la rue de Grenelle. De retour des États-Unis, Alain Montarras se charge, avec une équipe, de voir qui a eu accès aux documents mentionnés. S'établit ainsi une liste des suspects possibles, où apparaît le nom de Georges Pâques, un ancien du Comité de la France libre à Alger. Le dossier est épineux : comment faire avaler au Général qu'un ancien Français libre soit dénoncé à l'instigation des Américains ?

Pâques est filé pendant des mois, sans relâche, mais sans résultat. Et puis, un jour, il se rend en grande banlieue, à Feucherolles (Yvelines), et s'arrête devant une église. Il essaie d'y pénétrer, mais la porte est fermée. Or, une voiture de l'ambassade d'URSS tourne en rond. Menés par le commissaire Joachim Guillemoto, les inspecteurs de la DST s'apprêtent à bondir, mais la voiture ne s'arrête pas. Ils l'apprendront plus tard, il y a eu dans le quartier, pour une tout autre raison, une descente de police qui explique la nervosité des Soviétiques.

Cela ne constitue pas une preuve. Mais Montarras se rend chez Pâques, qui est interrogé. Deux heures plus tard, il commence à parler : il avoue avoir travaillé pour les Soviétiques depuis qu'il a été recruté à Alger, en 1942, et « traité » notamment par le célèbre colonel Ivan Agayants, un temps chef de la section Désinformation au KGB, qui fut actif d'abord à Alger puis à Paris. Pâques, très religieux, se confesse à un prêtre de la Madeleine, et la DST enregistre à son insu la confession… histoire de vérifier si ce qu'il murmure au curé complète ce qu'il a avoué sur procès-verbal ou le contredit.

Montarras rédige un communiqué pour rendre l'arrestation publique, à la demande du directeur, le très américanophile Daniel Doustin. Le texte sera visé par le général de Gaulle en personne. Pâques affirmera avoir agi par pacifisme, se considérant comme une passerelle entre l'Est et l'Ouest. Au cours de son procès, il affirmera qu'en fournissant des informations sur les intentions occidentales, exprimées dans les documents de l'OTAN, il a permis à Moscou d'envisager un dialogue pacifique avec l'Occident. Cela n'empêchera pas sa condamnation à la réclusion à perpétuité, peine commuée en vingt ans de prison. En 1971, il sera gracié par le Président Pompidou.

Nos 40-50 – L'ambassade soviétique a changé de site, dans les années 1970, après avoir été longtemps dans le 7e arrondissement (→ **79, rue de Grenelle, 7e**). Elle s'est installée en un lieu qui a été, pendant l'Occupation, l'une des antennes principales du SD, le Sicherheitsdienst nazi, en faisant, bien sûr, construire de nouveaux bâtiments dont le KGB, la Sécurité d'État, s'assure que quelques maçons n'y installent pas de micros.

Les deux principaux services sont ceux du renseignement militaire de l'Armée rouge, le GRU, et, d'autre part, le KGB. En janvier 1976, le général-major Sergueï Vassiliévitch Kapalkine, après avoir été attaché militaire à Hanoï de 1967 à 1972, chargé de liaison avec les services de renseignement nord-vietnamiens, est venu réorganiser le GRU en France.

À partir de 1972, le KGB a fait de Paris la capitale du renseignement dans l'Europe occidentale. Mais pas seulement : comme pour les Américains de la CIA ou les Chinois du Guoanbu, la Ville lumière est aussi une « capitale africaine », au moins pour la francophonie. Compte tenu de toutes ces opérations, le personnel de l'ambassade d'URSS est passé, entre 1972 et 1982, de 200 à 700 membres, dont 10 % travaillent pour les « organes ». Mais leur progression va être stoppée net, à Paris comme dans beaucoup de capitales, suite à la défection de plusieurs transfuges dans une Union soviétique de plus en plus vacillante : en 1980, Rudolf Herrmann (KGB, illégal aux États-Unis), Ilya Djirkvelov (KGB, sous couverture de l'Agence Tass), Viktor Sheymov, exfiltré ; en 1981, Vladimir Vétrov, surnommé « Farewell », Nikolaï Berdennikov, anciennement du KGB à Londres.

Farewell est celui qui a reçu la plus grande publicité, même si de nombreux mystères entourent autant la défection de Vétrov que sa disparition. Selon la DST, « l'affaire Farewell » est la plus magnifique opération jamais réalisée par le contre-espionnage français : plus de 2 997 documents seront fournis par l'espion soviétique à la France. Le 19 juillet 1981, lors du Sommet des Sept à Ottawa, François Mitterrand confiera à Ronald Reagan l'essentiel du dossier. Forts de ce dossier et d'autres informations collationnées par leurs services, les États-Unis durcissent immédiatement le ton. La guerre froide revient à la une des journaux, avec la destruction d'un avion sud-coréen par la chasse soviétique ou la bataille des euromissiles. Dans les semaines qui suivent, des dizaines d'officiers du KGB et du GRU seront expulsés des pays occidentaux. À Paris, Mitterrand a accepté le plan d'expulsion présenté par le préfet Yves Bonnet, chef de la DST, de 47 pseudo-diplomates de l'ambassade du boulevard Lannes, à

Le général Kapalkine, chef du GRU soviétique à Paris et coordinateur en France des postes de renseignement militaire des « pays frères » du Pacte de Varsovie.
© Pascal Faligot

Vue extérieure de l'ambassade de Russie, en août 2000, alors que les nouveaux services de Boris Eltsine ont remplacé le KGB. Seul le GRU demeure le même, encore sous Poutine.
© AFP

commencer par le résident du KGB, Nikolaï Techtverikov. Affront suprême : parmi les 47 indésirables figure aussi le propre fils du patron de la Direction principale chargée du renseignement, Vladimir Kriouchtkov, qui remplacera bientôt Youri Andropov à la tête du KGB.

Naturellement, une traque aux taupes fait rage à Moscou. Dans des conditions encore mal expliquées aujourd'hui, alors qu'il a été abandonné de tous, Vétrov est découvert et fusillé. Son officier traitant, le colonel Patrick Ferrant, a expliqué plus tard à l'auteur ce que devait, à son avis, l'Occident à celui qui était devenu son ami, « Volodia » Vétrov :

« Le grand succès de cette affaire, et c'est sans doute la grande réussite de Volodia, semble être d'avoir contribué à convaincre le Président Reagan, le grand communicateur, de l'essoufflement soviétique et de la stratégie adoptée par la direction, ou au moins de lui avoir donné le prétexte de lancer le grand bluff qu'a été le projet de "guerre des étoiles", dont l'objectif réel semble avoir été de mettre l'économie soviétique à genoux. »

Dans l'effondrement de l'URSS, le GRU des militaires est demeuré intact. Le KGB a été découpé en plusieurs agences. Le FSB, dirigé un temps par Vladimir Poutine, a remplacé la fonction contre-espionnage et police politique de l'ancien KGB. L'espionnage international, habituellement géré par le Premier directoire du KGB, s'est transformé en Service de renseignement étranger, ou SVR (Sloujba Vnechnoï Razvedki). C'est ainsi qu'un ancien résident du KGB à Tunis, Andréi Zalénine, s'est installé à Paris, boulevard Lannes, pour représenter le SVR et assurer la liaison avec les services de renseignement français. Mais la guerre de l'ombre a tout de même continué : fin 1992, un scientifique du KGB, Viktor Ochtchenko, fait défection de cette ambassade à l'instigation du MI6 britannique. Dans les semaines qui suivent, plusieurs Français qui travaillent dans des établissements de l'énergie atomique sont arrêtés et poursuivis pour intelligence avec une puissance étrangère. Puis, le résident du SVR à Paris, Boris Volkov, est expulsé de France avec trois de ses adjoints...

Longchamp, rue de

No 131 – En 1957, le commandant Dimitri Griban, attaché de l'air adjoint à la mission

militaire soviétique, a réalisé dans cet immeuble une collecte des plus originales. Il a commandé à un petit fabricant de cartes postales de la rue du Faubourg-du-Temple 1 500 vues aériennes au format 18x24 de Paris et de la France. Le pilote à la retraite qui s'est vu commander ces photos à réaliser avec son petit avion s'est inquiété de ce que nombre d'entre elles concernent des zones sensibles, dont la base aérienne de Luxeuil. Il a prévenu un de ses amis du SDECE qui a, en retour, averti la DST pour mettre fin à ce travail d'espionnage aérien ; Griban a tout de même eu le temps de récupérer 400 clichés, envoyés à Moscou.
Naturellement, aujourd'hui que l'entreprise américaine Google photographie tout Paris en 3D et que les photos de satellites réalisent une imagerie totale de la planète, cette affaire semble désuète. Mais, à l'époque, aucun renseignement n'est insignifiant, et des milliers d'agents des pays de l'Est envoient des cartes postales de façon à constituer un vaste fichier des lieux du monde où opèrent les services. Selon la légende, c'est le service secret polonais qui a eu l'idée de ce puzzle géant des espions cartophiles : en effet, c'est grâce à ce système que les Varsoviens ont pu rebâtir leur ville à l'identique au lendemain de l'insurrection d'août 1944 contre les nazis.
Les Tchèques ont, quant à eux, suggéré d'établir de la même façon le fameux fichier des immeubles à double entrée afin de favoriser la coupure de filatures, à Paris et ailleurs.

→ 4, rue du Havre, 9e

Marbeau, rue

No 24 – L'ambassade de la République démocratique allemande est finalement ouverte en 1973, lorsque la RDA engage des relations diplomatiques avec la France et la Grande-Bretagne. La plupart des opérations d'espionnage menées par le HVA l'ont été jusque-là par des « illégaux », dont le rôle se poursuit dans la mesure où ils ne sont pas directement reliés à une représentation diplomatique extrêmement surveillée. Sous couverture de secrétaire d'ambassade, les hommes du HVA se succèdent au cours de la décennie avec une prédilection pour le renseignement scientifique : Hans-Joachim Keller, Gerd Lange, Arnd Augustin, Horst Riedel... À la fin des années 1970, l'attaché militaire Armin Riecker va se livrer à des activités qui dépassent largement son rôle de liaison avec l'armée française. Il est notamment chargé d'acheminer des fonds au Parti communiste français, place du Colonel-Fabien. La mission est simplifiée du fait que le premier ambassadeur en France, Ernst Scholtz, a été dans la résistance antinazie en France et a connu un jeune communiste devenu l'une des éminences grises du parti, chargé des liens avec les partis frères : Gaston Plissonnier. Riecker se verra chargé de transmettre des valises de billets à « Gaston »... Ou, du moins, à ses secrétaires successives, Ghislaine et Janine.

Michel-Ange, rue

No 127 – Incroyable, mais vrai : Louis Rivet figure dans l'annuaire téléphonique de 1939. Son numéro : JASmin 01 71. C'est pourtant l'homme de l'ombre le plus important en France, ennemi numéro un des services secrets nazis alors que la guerre pointe à l'horizon. Ce général est le patron du Service de renseignement et de contre-espionnage. On le surnomme affectueusement « Petit Louis », mais cet officier à l'ancienne aux petites moustaches taillées au rasoir est devenu, sous le Front populaire, le chef du SR où il a commencé une carrière dans les années 1920 après avoir été blessé et capturé par l'ennemi en 1914. En mission en Pologne, puis attaché à l'ambassade à Berlin, dans les postes SR de Lille et Belfort, il a compris le double danger que représentent Moscou la rouge et Berlin la brune. « Le père Rivet avait gravi tous les échelons et, sur le plan de la technicité, c'était l'homme le plus complet que j'aie jamais

Le colonel Louis Rivet, chef des services de renseignement et de contre-espionnage de 1936 à 1944. Figure légendaire, « Petit Louis » a tenté de faire assassiner Hitler.

rencontré, m'expliquera, bien longtemps après, son ancien adjoint à Paris, le colonel Paul Paillole. Un personnage très fin... Bref, un patron de service comme on n'en trouve plus de nos jours. »

Lorsque cet officier normand prend la direction du « 2 bis » en 1936, il s'entend remarquablement bien avec le socialiste Léon Blum. Les deux hommes ont la même perception du danger que représente le réarmement allemand. Ce ne sera pas toujours le cas avec les gouvernants qui suivront. Ainsi, quand Rivet et Paillole concoctent, en 1938, un plan d'assassinat d'Adolf Hitler, le patron des services spéciaux est reçu par la maîtresse du président du Conseil, en robe de chambre, et le projet X est promptement jeté à la corbeille. Monter un attentat contre le chancelier nazi ne ferait que susciter l'ire de nos voisins, et pourrait même provoquer la guerre, pense sans doute le chef du gouvernement français. Mais il n'a pas eu le courage de le leur dire en face...

→ **2 bis, avenue de Tourville, 7e**

Montespan, avenue de

No 10 – Depuis 1946 et jusque dans les années 1960, une maison meublée, la Villa Montespan, suscite les rumeurs propres aux maisons galantes, alors que les maisons closes sont officiellement fermées. Dans un grand salon lambrissé défilent les mannequins que choisissent les clients pour quelque 200 francs collectés par une soubrette court vêtue. Ce sont très souvent des diplomates étrangers qui habitent dans les rues avoisinantes, de sorte que la maîtresse des lieux, Simone Rebré, est « protégée » par le SDECE et les RG, qui profitent des informations recueillies sur l'oreiller et autres documents photographiés pendant que leurs détenteurs sont assoupis après leurs ébats. C'est si vrai qu'en 1967 des inspecteurs de la brigade criminelle connaissent une drôle d'aventure : alors qu'ils sont en planque devant la Villa pour une affaire de cambriolage, ils notent soigneusement les numéros des voitures qui s'arrêtent. Voyant le va-et-vient, ils établissent un dossier accordéon qu'ils remettent à leur patron : « Il s'agit à coup sûr d'un clandé, chef. On peut intervenir... »

Mal leur en prend. Le préfet de Paris, Maurice Roche, les convoque et se montre intraitable : « La Villa Montespan, intouchable ! » Sous-entendu : elle est bien trop utile à nos services secrets.

New-York, avenue de

Pas de numéro : le drame se déroule sur la passerelle qui relie cette rue au quai Branly. Il est 3 heures du matin, ce 4 janvier 1988, quand un homme s'approche, d'un pas décidé, d'un barbu de 30 ans qui rentre visiblement d'une soirée amicale.

« Bonne année, Siegfried ! » lui lance l'inconnu avant de tirer une balle de 9mm dans la poitrine du fêtard. Celui-ci s'appelle en effet Siegfried Wielspütz, attaché d'ambassade de l'Allemagne fédérale chargé des passeports et

L'agent allemand du BND Siegfried Wielspütz a-t-il été assassiné à Paris par des membres de la résistance kurde qui lui reprochaient ses liens avec le service turc, le MIT ? © Gamma / Eyedea

des affaires consulaires, et il se traîne misérablement sur la passerelle. Atteint dans la région du cœur, il succombera au petit matin à l'hôpital du Val-de-Grâce.

L'ambassade de RFA aurait bien voulu étouffer l'affaire, mais la presse en parle d'autant plus que l'épouse de Wielspütz, une Nigérienne qu'il a épousée dans un poste précédent en Afrique, déclare tout de go : « Ça devait arriver ! Siegfried travaillait pour les services secrets en direction du Moyen-Orient ! »

En effet, Wielspütz semblait s'intéresser de près à la question kurde, comme en témoigne une enveloppe trouvée dans sa poche par la police judiciaire : elle contient un communiqué du Front de libération nationale du Kurdistan ERNK (Eniya Rizariya Netevai Kurdistan). Or, la veille, ce ERNK a revendiqué le crash d'un Boeing 707 appartenant à la compagnie allemande Lufthansa. Cette organisation est la milice du Parti des travailleurs kurdes (PKK), qui mène la guérilla en Turquie et dont l'objectif est de créer un État souverain rassemblant les Kurdes répartis dans ce pays ainsi qu'en Iran et en Irak. En principe, le MIT (Milli Istihbarat Teskilati), le service secret turc qui les combat, s'entend bien avec le BND (Bundesnachrichtendienst), le service secret ouest-allemand auquel appartenait Wielspütz. Le chef de poste du BND à Paris, Rainer Kesselring, fils du célèbre maréchal nazi jugé en 1945 comme criminel de guerre, n'a-t-il pas été envoyé, autrefois, à Ankara pour aider le MIT à informatiser ses fichiers ? Mais, en 1988, les Turcs reprochent aux Allemands de laisser les gens du PKK frayer librement en RFA, où habite la plus importante diaspora kurde d'Europe. Dirigés par Abdullah Öcalan, ces Kurdes du PKK possèdent en effet une formidable organisation de recrutement et de financement en s'appuyant sur la communauté exilée en Allemagne, en France, et dans toute l'Europe. En juillet 1987, six mois avant l'assassinat de Siegfried Wielspütz, la police fédérale allemande, le BKA, a saisi une partie du trésor de guerre du PKK, soit 700 000 Deutsche Mark (360 000 euros), dont une portion vient de Paris. Au palmarès des militants arrêtés figure Meral Kidir, une Kurde de 28 ans, placée en tête de liste des gens recherchés. Membre du comité central du parti à Cologne, elle organisait les opérations spéciales du PKK, dont les liquidations... Emprisonnée en Turquie, critiquant le culte de la personnalité et l'idolâtrie des militants à l'égard d'Öcalan, elle participera plus tard à la création d'un groupe rival.

En 1988, rue d'Ankara, à Paris, où se trouve justement l'ambassade de Turquie, on ne souffle pas sur les braises. Les gens du MIT ne pensent pas que l'agent allemand ait été tué par les Kurdes. Et, tandis que le dossier se refermera, tout comme la diplomatie allemande, ils se satisferont des conclusions policières attestant que tout cela n'est que la résultante d'une affaire de mœurs...

→ 17, rue d'Ankara, 16e

Passy, rue de

No 51 – Au domicile de Zwi Steinberg, « diplomate israélien », la police trouve, le 6 décem-

bre 1973, dix-sept clés d'appartements qui sont utilisés par le Mossad dans Paris. Cette information intéresse bigrement la police de Norvège, qui enquête sur la personnalité de cet opérationnel hors du commun.
Le 21 juillet 1973, en effet, dans la bourgade norvégienne de Lillehammer, à 200 kilomètres d'Oslo, un Marocain, garçon de café qui a le malheur de ressembler comme deux gouttes d'eau au chef du groupe palestinien Septembre noir, a été abattu par une équipe du Mossad. Les membres du commando qui ont été appréhendés par la police norvégienne ont tous travaillé à Paris : Michael Dorf a été chauffeur de l'ambassade d'Israël en 1969 ; Abraham Gehmer, 2e secrétaire de 1965 à 1967 ; idem pour Sylvia Raphaël, qui se présente comme peintre portraitiste, ou pour Zwi Steinberg. Mieux, ce dernier s'est déjà illustré, en 1969, dans la célèbre affaire des vedettes de Cherbourg lorsqu'il a organisé, la nuit de Noël, le départ pour Israël des navires sous embargo, sous l'égide du chef d'antenne du Mossad à Paris. L'enquête sera, comme toutes celles concernant les assassinats perpétrés par le Mossad à Paris, classée sans suite. On ne peut pas en dire autant des attentats terroristes réalisés par les services spéciaux du monde arabo-musulman...

Paul-Valéry, rue

No 4 – L'Étoile-Kléber a vu le jour en 1943, la belle époque pour les bordels sous tutelle des services spéciaux. Objet social : « Hôtel meublé, pension de famille ». La patronne en est Aline Roblot, associée à Suzanne Lapeyre et Jacqueline Brault. Sous le nom de « Madame Billy », cette Bourguignonne devient l'hôtesse en galanterie la plus connue de Paris. Après Fabienne Jamet du One Two Two, bien sûr, et avant que Madame Claude ne les remplace toutes.
« Même après le vote de la loi Marthe Richard [sur la fermeture des bordels], je n'ai jamais eu d'ennuis, explique-t-elle à un journaliste du *Monde*, le 14 janvier 1981. J'ai exercé mon activité au vu et au su des autorités. Je donnais des renseignements à la police. »
Ce que Madame Billy appelle la police, ce sont les RG et le SDECE. Comme elle l'a déjà écrit dans ses mémoires, publiés un an plus tôt : « Ils voulaient savoir qui venait chez moi. Ils s'intéressaient principalement aux hommes politiques et à leurs éventuels travers. Les représentants des Renseignements généraux ne venaient me voir qu'environ une fois par mois. Le reste du temps, ils téléphonaient. Mais ils exerçaient une surveillance rue Paul-Valéry, photographiaient les clients qui entraient et sortaient, relevaient les numéros d'immatriculation des voitures en stationnement à proximité de la maison. »

Pétrarque, rue

No 15 – Michel Garder, alias Popof, qui a quitté à l'âge de 4 ans sa Russie natale, en 1920, restera toute sa vie un soviétologue original et un homme du renseignement étonnant, affectionnant les grandes théories de stratégie et de géopolitique, comme le souligne le nom de son « Centre de stratégie totale » et comme en témoignent ses articles publiés dans la revue *Ésope*.
Haut dignitaire de la Grande Loge nationale de France, et ancien officier du 2e Bureau qui dépiautait le journal *Krasnaïa Zvezda* [*L'Étoile rouge*, le journal de l'armée soviétique] de la première à la dernière ligne, le colonel Garder est l'un des rares à avoir anticipé la chute de l'URSS avec brio. Ses amis de l'Amicale des anciens des services spéciaux de la Défense nationale [AASSDN], dont il était membre du conseil d'administration, se rappellent avec quel souffle il l'avait, à chaque congrès annuel, annoncée de sa voix de stentor.
Mais on aurait tort de ne voir en Garder qu'un rat de bibliothèque. Dans les années 1980, il organise l'aide aux résistants iraniens à l'ayatollah Khomeini avec le colonel Zahm, ainsi que

le soutien à des moudjahidine partisans d'Ahmed Shah Massoud, le Lion du Panchir, et d'Omaïaoun Tandar contre l'armée soviétique qui a envahi l'Afghanistan. Lors de la cérémonie de ses funérailles, à l'église russe de la rue Daru, le 10 mai 1993, ceux qui ne le savaient pas déjà ne seront pas surpris d'apprendre que Popof était petit-fils d'un maréchal de la noblesse tsariste.

➔ 6, rue Paul-Baudry, 8e

Pompe, rue de la

No 131 – L'ambassade d'Albanie ne fait pas beaucoup parler d'elle. Pourtant, dans la grande tradition stalinienne, elle n'hésite pas à monter, en plein Paris, l'assassinat du « Trotsky albanais », Sadiq Premtaj (**➔ 12, rue de Charonne, 11e**). À partir du schisme sino-soviétique des années 1960, les Albanais s'allient avec les Chinois. Dans Paris, leur service secret, le Sigurimi, épaule le service secret maoïste, notamment pour ce qui concerne le financement de petits partis prochinois, et même des tendances pro-Chine à l'intérieur du Parti socialiste unifié… Ironie de l'histoire : à la fin des années 1970, le dictateur Enver Hoxha se brouille avec les Chinois, après la mort de Mao. Pour Tirana, le nouveau président chinois Deng Xiaoping est pire que le « révisionniste » Khrouchtchev. Le Premier ministre Mehmet Shehu est abattu à Tirana. À Paris, c'est la guerre des mots, entre groupes prochinois et proalbanais et un Premier secrétaire d'ambassade très spécial, qui arrive en 1980 rue de la Pompe, Idajet Hoxha, le propre frère du dictateur selon les services français… En avril 1992, suite à des élections, se forme le premier gouvernement de l'ère postcommuniste. 60 % des 10 000 fonctionnaires du Sigurimi sont licenciés, et beaucoup deviennent membres de la mafia albanaise. Le service secret change de nom, devenant le SHIK, Sherbimi Informativ Kombetar.

Raynouard, rue

No 48 – Sous l'Occupation, c'est là que l'Abwehr a installé la Section I/1, chargée d'envoyer des messages secrets aux agents en service clandestin. Celle-ci était basée à Wiesbaden avant de s'installer à Paris, sous l'égide du lieutenant-colonel Rauch jusqu'en février 1944, date à laquelle celui-ci est remplacé par le lieutenant-colonel Gehrts. Y sont ainsi dirigées toutes les émissions radio clandestines sur la France. Rue Raynouard sont aussi formés, par un sous-officier du nom de Vizethum (alias Vogel), des agents qui doivent se familiariser avec les émissions et le morse avant de partir en mission « en eaux profondes ».

Spontini, rue

No 40 – Dans cet immeuble, espions à tous les étages ! Y habitait, en effet, Mikhaïl Soloviev, officiellement membre de la Commission d'achat soviétique. Le 12 octobre 1976, celui-ci est arrêté par la DST place Jeanne-d'Arc (13e) alors qu'il essayait de se procurer les plans d'un réacteur d'avion ultrasecret, le CEM 56, fabriqué par General Electric et la SNECMA, puis expulsé de France. Mais y habite aussi le Group Captain Michael Stephens, du service de renseignement britannique qui, un an plus tôt, a participé aux opérations de déstabilisation du gouvernement travailliste en Australie et est en rapport avec le chef du MI6 à l'ambassade britannique, rue du Faubourg-Saint-Honoré, Alexis Forter. Bonjour l'ambiance dans la maison ! Mais peut-être la concierge épiait-elle tout le monde pour le compte de la DST ?

Suchet, boulevard

No 10 – En avril 1945, la DGER (Direction générale des études et recherches), que dirige l'ethnologue Jacques Soustelle, s'installe à cette adresse dans l'ancien immeuble de la Kriegs-

(À gauche)
Sous le nom de « colonel Passy », André Dewavrin est chef du BCRA (Bureau central de renseignements et d'action) de la France libre. Il fonde le SDECE en 1946.
© Rue des Archives / PVDE
(À droite)
Jean Allemand, professeur d'histoire-géographie et as du contre-espionnage sous le nom de « colonel Germain ». En 1956, il organise le détournement de l'avion qui transporte les chefs du FLN.
© Archives Faligot

marine, et à l'Hôtel Majestic, avenue Kléber, où s'était établi le quartier général allemand en 1940. Surnommée « la caverne d'Ali Baba », elle regroupe 10 123 membres, dont la plupart sont issus des mouvements et réseaux de la Résistance. En surnombre, ces agents – parfois résistants de la dernière heure – versent dans le brigandage et les carambouilles financières (en saisissant, notamment, de nombreux immeubles et lieux emblématiques, comme le siège de la Gestapo française de l'avenue Henri-Martin). D'honnêtes résistants doivent aussi partir à la chasse aux tortionnaires nazis et collabos notoires.

En 1946, la DGER se transformera en Service de documentation extérieure et de contre-espionnage (SDECE) sous l'égide du colonel Passy, ancien patron des services secrets de la France libre. Mais, avant cela, « la DGER était devenue une véritable caverne d'Ali Baba, expliquera Passy à l'auteur quarante ans plus tard. Il m'importait de garder l'indispensable, pour la suite, pour les services de renseignement du futur. Dès août 1945, j'ai pris une décision forte qui m'a procuré beaucoup d'ennemis par la suite : j'ai mis 10 000 personnes à la porte. Sur 105 immeubles, j'en ai rendu 101. J'ai gardé 50 voitures. »

Les spécialistes de la recherche du renseignement de la DGER puis du SDECE se trouvent d'abord rue Viète, dans le 17e : le capitaine de vaisseau Trautmann, les colonels Lochard et de Buttet, Eugène Delimarski (spécialiste des Russes avec Lochard) ou encore la légendaire secrétaire des directeurs, Mademoiselle Quercy.

Ceux du contre-espionnage, boulevard Suchet, sont des anciens des « Travaux ruraux » (couverture du contre-espionnage formé par le colonel Paul Paillole). Ce sont des figures fabuleuses comme, entre autres, les colonels Verneuil et Chrétien (héros du livre de Pierre Nord *Mes camarades sont morts*), le colonel Marcel Mercier (futur animateur de la Main rouge) ou encore Jean Allemand, alias le colonel Germain, qui détournera l'avion du dirigeant nationaliste algérien Ahmed Ben Bella en 1956...

Mais, en attendant, fort de l'expérience de ces hommes de l'ombre issus de la Résistance, le SDECE s'installe, en 1946, au 141, boulevard Mortier, dans le 20e (voir cette adresse).

No 18 – Immeuble d'appartements de l'ambassade d'URSS où a vécu notamment le transfuge du KGB, le colonel Vladimir Vétrov, alias Farewell.
→ 49, rue de la Faisanderie, 16e

No 60 – Roger Lentz, alias Poupon le Stéphanois, n'a pas meilleure réputation que son voisin du no 62, Victor Mertz. Issu du milieu au temps de la collaboration, Lentz est parfois utilisé par le SDECE pour des opérations spéciales. En 1965, au moment de l'affaire Ben Barka – le kidnapping en plein Paris de l'opposant au roi Hassan II du Maroc –, c'est à lui qu'est attribué le « suicide » d'un témoin clé, Georges Figon. Mais la police se penche sur d'autres pistes…

Nº 62 – Dans les années 1960 habite dans l'immeuble un autre contractuel du SDECE que des rumeurs ont qualifié de « tueur à gages » aux cibles prestigieuses : de Gaulle et Kennedy ! Il s'agit du capitaine Victor Mertz, gendre de Charles Martel, patron du célèbre bordel d'avant-guerre le Sphinx (**→ 31, boulevard Edgar-Quinet, 14e**). Résistant dans le Limousin, le « capitaine Baptiste » entre au SDECE, où, pendant vingt ans, il participe à diverses opérations en RFA et au Moyen-Orient. Puis le voici membre des commandos parachutistes du colonel Barberot en Algérie, et qui noyaute l'OAS. À l'automne 1961, il aurait ainsi prévenu les chefs du SDECE d'une tentative d'assassinat du général de Gaulle par l'OAS, à Pont-sur-Seine. Demeure un mystère : la bombe désamorcée au passage de la voiture du Général n'a-t-elle pas pour but de rehausser son prestige dans la guerre impitoyable qui l'oppose aux ultras de l'Algérie française ? Peu crédible.
Rémi Kauffer, l'historien de l'OAS (*Histoire d'une guerre franco-française*), le remarque avec justesse : « Provocation, l'attentat de Pont-sur-Seine : le plastic venait de Cercottes, la base du service Action du SDECE ; la bombe a été en partie désamorcée ; [le secrétaire général du parti gaulliste Alexandre] Sanguinetti a payé le billet d'avion pour le Canada du capitaine Mertz, un honorable correspondant du SDECE qui, interné à dessein à Beaujon, avait obtenu les confidences d'activistes détenus et était donc au courant du projet d'attentat… Vision apocalyptique. Qu'une bonne dose de machiavélisme fasse partie intégrante du système gaullien, c'est indéniable. Pourtant, il a ses limites. Et, d'ailleurs, si toute l'action de l'OAS se résume à un produit de la volonté des hommes de confiance du Général, rien de plus démobilisateur pour ses propres militants ! »
Naturellement, on ne prête qu'aux riches. Après l'assassinat de John Fitzgerald Kennedy, en 1963, la rumeur circulera qu'un tireur d'élite français a fait partie du complot. Vingt ans plus tard, un avocat américain viendra même enquêter en France, espérant obtenir l'ouverture d'archives à la faveur de l'alternance politique à Paris. Mertz fera alors figure d'accusé numéro un, d'autant qu'on l'a vu lié, entre-temps, à diverses affaires de stupéfiants. En réalité, cette piste est un « bouteillon », et l'avocat, un conseiller juridique de la mafia qui essaie, depuis deux décennies, de détourner les soupçons pesant sur celle-ci à propos de la mort de JFK.

Victor-Hugo, avenue

Avenue Victor-Hugo, dans d'anciens locaux de la Gestapo, le colonel Mantoux, de la DGER, crée l'ORCG (Organisme de recherche des criminels de guerre), et il collabore avec le « Club des Cinq », que dirige un garde du corps de De Gaulle, à la traque des nazis dès 1945. Ensemble, ils arrêtent de nombreux agents du SD (le Sicherheitsdienst), telle « la Tigresse »… L'ORCG collabore avec le Mossad pour traquer d'anciens dirigeants nazis à travers le monde et, notamment, avec un responsable appelé à un grand avenir, puisqu'il deviendra Premier ministre d'Israël : Yitzhak Shamir.
Nº 6 – L'Hôtel Métropole y abritait, en 1945, la première base du Mossad pour l'Europe. C'est Shaul Avigour qui la dirige, épaulé par son adjoint Fernand Geismar. Deux ans plus tard, Avigour est remplacé par Shaul Meyerov, qui opère toujours à partir du même hôtel, mais installe en outre, un secrétariat rue Chabanais, non loin du célèbre bordel éponyme. Ce secrétariat établit une liaison désormais constante avec la DST, dont Yitzhak Shamir, encore lui, qui agit à partir de 1951 sous une couverture inattendue : la légation d'Iran à Paris.

No 102 – Au lendemain de la guerre, la Pension Verdin est l'un des hôtels du SDECE, familiale, feutrée, douillette – on y prend les patins pour ne pas souiller le parquet ciré… Jusqu'en 1953, des officiers du SDECE y séjournent, lors d'un passage à Paris, voire y logent de façon durable, jusqu'à ce qu'on change de « crèmerie » : les cadres du SDECE, les non-clandestins, vont désormais passer la nuit au Grand Hôtel Gambetta, d'où ils peuvent, à pied, rallier la « Piscine » du boulevard Mortier en dix minutes.

→ 223, avenue Gambetta, 20e

No 166 – Le 14 juin 1894, la police trouve dans le petit hôtel dont il était le propriétaire le cadavre d'Aldabert Foucault de Mondion. Un médecin venu délivrer le permis d'inhumer est vivement pris à partie par l'amie du défunt, Mme Meilhan : « Sa mort n'est pas naturelle ! » Deux autres praticiens arrivés à leur tour, à la demande du commissaire Nochon, concluent à une crise d'urémie, et le mort sera finalement inhumé au cimetière du Montparnasse. Cette ultime péripétie est à la mesure de la carrière tourmentée d'un étonnant agent secret de cette fin de XIXe siècle.

Foucault de Mondion a été secrétaire de l'attaché militaire chinois à Paris, le colonel Tcheng Ki-Tong, et l'a aidé à publier ses livres sur l'Empire du Milieu ou sur la France : *Le Roman de l'homme jaune*, *Les Plaisirs en Chine*, *Les Parisiennes peintes par un Chinois*, etc. En réalité, quand, en 1886, le général Boulanger, ministre de la Guerre, a promulgué un décret sur le rôle des services spéciaux, M. de Mondion s'est retrouvé adjoint du colonel Vincent, chef du service de renseignement. C'est pourquoi il va devenir un maître espion contre l'Allemagne. On lui doit donc non seulement l'infiltration de l'ambassade de Chine, mais aussi, en sourdine, le contrôle de postes de renseignement français à Berlin, Vienne, Rome et Sofia. À Bruxelles, il publie deux livres qui mettent à nu le IIIb, le service secret du Kaiser : *La Belgique livrée à l'Allemagne* et *Bismarck démasqué*. La raison majeure qui a fait penser que Foucault de Mondion a pu être empoisonné est qu'il préparait un bouquin explosif sur la corruption et les arcanes des services secrets français : *L'Art de l'espionnage, Carnet d'un agent secret*. Le 18 juin, toutefois, *Le Figaro* rend hommage au maître espion du général Boulanger en ces termes : « Il avait su conserver, dans différents postes, de précieuses intelligences et s'assurer le concours d'agents secondaires qui lui rendirent de grands services. »

Si les chefs du service de renseignement ont cru pouvoir se frotter les mains en voyant disparaître ce personnage gênant qui risquait de les mettre sur la sellette, ils ont eu bien tort : quatre mois plus tard éclate l'affaire Dreyfus, qui va finalement les faire imploser.

→ 231, boulevard Saint-Germain, 7e

Tcheng Ki-Tong, premier attaché militaire d'une ambassade chinoise en France. En 1894, le rédacteur de ses mémoires et agent secret Aldabert Foucault de Mondion meurt subitement…

17e

ARRONDISSEMENT

Brunel, rue

No 40 – L'avocat à la cour Jérôme Ferrucci, dont le cabinet est à cette adresse (téléphone : ÉTOile 51 49), est très lié à l'appareil secret de l'Internationale communiste et aux organes soviétiques. En 1931, il est l'avocat d'Isaïa Bir et Haelter Ström, deux agents secrets juifs polonais impliqués dans l'affaire d'espionnage « Fantômas » qui a obligé l'important responsable du Parti communiste français Jacques Duclos à fuir à Berlin, et à se réfugier auprès de l'appareil spécial du Komintern. Duclos avait remplacé Jean Cremet, créateur du réseau de « correspondants ouvriers » (on utilise même le terme russe de *rabcors*) qui envoyaient des informations sensibles en provenance des arsenaux, des ports et des établissements militaires de toute la France. Quand Cremet a failli être arrêté, en 1927, celles-ci ont alors été adressées à une boîte postale du journal *L'Humanité*, où Isaïa Bir, alias Fantômas, récupérait les documents pour les envoyer au renseignement militaire soviétique, le GRU. À la même époque est aussi arrêté le mystérieux « Général Muraille », qui a contribué au développement du système *rabcors* (→ **Rue de Sèvres, 7e**). Moscou envoie alors un autre militant juif polonais, Leopold Trepper, enquêter en France sur les raisons de cet échec. C'est l'occasion pour ce futur chef de l'Orchestre rouge de rencontrer Me Ferrucci, afin de savoir si c'est une trahison du réseau ou de simples maladresses qui ont aidé la Sûreté, et singulièrement le commissaire Charles Faux-Pas-Bidet, le « tombeur » du réseau Fantômas.

Sous l'Occupation, Me Ferrucci passe en zone sud, où il animera, de concert avec Boris Guimpel, son chef régional, les finances du Service B, le service de renseignement des Francs-tireurs et partisans, lié au GRU soviétique.

No 44 – En 1940, l'Hôtel Rovaro est géré par l'Algérien Adjou Saïd. Celui-ci a été recruté par Richard Christmann, le responsable aussi bien des manipulations des nationalistes maghrébins que des maisons closes de luxe pour le compte de l'Abwehr III-F, une section du renseignement militaire nazi à Paris. C'est avec le « Gros Mohamed », patron du cabaret El Djezaïr, que Christmann publie le journal pronazi *Er-Rachid* (→ **27, rue de la Huchette, 5e**). Ce mensuel, dirigé par Mohamed el-Maadi (qui habite au 7, rue Manuel, 9e), se présente comme l'organe de défense et de liaison des musulmans nord-africains (83, avenue de la Grande-Armée, 16e), jouant à la fois un rôle propagandiste pour rallier les musulmans à la politique nazie et de couverture aux opérations d'espionnage dans le Maghreb.

Dans le no 3 d'*Er-Rachid*, de mars 1943, on présente « Son excellence l'Agha Adjou Saïd » (Croix de guerre, blessé de la Grande Guerre) venu à Paris de sa Kabylie natale en 1923. « Demeuré parmi nous, il est devenu le plus

Richard Christmann, agent de l'Abwehr puis du BND, revient sur les lieux de sa détention en 1982, la prison du Cherche-Midi, où il ne reste plus qu'une plaque commémorative. © Pascal Faligot

Agent du Komintern, le jeune Nguyên Ai Quôc – futur Hô Chi Minh – aime à faire la cuisine pour ses amis : Jean Cremet, l'écrivain Colette ou le jeune chanteur Maurice Chevalier. © Rue des Archives / PVDE

parisien des Nord-Africains de la capitale et leur doyen affectionné. Très populaire, il narre beaucoup d'histoires et celle de sa vie réussie est certes la plus passionnante. Acrobate, cocher, voyageur infatigable, les deux Amériques nous le rendent coureur automobile et polyglotte... »

Lorsque Christmann part en mission en Hollande, Adjou Saïd est pris en main par le lieutenant Klingenburg, alias Boulanger, de l'Abwehr II, puis par le colonel Berger du Sicherheitsdienst, le service secret SS.

En juillet 1946 – curieuse coïncidence –, dans le cadre de la répression de la collaboration, Christmann retrouvera son ancien agent de l'Abwehr Adjou Saïd dans une cellule voisine de la sienne, à la prison du Cherche-Midi.

Compoint, villa

Nº 9 – L'ancienne petite impasse Compoint donne dans l'actuelle rue Guy-Môquet, alors Balagny. Dans un minuscule logement, transformé en laboratoire photo de fortune, habite, en 1921, un Indochinois maigre comme un chat errant du nom de Nguyên Ai Quôc. Il est passé maître en calligraphie des caractères chinois avec lesquels on écrivait autrefois la langue vietnamienne. Il décore des enseignes pour les commerçants chinois, mais l'idée lui est venue de réaliser des photographies, retouchées si nécessaire, d'après documents (pour 20 francs) et même encadrées (40 francs). Nguyên Ai Quôc (« Celui qui aime son pays ») s'est fait remarquer au congrès fondateur du tout nouveau Parti communiste français en prononçant un discours enflammé pour l'indépendance indochinoise. Aussi les « chaussettes à clous » de la Sûreté surveillent-elles celui qui se fait appeler aussi « Monsieur Ferdinand ». Il reçoit chez lui quelques amis de renom pour qui il cuisine des rouleaux de printemps : la grande romancière Colette et un jeune chanteur, Maurice Chevalier, qui se produit en compagnie de Mistinguett – elle-même indicatrice de la Sûreté...

Le contre-espionnage a acquis la certitude que l'Indochinois travaille avec les Chinois de la capitale, à commencer par Zhou Enlai, l'un des fondateurs des services spéciaux de Mao. Puis, un beau jour, Monsieur Ferdinand disparaît gare Saint-Lazare : les inspecteurs de la Sûreté l'ont vu entrer au cinéma, mais pas en sortir... Il s'est éclipsé par une porte dérobée pour prendre le train direction Berlin, puis Moscou. Au quartier général de la Révolution, il retrouve Jean Cremet. Ensemble, ces deux agents du Komintern vont fonder, à Hong Kong, le Parti communiste indochinois, lequel sera guidé vers le pouvoir au Viêt-Nam, bien plus tard, lorsque Monsieur Ferdinand aura pris le nom sous lequel il est mondialement connu : Hô Chi Minh.

Eugène-Flachat, rue

No 20 – De sa création dans les années 1950 jusqu'à la fin du siècle, c'est ici, dans un petit bureau, que s'active l'équipe du colonel Paul Paillole, l'ancien responsable du contre-espionnage, souvent cité dans ces pages, au sein de l'Amicale des anciens des services spéciaux de la Défense nationale (AASSDN). Au tournant du XXIe siècle, l'association, désormais présidée par le colonel Henri Debrun, prend ses quartiers au 16-18, place Dupleix (15e) et se modernise en lançant un site internet doté, notamment, d'une abondante bibliographie sur l'histoire des services de renseignement : www.aassdn.org.

Fortuny, rue

No 34 – Pendant la Seconde Guerre mondiale, le commandant Zimmermann, alias Eckermann, un quinquagénaire binoclard, blond, mais dégarni, organise le recrutement, l'instruction et l'implantation dites « territoriales » des espions de l'Abwehr à travers la France. Rue Fortuny, ainsi qu'au 36, rue de Villejust (aujourd'hui rue Paul-Valéry, 16e), les agents sont formés à l'insu des autres services allemands, afin d'assurer le maximum de cloisonnement et de sécurité. D'ailleurs, alors qu'on trouve à Paris une demi-douzaine d'écoles de radios, principalement dans le 16e arrondissement, les agents secrets de Zimmermann sont renvoyés à Fribourg pour suivre une formation en matière de transmissions. Cette filière aura implanté d'importants réseaux en Normandie, à peu près un an avant le jour J, le débarquement des Alliés en juin 1944.

Phalsbourg, rue de

Dans son magnifique hôtel particulier, le sultan Bolo Pacha donne l'impression, en pleine guerre de 14-18, d'être un magnat richissime qui s'intéresse à la presse. La preuve ? Il veut acheter un grand quotidien, *Le Journal*. C'est du moins ce que l'on peut conclure lorsqu'il

L'aventurier et agent d'influence Bolo Pacha est condamné à mort par le conseil de guerre, en avril 1918, pour « intelligence avec l'ennemi ».
© Rue des Archives / Tal

appuie l'intervention de deux intermédiaires, les sieurs Lenoir et Desouches, qui ont déjà offert 21 millions, plus une rallonge de 10 millions. C'est peut-être parce qu'il a de hautes relations, à commencer par l'ancien ministre des Finances Joseph Caillaux, que Bolo Pacha a attiré l'attention. Le contre-espionnage du commandant Georges Ladoux a décelé qu'il s'agissait, en réalité, d'un escroc. Lyonnais, Paul Bolo est un ancien perruquier qui a été affublé de son titre de pacotille par l'ancien khédive d'Égypte, déposé par les Anglais, Abbas Hilmi. Pis encore, il émarge au Nachrichtendienst, le service secret allemand. *Nachrichten* en allemand veut aussi bien dire « renseignement » qu'« informations », et il n'est pas étonnant qu'en pleine guerre le colonel Nicolai, patron du ND, veuille acheter un fleuron de la presse française pour y insuffler de la propagande antinationaliste. Il avait déjà essayé, quelque temps plus tôt, en manipulant le journal libertaire *Le Bonnet rouge*, dirigé par l'anarchiste Miguel Vigo-Almereyda – le père du cinéaste Jean Vigo. Ladoux l'avait fait surveiller, y compris par une « honorable » correspondante, la célèbre chanteuse et meneuse de revue Mistinguett, avant de le faire arrêter. Peu après, en août 1917, Almereyda est mystérieusement retrouvé mort dans son cachot...
Bolo Pacha, l'espion escroc, aura droit à un grand procès et sera fusillé le 17 avril 1918, tandis que son complice Pierre Lenoir passe devant le peloton d'exécution après la guerre, le 24 octobre 1919. Sans le savoir, ces valets du Kaiser venaient d'inaugurer la grande tradition des agents d'influence étrangers dans la presse française...

Renaudes, rue des

No 1 – Le 17 janvier 1966, Georges Figon est retrouvé « suicidé » dans son appartement. Pseudo-journaliste, ami de l'écrivain Marguerite Duras, il est mouillé jusqu'au cou dans la disparition du chef de l'opposition marocaine Mehdi Ben Barka. Les services de police de l'époque se persuadent qu'il a été tué par un gangster du nom de Roger Lentz, surnommé « Poupon le Stéphanois », un gangster issu du milieu sous l'Occupation, qui est employé de temps à autre par le SDECE pour « sulfater » quelques personnages gênants. Selon la DST, relayée par le journaliste de *L'Aurore* Philippe Bernert, Georges Figon a été liquidé par un Corse du milieu condamné pour escroquerie.

➔ **151, boulevard Saint-Germain, 6e**
➔ **Passage Traînée, 18e**

Wagram, avenue de

No 143 – Anciennement le siège de l'ambassade d'Israël. On a vu la naissance du Mossad après la guerre, notamment avec Yitzhak Shamir, futur Premier ministre d'Israël (➔ **6, avenue Victor Hugo, 16e**), puis ses opérations, à la fin des années 1960, autour de l'affaire des « vedettes de Cherbourg » (➔ **51, rue de Passy, 16e**). Les deux décennies suivantes, les activités de ce service ont été considérables, au diapason de la montée de la violence au Proche-Orient. Reste que, pour le Mossad comme pour tous les autres services spéciaux, servir à la station de Paris est à la fois un honneur, un plaisir et souvent le tremplin pour une carrière plus importante, soit dans la communauté du renseignement, soit dans le monde politique – comme on le voit, de nos jours, dans l'État hébreu.
Ainsi, l'ancienne directrice du ministère de l'Intégration (Misrad Haklitan), Mirla Gal, est l'éminence grise de Tzipi Livni, tête de file du parti Kadima en 2009 et postulante au poste de Premier ministre d'Israël. Or, les deux femmes se connaissent depuis l'enfance et ont un autre point commun : toutes deux ont travaillé pour le Mossad à Paris. Si Tzipi Livni n'a connu qu'une courte carrière dans le renseignement – elle a quitté le Mossad en 1984 –, Mirla Gal y a passé vingt-trois ans. Elle a été, notamment, la responsable de la station du

Tzipi Livni, ministre des Affaires étrangères d'Israël, au cours d'une conférence de presse à Paris, où elle fut autrefois espionne du Mossad. © AFP

service à Paris à la fin des années 1990, après deux décennies de postes outre-mer, notamment en Afrique. Vingt ans auparavant, Tzipi Livni avait donc, elle aussi, travaillé pour le Mossad à Paris. Selon des sources anglo-saxonnes, elle a servi de « scout » en assurant la logistique pour l'assassinat de responsables palestiniens en Europe... On lui attribue même la mort du représentant de l'OLP Mamoun Meraish, à Athènes – autre nid d'espions –, le 21 août 1983.

À Paris, Mirla Gal a occupé un poste plus traditionnel, en tant que chargée des liaisons entre le Mossad – alors dirigé par Danny Yatom – et la DST ainsi que la DGSE. Son adjoint opérait à l'époque sous couverture du bureau français d'une compagnie nationale israélienne. Mirla Gal a quitté le service en 2003 pour devenir responsable de l'intégration des Juifs venus de l'étranger. Le Misrad Haklitan, dont Mirla Gal a été la directrice générale jusqu'en septembre 2006, dépend directement du ministère des Affaires étrangères israélien. Les deux « Parisiennes » du Mossad ont donc continué de cheminer de concert dans la vie diplomatique puis politique. Or, début 2009, c'est Benyamin Netanyahou qui, contre toute attente, redevient Premier ministre. Parmi ses premières décisions figure son choix comme conseiller national à la Sécurité d'un autre ancien de l'antenne du Mossad à Paris, officiellement 2e secrétaire à l'ambassade au milieu des années 1980, Uzi Arad.

18e

ARRONDISSEMENT

&

19e

ARRONDISSEMENT

Belleville, rue de

No 9 – « Allô, je suis bien à la boucherie Beaugrand ? Je voudrais commander quatre biftecks dans la hampe. »
Ils ne sont pas nombreux, les bouchers de Paris, à avoir le téléphone en 1939, comme en témoigne l'annuaire de cette année-là. Mais la personne qui téléphone à NORd 75 42 a un accent à couper au couteau. Normal, c'est un agent russe. Car Marcel Beaugrand est l'un des agents secrets du Komintern. C'est du moins ce que rapporte, parmi des centaines de révélations, Jan Valtin, transfuge de ce service, dont l'éditeur Dominique Wapler publie, au début des années 1940, le livre étonnant *Sans patrie ni frontières*. Et, au fait, des « biftecks dans la hampe », n'est-ce pas un message codé ? Cela ne manquerait pas de sel !

→ **6, rue de Londres, 9e**
→ **13, rue des Beaux-Arts, 6e**

Botzaris, rue

No 58 – Dans la rue qui longe le parc des Buttes-Chaumont, voici un bel exemple de « boîte à lettres morte », comme en sont régulièrement relevées des centaines dans la capitale, chaque année, pendant la guerre froide. Ce système utilisé par les services secrets consiste à laisser, dans un endroit préétabli, un message, un rapport, un microfilm qu'un officier traitant viendra chercher. Ou, à l'inverse, à prendre des consignes de son officier traitant, éventuellement avec une *shopping list* – une liste de commissions, autrement dit d'informations recherchées par la centrale.
Suivons « Monsieur Armand », qui, le 29 avril 1959, à bord de sa Dauphine, se rend rue Botzaris. Il s'approche d'un pilier de la balustrade du no 58, sort une craie de sa poche et trace discrètement la lettre « D ». Cela signifie qu'il demande un rendez-vous avec son contact. Monsieur Armand s'appelle en fait Hermann Bertelé. Cet ancien résistant en Isère, pendant la guerre, travaille pour le renseignement militaire polonais, le Z-II.
C'est ce qu'il admettra, après de longs interrogatoires, dans les locaux de la DST. « Quand je trace le *D*, mon contact sait qu'on se rencontrera trois jours plus tard à un endroit convenu... » Les contre-espions ne perdent pas de temps pour réagir. Ils organisent une planque face à la balustrade. Du métro Buttes-Chaumont sort un jeune homme qui baguenaude puis s'arrête pile à l'endroit requis. Il a vu l'inscription à la craie. Les observateurs notent qu'il sort son mouchoir et efface le « D » d'un geste rapide... Puis il s'éloigne d'un bon pas. « Police nationale ! » Il se présente : « Lieutenant Kasimir Dopierala, secrétaire de l'attaché militaire », espérant sans doute bénéficier de l'immunité diplomatique. Or, elle ne s'applique pas dans son cas. Quand il nie les faits, les inspecteurs l'obligent à montrer son mouchoir plein de craie bleue... La preuve qu'il fallait. Le « réseau Armand » s'effondre alors comme un château de cartes, d'autres membres tombent. L'homme de l'ambassade sera emprisonné et expulsé plus tard, et Bertelé, alias Armand, condamné à dix ans de prison après avoir été déchu de sa nationalité française.

Colonel-Fabien, place du

No 2 – Le siège du Parti communiste français a toujours constitué une cible de choix pour les services secrets, RG, DST et compagnie. Dans les années 1950, la DST avait déjà installé un micro à l'ancien siège du 44, rue Le Peletier, dans le 9e. Dans les années 1970, au cours de l'opération « Aquarium », la station de la CIA réussit à faire entrer dans les nouveaux locaux un sosie de Jean Kanapa, dirigeant du PCF au côté de Georges Marchais, afin de fouiller son bureau et ceux d'à côté. En face du « Colonel-Fabien », l'agence de renseignement américaine a loué, au-dessus de la pharmacie de l'avenue Mathurin-Moreau, un appartement d'où elle peut photographier les allées et venues

Dans le cadre de l'opération « Aquarium », la CIA réussit à recruter des secrétaires du Parti communiste place du Colonel-Fabien et à introduire le sosie d'un dirigeant dans le saint des saints.
© Roger-Viollet

à la direction du Parti. Sont notamment visées les jeunes secrétaires qui seront prises en chasse, afin de tout savoir sur leur vie privée. Une fois ce travail réalisé, un nommé « Tom », au poste 73-20 de l'ambassade des États-Unis, donne le feu vert à l'opération. Tom, c'est Michael Berger, un officier chevronné de la CIA. À partir de là, Victor Eloy entre en scène. C'est un ancien mannequin qui a posé pour des photos publicitaires de Coca-Cola en Belgique, où il vit. Si la CIA l'a recruté, c'est pour jouer toujours le même scénario : rencontrer « par hasard » les jeunes secrétaires du PCF photographiées, fichées, sur écoute, et puis tenter de les séduire et de les recruter... Grâce à ces « manips », la CIA a engrangé de nombreuses informations sur le système de fonctionnement interne du PCF et, en particulier, sur le rôle de l'éminence grise Gaston Plissonnier, chargé des relations avec l'URSS. Pourtant, l'opération fera long feu. Grâce à ses relais à l'intérieur des services secrets français, le PCF a eu vent de ces tentatives. Sous la plume du spécialiste de la CIA à *L'Humanité*, le journaliste-écrivain Alain Guérin, l'opération « Aquarium » est révélée. La publication de ces révélations obligera Berger à quitter la France, et il reprendra du service au Cameroun. Il ne sera pas le seul : d'autres officiers se trouvent sur la sellette, à commencer par Eugen Burgstaller. Le chef de la CIA à Paris a été pris à son propre jeu. Le quotidien *Libération* l'a photographié à son tour et, en janvier 1976, le journal de Serge July publie le cliché à la une [→ **2, avenue Gabriel, 8e**], ainsi que les noms de trente-deux membres de la Company. Tel est pris qui croyait prendre !

Jules-Romains, rue

No 4 – Ce bureau de change couvre les turpitudes de la mafia chinoise. Au milieu des années 1990, les services de sécurité français orientent leurs activités en direction du crime organisé étranger. C'est vrai de la mafia russe, mais aussi, de manière croissante, des Chinois.

En 1998, un rapport de la 12e section des RG français décrit avec précision les mécanismes financiers liés à la pratique généralisée du travail des immigrés chinois dans les ateliers clandestins, qui rapporte des profits colossaux aux mafias. Or, un ancien cadre de la Banque de Chine, Geng Yubao, a décidé d'entrer dans le privé. Il a eu l'idée géniale d'ouvrir, au 4 de la rue Jules-Romains, son propre bureau de change, « Baotong », auquel collabore un couple de Chinois qui travaille dans la confection, Qu Qianmei et son mari Chen Jianhai. Au début de 1999, Baotong est rayé du registre du commerce, mais les bureaux de change « Moncomptoir » et « Ruitong », créés par le couple et installés dans le 9e arrondissement, vont multiplier les opérations de change douteuses, sur les conseils avisés de Geng.

Le 2 octobre 1998, la Chambre de commerce inscrit au registre l'agence « Moncomptoir », dont la gérante est « Madame Qu, épouse Chen Qianmei », née en 1956 dans le Zhejiang. Comment pratique-t-elle ?

En théorie, c'est très simple. Des Chinois du Zhejiang viennent verser des fonds en liquide – de 10 000 à 300 000 francs – afin qu'ils soient transférés en Chine. Ce sont, en moyenne, quatre-vingts personnes par jour, cachant les coupures dans des sacs en plastique, des boîtes, des valises. Certains remboursent aux « Têtes de serpent », les passeurs de la mafia chinoise, l'argent qui correspond à leur passage en Europe. D'autres veulent investir dans des entreprises du Zhejiang, donnant un coup de fouet à l'industrie locale qui va ensuite exporter vers l'Europe, ou encore réinvestissent l'argent blanchi par le circuit dans des fonds de commerce ou des biens immobiliers en Europe. Un cycle infernal difficile à briser.

La masse d'argent recueillie est ensuite déposée sur des comptes ouverts dans des banques françaises, qui vont enfin les transférer via le canal SWIFT. C'est l'une de ces banques françaises qui, s'étonnant de tels mouvements, a adressé une « déclaration de soupçon » à la cellule Tracfin, chargée de la répression du blanchiment au ministère des Finances.

Le 27 juin 2000, après 18 mois d'enquête, l'Office central de la répression de la grande délinquance financière et la 12e section des RGPP organisent une descente dans les deux bureaux de change Moncomptoir et Ruitong. Vingt-sept Chinois sont arrêtés. Selon les enquêteurs, plus d'un milliard et demi de francs a transité par ces sociétés, ce qui représente 3 millions par jour, que les « porteurs de valise » d'argent sale ont livrés aux agences afin qu'ils soient transférés vers Hong Kong ou la Chine. Ces sommes proviennent de toutes sortes d'activités illicites : ce sont, outre le remboursement de la dette des immigrés à leurs passeurs, le trafic de main-d'œuvre et la non-déclaration de recettes de grandes surfaces d'alimentation, le détournement de la TVA, de charges sociales non déclarées par des restaurants, des salons de coiffure ou encore des pharmacies chinois installés en région parisienne.

Une autre source indique que certains fonds proviennent de l'importation – grâce à la mafia chinoise en Italie – de vêtements confectionnés en Chine, frauduleusement introduits en Europe via le port de Gênes. La mafia chinoise est certes très active dans cette affaire, mais elle ne pourrait agir ainsi sans l'appui de toute une partie de la communauté des Chinois du Fujian, attirés par l'appât du gain et se souciant peu de la législation européenne, ou même de celle de leur pays d'accueil.

Les policiers ont confisqué 5,3 millions de francs et bloquent 27 millions sur des comptes détenus par des responsables de l'organisation proprement mafieuse. Dans l'attente d'un procès, dépendant d'une instruction, certains des bénéfices réalisés et transférés auraient permis, selon les spécialistes du renseignement français, aux organisations mafieuses telles que le « Soleil rouge », très implantée en Europe, de poursuivre l'envoi d'immigrants clandestins à partir de provinces chinoises comme le Fujian. Dès cette époque se pose aussi cette question : quel rôle joue exactement le service de renseignement chinois, le Guoanbu, camouflé dans l'ambassade de l'avenue George-V, dans ce genre d'opérations délictueuses ?

Martyrs, rue des

No 93 – « Chez Sorlut », c'est naturellement du côté de Pigalle. Pierre Sorlut tient son restaurant libertin – longtemps avec sa femme Suzanne, aujourd'hui disparue – un lieu aussi bien fréquenté par les anciennes barbouzes des réseaux Foccart et « Vieux de la vieille » de la Surveillance du territoire que par les jeunes couples en quête d'une soirée coquine ou d'une partie carrée.

Si Sorlut n'a pas toujours été restaurateur, il a, en revanche, toujours fait dans l'érotique et le fristouillard. Jeune inspecteur à la DST, il a en effet défrayé la chronique en provoquant le maelström du « scandale des Ballets roses » en 1959. Deuxième personnage de l'État comme président socialiste de l'Assemblée de l'ex-IVe République, mais aussi ex-ministre de De Gaulle, André Le Troquer, 74 ans, se retrouve au cœur de ce scandale quand on apprend que, dans un pavillon d'État, dit du Butard, celui-ci faisait danser dans le plus simple appareil des ballerines de 14 à 20 ans (la majorité est encore fixée à 21 ans à l'époque !), avant que la soirée ne tourne à l'orgie. La rumeur veut même que Le Troquer – pourtant manchot – et ses partenaires se soient livrés à des séances sadomasochistes et autres châtiments corporels sur les jeunes filles en tutu. Or, celles-ci étaient recrutées par Sorlut, officiellement en disponibilité de la DST. Le 10 janvier 1959, le quotidien *Le Monde* publie l'article qui va allumer la mèche d'un scandale qui débouche sur un procès retentissant au terme duquel Sorlut est condamné à cinq ans de prison ferme et Le Troquer, compte tenu de ses excellents services pour la nation, à un an de prison avec sursis.

Dans la mesure où Sorlut a été, avant l'affaire des Ballets roses, le chauffeur de Roger Wybot, le patron de la DST, on a évoqué dans les salons parisiens l'existence d'un complot fomenté par le « gaulliste » Wybot, ancien chef des services secrets de la France libre, contre le socialiste Le Troquer… Or, Wybot, du fait de ce qui se disait, à l'époque, de son homosexualité, n'avait guère d'intérêt à monter ce genre de manipulation à connotation politico-érotique, susceptible de générer un effet boomerang contre la rue des Saussaies.

Pierre Sorlut, chauffeur de Roger Wybot, patron de la DST, la cheville ouvrière du scandale des Ballets roses en 1959.
© Archives Faligot

Surnommé "Savonnette", Antoine Lopez, chef d'escale à Orly et "honorable correspondant" du SDECE, sera condamné à huit ans de réclusion criminelle pour sa participation à l'enlèvement de Ben Barka en 1967. Ici dans les locaux de la PJ, 36 quai des Orfèvres. © Rue des Archives / AGIP

Traînée, passage

Ce passage n'apparaît pas sur les plans de Paris. C'est donc le lieu rêvé pour installer un pied-à-terre secret – ce que les services spéciaux appellent un « appartement conspiratif » –, en haut à droite de la rue Lepic, en arrivant au sommet de la butte Montmartre. Celui-ci est un deux-pièces-cuisine, au-dessus d'une vieille épicerie, en face d'une boîte de nuit comme il en fleurit alors du côté de Pigalle. Le général Oufkir, patron des services secrets marocains, en a fait son lieu de prédilection pour s'y replier lorsqu'il vient à Paris, sous un faux nom, jusqu'en 1965. C'est l'époque où il prépare, pour le compte de son roi, Hassan II, l'enlèvement de l'opposant de gauche Mehdi Ben Barka [➔ **151, boulevard Saint-Germain, 6e**]. Mais il ne sait pas que le peintre décorateur chargé de tapisser l'appartement est, en réalité « Monsieur Jules » du Service 7 du SDECE, venu poser des micros. Il expliquera plus tard à l'auteur : « J'ai travaillé dans cet appartement. J'y ai installé des "oreilles" à la demande du colonel Morvan. Pour justifier notre pénétration, j'en ai fait, de la décoration ! Durant cette installation, j'ai eu l'occasion de déjeuner avec Oufkir, Dlimi [son lieutenant] et El Mahi. Je les connaissais très bien. Ils me prenaient pour le patron décorateur. Je dirigeais une équipe d'ouvriers. Ils étaient très détendus. Ils ignoraient que je pouvais être de la "Boîte". Autant je me sentais libre avec Oufkir, autant je me méfiais des deux autres. En tout cas, après la pose des micros, on savait tout ce qui se passait. L'appartement servait aussi de relais au colonel Dlimi et aux autres. Lorsque l'affaire a éclaté, j'ai tout de suite pensé qu'il avaient dû embarquer Ben Barka dans cet appartement. Finalement, ils l'avaient emmené chez Lopez et chez son voisin Boucheseiche [deux hommes de main français des SR marocains]. Ils ont essayé de le faire parler, l'ont trituré, et c'est là qu'il est resté sur le carreau... »

En plus des micros posés passage Traînée par « Monsieur Jules », le SDECE profite d'une autre source. Il s'agit d'Antoine Lopez, alias Savonnette, chef d'escale à l'aéroport d'Orly. Il était à la fois agent d'Oufkir et « honorable » correspondant du SDECE, ce qui fait que le service de renseignement français ne pouvait rien ignorer du complot qui se tramait contre Ben Barka, enlevé sur le boulevard Saint-Germain le 29 octobre 1965.

20e

ARRONDISSEMENT

Gambetta, avenue

No 223 – À partir de 1953, le Grand Hôtel Gambetta, sur le boulevard du même nom, face à la piscine des Tourelles, est aussi l'un des hôtels du SDECE, tout comme l'a été la Pension Verdin (→ **102, avenue Victor Hugo, 16e**). Il suffit de traverser la rue et de marcher dix minutes pour se retrouver dans la grande centrale des services secrets.

Cet hôtel accueille principalement les célibataires ou les officiers en provenance de l'étranger et de la province. On imagine mal tous les problèmes de vie quotidienne auxquels sont confrontés les agents secrets...

Ici se rencontrent des hommes d'importance, ceux qui constituent l'équipe de direction de « la Maison Grossin » – dans les années 1960, le général Paul Grossin a présidé aux destinées des services spéciaux français, comme, par exemple, son bras droit, le colonel Jean Auriol.

Mortier, boulevard

No 141 – Sous la direction du colonel Passy, patron des services secrets de la France libre, est né, en 1946, le Service de documentation extérieure et de contre-espionnage. Peu après, le SDECE – prononcer *sdek* – émigre boulevard Mortier. Un patron socialiste, Henri Ribière, organise son installation.

Dans les années 1960, la presse a donné au service le surnom de « la Piscine » (Roger Faligot et Pascal Krop ont intitulé ainsi leur best-seller sur la DGSE en 1985) en raison de sa proximité avec la piscine des Tourelles. Mais ses fonctionnaires l'appellent aussi bien « la Boîte », « la Crèmerie », « les Lilas », etc.

C'est Pierre Marion qui a, de concert avec le ministre de la Défense socialiste Charles Hernu, réformé ce service en 1982, le rebaptisant Direction générale de la sécurité extérieure (DGSE). À l'issue du désastre du *Rainbow Warrior*, ce navire de Greenpeace coulé en juillet 1985 par des nageurs de combat de la DGSE, le général Imbot, qui décide de « couper les branches pourries », fait affecter le personnel militaire de la centrale sous la couverture du 44e Régiment d'infanterie.

Dans les années 1990, il a été question de redéployer l'agence ailleurs, mouvement qu'ont empêché des compressions budgétaires. En revanche, des bâtiments ont été modernisés, et l'on a vu, notamment, la création d'un bâtiment central où est installé le directeur général.

En 1993, lors de la cohabitation entre le Président François Mitterrand et le Premier ministre Jacques Chirac, le nouveau directeur général de la DGSE, Jacques Dewatre, propose de transférer la « Piscine », jugée trop exiguë, hors de Paris, vers le fort de Noisy-le-Sec (Seine-Saint-Denis). Dans ce fort s'activent déjà la direction des opérations spéciales et de nombreux services techniques.

Le projet imaginé par son prédécesseur, Claude Silberzahn, d'y transférer les 4 000 fonctionnaires et contractuels – civils et militaires –

Le général Paul Grossin, patron du SDECE de 1957 à 1962, organise la Main rouge et la décolonisation africaine avec Jacques Foccart.

sera cependant modifié, pour des raisons budgétaires ; son coût a été estimé à un milliard de francs. En revanche, la dissolution d'unités de l'armée de terre dans la caserne qui fait face aux locaux de la « Piscine », de l'autre côté du boulevard Mortier, permettra de récupérer quelque trois hectares de bureaux.

En 2009, le préfet Érard Corbin de Mangoux, nommé patron de la DGSE par le Président Sarkozy, annonce la création de 700 nouveaux emplois pour la période 2009-2014 dans une administration qui compte déjà 4 496 postes. Comme à chaque nouveau « DG », on annonce la réorganisation, en l'occurrence le décloisonnement, des services au sein de la sous-direction Exploitation, où travaillent les divisions géographiques (Europe, Afrique, Asie) ou thématiques (contre-terrorisme, renseignement économique). À noter, parmi les nouveautés, le choix fait par le nouveau « DG » d'une femme comme chef de cabinet, le commandant Agnès Féline.

(À droite)
Le quartier général du SDECE puis de la DGSE, boulevard Mortier, à côté de la piscine des Tourelles.
© Gamma

Le préfet Claude Silberzahn, choisi par le Premier ministre socialiste Michel Rocard pour réformer la « Piscine », dirige la DGSE de 1989 à 1993 et la met sur de nouveaux rails.© AFP

Sigles des services spéciaux le plus souvent cités

AASSDN
Amicale des anciens des services spéciaux de la Défense nationale

ÁVH
Államvédelmi Hatóság, service secret de la Hongrie communiste

BCRA
Bureau central de renseignements et d'action (service de renseignement de la France libre)

BND
Bundesnachrichtendienst, service de renseignement de la RFA

CERM
Centre d'exploitation du renseignement militaire (intégré dans la DRM en 1992)

CIA
Central Intelligence Agency (États-Unis)

DCRI
Direction centrale du renseignement intérieur

DGER
Direction générale des études et recherches (ancêtre du SDECE et de la DGSE)

DGI
Dirección general de inteligencia, service de renseignement de Cuba

DGSE
Direction générale de la sécurité extérieure (ex-SDECE)

DPSD
Direction de la protection et de la sécurité de la Défense

DRM
Direction du renseignement militaire

DST
Direction de la surveillance du territoire (fondue dans la DCRI en 2008)

FBI
Federal Bureau of Investigation, contre-espionnage (États-Unis)

FSB
Federalnaïa Sloujba Bezopasnosti, service de contre-espionnage de la Fédération de Russie

GFP
Geheime Feldpolizei, gendarmerie nazie

GIC
Groupement interministériel de contrôle

GPU (ou Guépéou)
Service secret soviétique (ancêtre du NKVD et du KGB)

GRU
Glavnoie Razvedyvatelnoie Upravlenie, ou 4e Bureau de l'Armée (ex-URSS, puis Fédération de Russie)

Guoanbu
Guojia Anquanbu, Sûreté de l'État de la Chine populaire

HVA
Hauptverwaltung Aufklärung, service de renseignement de la RDA

IS
Intelligence Service, appellation générique des services secrets britanniques

KCIA
Korean Central Intelligence Agency (Corée du Sud)

KDS
Komitet za Darjavna Sigurnost, Comité de la Sécurité d'État bulgare

KGB
Komitet Gossoudarstvennoï Bezopasnosti, Sécurité d'État (URSS)

MAD
Militarische Abschirmdienst, service de renseignement militaire de la RFA

MI5
Military Intelligence Section 5, service de contre-espionnage de Grande-Bretagne

MI6
Military Intelligence Section 6 (ou SIS, *Secret Intelligence Service*), service de renseignement extérieur de Grande-Bretagne

MIT
Milli Istihbarat Teskilati, service de renseignement de la Turquie

Mossad
Service de renseignement d'Israël

NKVD
Narodnyi Komissariat Vnoutrennikh Del, service secret de Staline

OSS
Office of Strategic Services (ancêtre de la CIA)

RG
Renseignements généraux (fondus dans la DCRI en 2008)

RGPP
Renseignements généraux de la Préfecture de police de Paris

SAC
Service d'action civique

Savama
Ministère de la Sécurité de la République islamique d'Iran

SCR
Section de centralisation des renseignements, service de contre-espionnage et de renseignement (entre-deux-guerres)

SD
Sicherheitsdienst, sécurité d'État nazie

SDECE
Service de documentation extérieure et de contre-espionnage

Service B
Service de renseignement des Francs-tireurs et partisans

SGDN
Secrétariat général de la Défense nationale

SHIK
Sherbimi Informativ Kombetar, sûreté d'État d'Albanie (successeur du Sigurimi)

Sigurimi
Service de renseignement de l'Albanie communiste

SM
Sécurité militaire (ancêtre de la DPSD)

SOE
Special Operations Executive, service secret du Royaume-Uni pendant la Seconde Guerre mondiale

SR
Service de renseignement (appellation générique)

Stasi
Staatssicherheit, police d'État de la RDA

StB
Státní Bezpecnost, sécurité d'État de la Tchécoslovaquie communiste

SVR
Sloujba Vnechnoï Razvedki, service de renseignement de la Fédération de Russie

SZRU
Sloujba Zovnichnoï Rozvidki Ukraïni, service de renseignement extérieur de l'Ukraine

Sélection d'ouvrages sur l'espionnage

• **BONNET** Yves, *Contre-espionnage. Mémoires d'un patron de la DST*, Calmann-Lévy, 2000.

• **BONNET** Yves, *Vevak. Au service des ayatollahs*, Timée-Éditions, 2009.

• **CAUMER** Julien, *Leurs dossiers RG*, Flammarion, 2000.

• **CHARPIER** Frédéric, *La C.I.A. en France. 60 ans d'ingérence dans les affaires françaises*, Seuil, 2008.

• **DENOËL** Yvonnick, *Comment devient-on espion ?*, Nouveau Monde Éditions, 2009.

• **FALIGOT** Roger, *Les Services secrets chinois, de Mao aux JO*, Nouveau Monde, 2008.

• **FALIGOT** Roger, *Les Services spéciaux de Sa Majesté*, Temps actuels, 1982.

• **FALIGOT** Roger, *Markus, espion allemand*, Temps actuels, 1984.

• **FALIGOT** Roger, *Naisho. Enquête au cœur des services secrets japonais*, La Découverte, 1997.

• **FALIGOT** Roger et **GUISNEL** Jean (sous la direction de), *Histoire secrète de la Ve République*, La Découverte, 2006.

• **FALIGOT** Roger et **KAUFFER** Rémi, *Au cœur de l'État, l'espionnage*, Autrement, 1983.

• **FALIGOT** Roger et **KAUFFER** Rémi, *Service B. Le Réseau d'espionnage le plus secret de la Seconde Guerre mondiale*, Fayard, 1985.

• **FALIGOT** Roger et **KAUFFER** Rémi, *Kang Sheng et les services secrets chinois (1927-1987)*, Robert Laffont, 1987.

• **FALIGOT** Roger et **KAUFFER** Rémi, *Histoire mondiale du renseignement. Tome 1 : 1870-1939*, Robert Laffont, 1993.

• **FALIGOT** Roger et **KAUFFER** Rémi, *Les Maîtres Espions (Histoire mondiale du renseignement. Tome 2 : de la guerre froide à nos jours)*, Robert Laffont, 1994.

• **FALIGOT** Roger et **KAUFFER** Rémi, *L'Hermine rouge de Shanghai*, Les Portes du Large, Rennes, 2005.

• **FALIGOT** Roger et **KROP** Pascal, *La Piscine. Les Services secrets français 1944-1984*, Seuil, 1985.

• **FALIGOT** Roger et **KROP** Pascal, *DST. Police secrète*, Flammarion, 1999.

• **FAURE** Claude, *Aux services de la République. Du BCRA à la DGSE*, Fayard, 2004.

• **FONVIELLE** Dominique (avec **MARCHAND** Jérôme), *Mémoires d'un agent secret*, Flammarion, 2002.

• **FORCADE** Olivier, *La République secrète. Histoire des services spéciaux français de 1918 à 1939*, Nouveau Monde, 2008.

• **GUÉRIN** Alain, *Le Général gris. Comment le général Gehlen peut-il diriger depuis 26 ans l'espionnage allemand?*, Julliard, 1968.

• **GUISNEL**, Jean, *La citadelle endormie: faillite de l'espionnage américain*, Fayard, 2002.

• **GUISNEL** Jean et **VIOLET** Bernard, *Services secrets. Le pouvoir et les services de renseignements sous la présidence de François Mitterrand*, La Découverte, 1988.

• **HARSTRICH** Jacques (avec **CALVI** Fabrizio), *RG. 20 ans de police politique*, Calmann-Lévy, 1991.

• **KAUFFER** Rémi, *L'Arme de la désinformation. Les Multinationales américaines en guerre contre l'Europe*, Grasset, 1999.

• **KROP** Pascal, *Les Secrets de l'espionnage français de 1870 à nos jours*, J.-C. Lattès, 1993.

• **LACOSTE** Pierre, *Un amiral au secret*, Flammarion, 1997.

• **LAURENT** Frédéric, *Le Cabinet noir. Avec François de Grossouvre au cœur de l'Élysée de Mitterrand*, Albin Michel, 2006.

• **MARION** Pierre, *Mémoires de l'ombre. Un homme dans les secrets de l'État*, Flammarion, 1999.

• **MERLEN** Éric et **PLOQUIN** Frédéric, *Carnets intimes de la DST. 30 ans au cœur du contre-espionnage français*, Fayard, 2003.

• **MUELLER** Michael et **SCHMIDT-EENBOOM** Erich, *Histoire des services secrets allemands,* Nouveau monde, 2009.

• **OCKRENT** Christine et **MARENCHES** Alexandre (de), *Dans le secret des princes*, Stock, 1986.

• **PAILLOLE** Paul, *L'Homme des services secrets. Entretiens avec Alain-Gilles Minella*, Julliard, 1995.

• **PERRAULT** Gilles, *L'Erreur*, Fayard, 1969.

• **PERRAULT** Gilles, *Un homme à part,* Bernard Barrault, 1984.

• **PERRAULT** Gilles, *L'Orchestre rouge*, Fayard, 1967.

• **PERRAULT** Gilles, *Checkpoint Charlie*, Fayard, 2008.

• **SCHWEIZER** Peter, *Friendly Spies: How America's Allies Are Using Economic Espionage to Steal Our Secrets,* Atlantic Monthly Press, New York, 1993.

• **SILBERZAHN** Claude (avec **GUISNEL** Jean), *Au cœur du secret. 1 500 jours aux commandes de la DGSE, 1989-1993*, Fayard, 1995.

• **VILLEMAREST** Pierre (de), *GRU, le plus secret des services soviétiques, 1918-1988*, Stock, 1988.

• **WOLTON** Thierry, *Le KGB en France*, Grasset, 1986.

• **WOLTON** Thierry, *Le KGB au pouvoir. Le Système Poutine*, Buchet-Chastel, 2008.

• **ZAMPONI** Francis, *Les RG à l'écoute de la France. Police et politique de 1981 à 1997*, La Découverte, 1998.

Index

Du même auteur

La Résistance irlandaise, 1916-1976, Petite Collection Maspero, Paris, 1977

James Connolly et le mouvement révolutionnaire irlandais, Maspero, Paris, 1978

Guerre spéciale en Europe, Flammarion, Paris, 1980

« Nous avons tué Mountbatten » (interview de l'IRA), Picollec, Paris, 1981

Bloc H ou la Ballade de Colm Brady, Laffont, Lyon, 1981

Services secrets en Afrique, Sycomore, Paris, 1982

Les Services spéciaux de Sa Majesté, Temps actuels, Paris, 1982

Markus, espion allemand, Temps actuels, Paris, 1984

La Résistance irlandaise, 1916-1992, Terre de Brume, Rennes, 1992

La Harpe et l'Hermine, Terre de Brume, Rennes, 1994

醜い中国人犯罪 *(minikui chûgôku jin hanzai – Annuaire des criminels chinois)*, Kobunsha, Tôkyô, 1995

L'Empire invisible (Les mafias chinoises), Philippe Picquier, Arles, 1996

Naisho. Enquête au cœur des services secrets japonais, La Découverte, Paris, 1997

最新中国諜報機関 *(La Prise de Hong Kong : cinquante ans de guerre secrète chinoise)*, Kodansha, Tôkyô, 1999

James Connolly et le mouvement révolutionnaire irlandais, Terre de Brume, Rennes, 1999

La Résistance irlandaise, 1916-2000, Terre de Brume, Rennes, 1999

La Mafia chinoise en Europe, Calmann-Lévy, Paris, 2001

Le Peuple des enfants, Le Seuil, Paris, 2004

Les Seigneurs de la paix, Le Seuil, Paris, 2006

Les Mystères d'Irlande, Yoran Embanner, Fouesnant, 2007

Les Services secrets chinois, de Mao aux JO, Nouveau Monde, Paris, 2008

La Rose et l'Edelweiss : ces ados qui combattaient le nazisme, 1933-1945, La Découverte, Paris, 2009

Avec Pascal Krop

La Piscine. Les Services secrets français. 1944-1984, Le Seuil, Paris, 1985

DST, police secrète, Flammarion, Paris, 1999

Avec Rémi Kauffer

Euskadi-la-Spirale, Lesfargues, Lyon, 1982

Au cœur de l'État, l'espionnage, Autrement, Paris, 1983

Service B. Le Réseau d'espionnage le plus secret de la Seconde Guerre mondiale, Fayard, Paris, 1985

KGB Objectif Pretoria, P. M. Favre, Genève, 1985

Kang Sheng et les Services secrets chinois (1927-1987), Robert Laffont, Paris, 1987

Porno Business, Fayard, Paris, 1987

Les résistants : de la guerre de l'ombre aux allées du pouvoir, Fayard, Paris, 1989

Le Croissant et la Croix gammée, Albin Michel, Paris, 1990

As-tu vu Cremet ?, Fayard, Paris, 1991

Éminences grises, Fayard, Paris, 1992

Histoire mondiale du renseignement, tome 1 (1870-1939), Robert Laffont, Paris, 1993

Les Maîtres espions (Histoire mondiale du renseignement, tome 2, de la guerre froide à nos jours), Robert Laffont, Paris, 1994

Le Marché du Diable, Fayard, Paris, 1995

L'Hermine rouge de Shanghai, Les Portes du Large, Rennes, 2005

Collectif

Constance Markievicz in *Des femmes dans le monde*, Messidor-Temps Actuels, Paris, 1982

France, Sigint and the Cold War (Secrets of Signals Intelligence), Frank Cass Publishers, Londres, 2001

Histoire secrète de la Ve République (sous la direction de Roger Faligot et Jean Guisnel), La Découverte, Paris, 2006

ÉDITION Clara Mackenzie
DIRECTION ARTISTIQUE Isabelle Chemin
MAQUETTE Marylène Lhenri

Avec la collaboration de Charles Ameline, Sébastien Cordin,
Françoise Massonnaud, Fabienne Texier

PHOTOGRAVURE Alésia Studio, à Sèvres

Achevé d'imprimer en octobre 2009 sur les presses de l'Imprimerie Moderne de l'Est,
à Baume-les-Dames, imprimeur respectant toutes les normes environnementales

ISBN 978-2-84096-577-0
DÉPÔT LÉGAL octobre 2009